本著作为李冰研究中心课题《全域视角下的都江堰文化旅游资源保护与开发》，项目编号为LBYJ2019-002。

课题组成员为王珍富、杨珩、王萍、李雅婧、张路金、李汶蔚、曾艺琳。

全域视角下的
都江堰文化旅游资源保护与开发

QUANYU SHIJIAOXIA DE
DUJIANGYAN WENHUA LÜYOU ZIYUAN BAOHU YU KAIFA

谭慧存　王珍富　高　伟◎著

西南财经大学出版社

四川·成都

图书在版编目(CIP)数据

全域视角下的都江堰文化旅游资源保护与开发/谭慧存,王珍富,
高伟著.—成都:西南财经大学出版社,2021.6
ISBN 978-7-5504-4915-2

Ⅰ.①全… Ⅱ.①谭…②王…③高… Ⅲ.①旅游文化—旅游
资源—资源保护—都江堰市②旅游文化—旅游资源开发—都江堰市
Ⅳ.①F592.771.4

中国版本图书馆 CIP 数据核字(2021)第 111767 号

全域视角下的都江堰文化旅游资源保护与开发

谭慧存 王珍富 高 伟 著

策划编辑:何春梅
责任编辑:李 才
助理编辑:吴 强
封面设计:墨创文化
责任印制:朱曼丽

出版发行	西南财经大学出版社(四川省成都市光华村街55号)
网 址	http://cbs.swufe.edu.cn
电子邮件	bookcj@swufe.edu.cn
邮政编码	610074
电 话	028-87353785
照 排	四川胜翔数码印务设计有限公司
印 刷	四川新财印务有限公司
成品尺寸	170mm×240mm
印 张	12.25
字 数	227千字
版 次	2021年6月第1版
印 次	2021年6月第1次印刷
书 号	ISBN 978-7-5504-4915-2
定 价	75.00元

序

余秋雨说:"我以为,中国历史上最激动人心的工程不是长城,而是都江堰。"诚然。

至今犹记得初次见到都江堰水利工程时的震撼。就是这样看起来默然无语的水利工程,见证了都江堰这座城市的兴衰过往,造就了"水旱从人,不知饥馑"的天府之国,也因此成就了自己"天府之源"的美名。

都江堰市因水而生,因水而扬名,遍布各处的水孕育了都江堰这座城市最独特的魅力,也因此构成了这座城市最核心的文化资源。"拜水都江堰,问道青城山",一个"拜"字道尽了都江堰水的独特之处。

都江堰市的历史从传说中走来,在传承中不断发展,代代积累起的丰富的文化资源令来者惊叹。以芒城遗址为起点,从秦国的李冰治水到汉代青城山的张道陵传道,从松茂古道到玉垒关川西锁钥,从灵岩寺到水利府衙神庙,从奎光塔到文庙……凡此种种,不一而足。这样的文化传承,值得人们再三书写。

2012年6月至今,笔者一直工作和生活于都江堰市,对这座城市的感情逐年加深,喜欢它的古风悠韵,喜欢它的水意环绕。岷江水年复一年地流入,环城而去,滋养万家。都江堰市丰富的文化资源尤其令笔者着迷,故有此旅游视域的入门之作。在此,感谢奎光书院刘昭老师提供资料支持,感谢李雅婧和张路金同学帮助搜集与整理全域旅游及旅游资源相关部分资料，感谢李汶蔚同学帮助完成技术分析工作，感谢曾艺琳同学帮助完成问卷调查与整理工作，亦感谢课题组其他成员的付出。

本书虽成，未敢期其完美，唯冀都江堰市的文化旅游资源稍有集中体现或更广的传播，其未及或疏漏之处，若获方家批评指正，实为幸事。

是为序。

谭慧存

于都江堰

2020 年 12 月 20 日

前言

随着人们生活水平的不断提高以及人们对旅游的认识不断深化，原有的景点观光类旅游已经不能满足人们的需求，游客对旅游的需求从以往的数量向质量转变，希望对旅游地有更深入和更全面的认识。这使得以改善旅游目的地整体环境为重心的全域旅游越来越受到学界、政府机构、旅游从业者的重视。以全域旅游为目标和口号的旅游目的地不断增多。都江堰市响应国家号召，不断推动全域旅游发展，经过不断努力，于2019年成功入选首批国家全域旅游示范区名单。

都江堰市是一座以水利工程命名的城市，原名灌县［自明洪武九年（1376年）始］，1988年5月撤县立市并改名为都江堰市。从城市名字的演化过程我们可以看出灌溉在都江堰市历史发展中的重要作用。青城山—都江堰风景名胜区是世界自然与文化双重遗产，在2018年都江堰水利工程又被评为世界灌溉工程遗产。拥有三个世界遗产项目的都江堰市，因其自然环境之优越、文化资源之丰富，吸引着人们对其不断深入研究。

都江堰市具有丰富的文化旅游资源，既有众多人文古迹如都江堰水利工程、青城山、灌县古城、奎光塔和文庙等，也有各种节庆活动如清明放水节、中国道教文化节、龙池冰雪节、消夏夜啤酒节和长寿文化节等，它们在都江堰市文化旅游资源中极具代表性。正是因为优越的自然环境和丰富的文化旅游资源，在民国时期，都江堰市（当时的灌县）就被四川省政府确定为川西风景名胜区；1977年又被批准为国家对外开放旅游城市；

1982年，都江堰—青城山成为全国首批重点风景名胜区。1986年之后，都江堰市明确了"以旅游为先导，工业为重点，农业为基础，促进经济快速发展，全面提高综合实力"的发展思路，都江堰市以旅游业为主的现代服务业迅速发展，逐渐成长为全市经济的重要支柱[1]。

在都江堰市旅游业的发展过程中，值得一提的是它的道文化与水文化。"拜水都江堰，问道青城山。"这句话既是都江堰市对外的宣传语，同时也点出了都江堰市最重要的核心文化旅游资源——道文化与水文化。都江堰市自古就有着道文化的传统，无论是作为仙缘之地，还是蜀王杜宇的隐居之所，或是张道陵传道的青城山，其文化里所蕴含的道文化的色彩意味都不可谓不深厚、不久远。而都江堰水利工程，正是都江堰市水文化与道文化深深结合在一起的体现。道与水，也就构成了都江堰市文化旅游发展的基础和灵魂。一座城市的对外旅游宣传，一定要有其独特的宣传点，道文化与水文化，显然就是展示都江堰城市形象的最佳切入点，也是都江堰市作为特色旅游城市的竞争力的决定性要素。

伴随着都江堰市旅游业的不断发展，都江堰市形成了都江堰水利工程和青城山两大核心旅游目的地，这也与都江堰市的文化旅游资源分布图显示的情况相符。随着旅游业的发展，文化旅游在其中发挥着越来越重要的作用，相关研究成果也比较多。全域旅游的提出与发展，也为文化旅游研究提供了新的视角，但如何从全域旅游的视角出发，去指导文化旅游资源的保护与开发，这方面的研究目前还比较薄弱。

为了从全域视角下对都江堰市的文化旅游资源进行进一步的保护和开发，笔者根据国家行业标准，按照文化资源种类对都江堰市的文化旅游资源进行实地调研和整理，发现都江堰市共有各类文化旅游资源单体共计244个，涵盖了国家文化旅游资源分类体系主类的100%、亚类的93%、基本类型的46%。在找出各类文化旅游资源单体的基础上，绘制都江堰市文化旅游资源的分类表，并在分类表的基础上根据各列表部分的文化旅游资源对各个资源的具体情况进行介绍。对分类表中的文化旅游资源个体分别予以经纬度的确定以注明分布区域，并绘制文化旅游资源分布示意图和资源核密度图。对文化旅游资源列表中资源的介绍可以帮助人们对都江堰市文化旅游资源做进一步了解，而都江堰市文化旅游资源图谱的绘制则可以为人们提供目前都江堰市文化旅游资源分布的一个直观而形象的说明。

为了获得更准确的关于都江堰市文化旅游资源的游客感知情况，笔者设计了调研问卷，对都江堰市23个具有代表性的文化旅游资源进行游客的了解度和兴趣度的感知量表测定，同时结合游客对都江堰市旅游的整体感知情况，在2020年的国庆期间展开了调研。根据实地调研和问卷调查结果，笔者发现都江堰、青城山两大核心旅游区的影响力已经初步形成，但它们对周边景点的辐射力和带动力还相对较弱，都江堰市全域旅游的发展成效还有待进一步提升。核心旅游区之外的文化旅游资源的保护情况较好，但开发水平较低，主要表现在非核心景点对游客的影响力不强，到访频次偏低，游客虽然对都江堰市文化旅游资源有一定的整体印象感知，但涉及具体的文化旅游资源情况时，普遍呈现出了解度和认知度低的情况。与之形成对比的是，游客对非核心景点文化资源的兴趣度却普遍偏高。这说明都江堰市的文化资源在向旅游资源转变方面还有一定的上升空间。

笔者在全域视角下对都江堰市文化旅游资源保护与开发现状予以分析后发现，都江堰市的文化旅游资源的保护与开发呈现出不平衡的状况，各景点间的交通体系尚未形成完整的循环路线，服务系统也有局部不够完善的现象，对道文化和水文化的体验类型的旅游项目开发不够，游客停留3天以上的占比较低，这都在一定程度上说明都江堰市全域范围的文化旅游开发还有进一步发展的空间。

如何在旅游的发展中更合理、更有效地开发和利用资源是一个恒久的课题，本研究从全域旅游的视角出发，以都江堰市的文化旅游资源为研究对象，结合资源分类进行整理和划分，同时对都江堰市文化旅游资源进行详尽的阐释，结合文化旅游资源图谱的绘制、调研问卷情况，提出都江堰市文化旅游资源保护和开发的建议和对策。本书的研究在全域视角下对都江堰市的文化旅游资源保护与开发状况进行了初步的探讨，因受"新冠肺炎"疫情的影响，本书的调研数据采集是在 2020 年国庆期间进行的，外省游客数据相对较少，存在数据可能跟实际有一定的偏差的情况，这也是本书的一大不足之处。总之，都江堰市作为一个旅游资源丰富、旅游业发展较快的历史文化名城，在其旅游业发展的转型期，从全域旅游的视角出发，探讨其文化旅游资源的保护与开发，有着重要的理论意义和实践意义。在这一问题上还有更多可以探讨的空间，笔者以后将继续关注这一问题，以期能更好地推动都江堰市的旅游发展。

谭慧存

于都江堰

2020 年 12 月 20 日

目录

第一章　研究背景

随着游客旅游消费需求的升级与转型，传统的景区、景点旅游已经不能满足人们的需求。消费者需求的变化要求旅游市场也要随之更新，在这种情况下，全域旅游的提出很好地解决了当前旅游业的发展与消费者的需求之间不平衡的矛盾，对现行旅游产业的发展具有重要的指导和推动作用。

第一节　全域旅游的提出及其相关理论

任何理论的提出都是对现实需求的直接反映，同时又扎根于已有的理论。要全面认识全域旅游，就需要明白全域旅游从何而来、因何而生。本节将从现实需求与理论背景两个方面分析全域旅游的产生缘由，并对全域旅游的提出进行分析阐释。

一、全域旅游提出的历史背景与现实要求

1. 游客诉求的变化

旅游是一项需要时间和金钱的休闲项目，最早是在少数人中间发生，随着社会经济的发展，人们生活水平的日益提高，旅游逐渐成为大众化的休闲项目。旅游大众化及休闲化时代的到来，促使人们的旅游需求产生了变化，最终推动旅游的转型升级。

根据中国旅游研究院进行的国内居民出游意愿调查结果，休闲度假超过观光、增长见识成为第一大出游目的[2]。

随着游客成熟度和出游广度的增加，旅行由追求单一观光型产品向追求知识型、文化型的深层次体验过渡[3]。这也意味着游客对旅游的需求开始从数量向质量转变。游客需求的转变对旅游业的发展提出了更高的要求，全域旅游顺

应游客需求的转变而生,为国家及地区发展旅游提供了一个新的视角和思路。

从传统景点观光游向旅游目的地纵深体验游发展,从跟团游为主向散客游为主转变,大众旅游、休闲旅游时代的到来,改变了传统的旅游形式,人们对旅游的思考也在不断升级完善。

全域旅游是适应旅游新需求的重要着力点[2]。人们常用通俗的语言解释什么是旅游,一个很有意思的说法是"从自己生活的地方到别人生活的地方游玩"。这其实透露出游客内心很重要的一个诉求,就是希望到一个陌生的环境中感受异质文化的魅力。随着大众休闲文化的兴起,游客对异质文化的追寻,往往更多的并不是对异质景点文化的追寻,而是对旅游目的地整体文化氛围的追寻。这表现为游客对旅游目的地人们生活的介入,他们想更多地了解这座城市,了解这座城市的历史、文化、人们的生活等。游客的"旅游世界"正是居民的"生活世界",这两个世界一度被人为地分开,直到如今游客更加向往自由和真实、居民越来越喜欢本地休闲[4]。传统参观景点文化的做法显然已经不能满足人们的这种诉求,因为在这种诉求中,城市的一切均可作为旅游资源而存在,或者是某一处地点,或者是某道风景,甚至是网红小吃,又或者是当地热情的人们……旅游者在越来越多的与城市的接触中感受着这座城市的魅力,这并不是某一处景点文化所能代表的。整座城市、整座城市的每个角落、整座城市的每个角落的每个人,都可能成为吸引旅游者的资源。这就是全域旅游兴起的背后的吸引力法则。当地居民的生活与游客的生活是如此的重合,所有的资源均是旅游资源,又是当地民众的资源,所有的服务不再仅仅面向游客,而是面向所有居民。如此一来,资源共享,服务共享,不仅是游客,当地居民也可以得到旅游发展带来的便利,城市的面貌也会由此焕然一新。

全域旅游战略其实是在休闲度假需求迅速崛起、大众旅游时代蓬勃发展的大背景下被提出的[5]。伴随着社会经济的高速发展,旅游业在国民经济发展中的作用越来越大,在国家"十二五"旅游规划中,旅游业成为我国的战略性支柱产业。旅游业与其他行业的联动效应越来越引起人们的重视,旅游业极大地促进了产业的融合发展,带动了交通运输行业、旅行社、餐饮业等行业的不断发展,推动了区域经济的高速发展。与经济的高速发展相对应的,是人们的外出需求的不断增长。2013年2月,国务院办公厅正式批准发布《国民旅游休闲纲要(2013—2020年)》,这意味着由国家主导的国民旅游休闲正式启动,这也是国家层面为顺应大众旅游休闲时代的到来进行的有意识引导,显示出国家对民生需求的重视。

相较于观光资源强调震撼力,休闲更强调舒适性、浸润力,而这种休闲度假所依托的往往是目的地的自然环境、社会氛围、宜人气候和优良生态。这些休闲度假最重要的基础恰恰具有无处不在的特性，这就为全域旅游发展战略提供了空间性支撑[5]。同时，在观光旅游这一中国主流旅游形式影响下，"拥挤""宰客""高门票"等词汇近年来一直是游客旅游体验的负面标签，大量游客为逃离门票经济的低体验，选择了休闲度假旅游，通过亲近自然、深度体验来放松身心[6]。游客的选择决定着旅游经济的发展道路，休闲度假旅游方式的发展促使各地寻求除"景区供给"外的新路径，城市与乡村在旅游上的联系逐步加深，各地旅游发展的视野开始从景区转向区域。

2. 旅游资源类型的变化

大众旅游时代，人人都可以是旅游者。旅游者人数的增多也意味着旅游需求种类的增加，对不同的旅游者来说，希望从旅游中所获取的东西也是不尽相同的。有人向往城市的繁华，有人向往乡间的恬淡；有人追求刺激，有人喜欢安静。不同需求使得不同的资源种类都具有了潜在的开发价值，因此各类资源在日益寻求个性化旅游的群体中均具有其独特的价值，这也意味着它们都可以作为旅游资源而存在。旅游者对休闲的要求越来越多的时候，就意味着人们在逐渐从传统的景点旅游中解放出来，更多地寻求一种与环境氛围的合拍，这就要求旅游目的地的文化个性需要更加突出，旅游目的地的固定框架也必须被打破。

旅游需求种类的增加，随之而来的是旅游形式的多样与旅游资源种类的不断增加。修学游、研学游、亲子游、度假游等多种形式的旅游，也让以往不起眼的资源有了可开发的价值。在旅游资源尤其是文化旅游资源中，旅游目的地的文化，无论是有形的还是无形的，均可以成为可开发的资源，尤其是在无形的文化旅游资源如何开发的问题上，可以进行更深层次的探讨。

旅游资源类型的变化使得传统旅游空间框架消失，旅游空间的无框架必然要求旅游服务供给的遍在性，传统上与团队游客、点线旅游相适应的节点式服务供给模式也必然要让位于与散客化广域旅游相适应的全空间式服务供给模式[5]。当旅游不再仅仅表现为景区景点的旅游时，全域旅游的发展所带来的是整个城市的旅游交通体系的建立、旅游沿线风光的打造、旅游目的地休闲场所及设施和服务体系的构建。

自20世纪90年代以来，国内旅游发展迅速，在各地旅游经济的萌芽与发展期，旅游实践更多关注的是如何构建和发展当地的旅游吸引力，这一实践背景之下，定点式的旅游资源开发成为各地大力发展的方向[6]。近30年来的旅游实践造成了旅游学者和建设者们思维和实践上的惯性，但当旅游逐渐脱离发展期进入成熟期之后，这种封闭定点式的旅游发展模式便成为旅游经济进一步发展的阻碍。在旅游学者和建设者们逐渐意识到这个问题之后，如何突破这种阻碍，就成为至关重要的课题。全域旅游是对原有模式阻碍的突破，也是在中国旅游成熟期寻求更多发展空间的新模式。

3. 产业带动性所带来的产业融合发展的可能性

我国经济的高速增长带来的主要负面影响是资源环境压力极大和空气污染、水土污染等社会问题的民生关注度不断提高[7]。怎么为资源、环境减负，更好地走可持续发展道路，旅游业同样在不断思考和探索。"如何降低旅游地环境负担？""如何让旅游业成为环境更友好的产业？"诸如此类问题的答案，皆指向旅游发展模式的新变革。

旅游业作为国家的战略性支柱产业，对地区的发展具有很强的辐射功能，其发展对旅游目的地地区的综合影响力也呈现出越来越强的趋势。全域旅游的提出意味着旅游新时代的到来，是旅游发展战略的转变。这一发展战略的转变帮助我国目前已处于发展瓶颈的旅游业找到了一条新的发展之路——可持续性发展的道路。

"旅游是发展经济、增加就业和满足人民日益增长的美好生活需要的有效手段，旅游业是提高人民生活水平的重要产业。近年来，我国旅游经济快速增长，产业格局日趋完善，市场规模、品质同步提升，旅游业已成为国民经济的战略性支柱产业。但是，随着大众旅游时代到来，我国旅游有效供给不足、市场秩序不规范、体制机制不完善等问题日益凸显。发展全域旅游，将一定区域作为完整旅游目的地，以旅游业为优势产业，统一规划布局、优化公共服务、推进产业融合、加强综合管理、实施系统营销，有利于不断提升旅游业现代化、集约化、品质化、国际化水平，更好满足旅游消费需求。"[8]

正是因为旅游所能带来的对其他产业发展的巨大的带动作用及其对城市发展所能起到的推动作用，全域旅游的提出有效地推动了整个城市的发展，无论是公共服务还是城市规划，还是各类产业之间的融合发展，全域旅游理念作为新时代的旅游发展思路，以其指导我国旅游开发已经成为当前我国旅游业持续发展的重要途径[9]。它将通过对旅游这一重要产业的提升，将住宿业、交通运输业、零售业、文化娱乐业、餐饮业融合起来，共同促进城市的发展。早在2008年，绍兴市和汶川县便提出了类似的旅游发展战略。浙江省绍兴市提出"全城旅游"的发展战略，提出"复兴水城、文化兴旅、转型增效、城旅一体"的发展思路。同一时期，在四川省汶川县统筹规划中，李柏槐提出"将汶川作为一个整体景区进行建设，统筹全县城镇与乡村一体化，统筹一、二、三产业转型升级，统筹南北中区域的协调发展，统筹文化与生态建设，推进全县整体发展"。这两次实践理念与如今全域旅游的主流定义基本一致，绍兴市及汶川县的战略规划作为全域旅游的前置实践，对全域旅游基本概念的形成产生了深远影响。

二、全域旅游的提出与发展

国民经济中第二产业的发展后劲不足，使以旅游业为代表的第三产业被推上经济发展的重要位置。但现如今中国旅游的发展却又面临瓶颈，诸多问题的显现让更多的学者探索着旅游发展的新方向。全域旅游研究在 2012 年之前都处于萌芽探索期，相关研究极少，基本上每年的研究成果数量以个位数计。从 2013 年开始，人们开始逐渐关注全域旅游，研究成果数量也不断增加，但每年成果数量基本也在百篇之内。从 2016 年开始，研究数量较之以往有了显著增长，2016 年突破百篇，此后相关研究数量一路上涨，至 2018 年突破千篇，2019 年、2020 年数量虽较之 2018 年有所下降，但总数依然超过千篇。全域旅游先是从地方探索和学术研究开始，后来成为国家性战略部署，这是推动全域旅游发展和研究向前的最重要的动力支撑，也是 2016 年之后全域旅游研究会形成蓬勃发展态势的最重要的原因。全域旅游研究数量的激增不仅反映了政府对这一旅游发展道路的认同，更反映了现实对这一理论的实践需要。

自从全域旅游成为研究热点以来，也有不少对全域旅游研究成果进行相关研究的述评，如张武康和杨舒然从文献计量学的角度出发，以 CNKI 核心期刊中全域旅游研究相关的文献数据为样本（截至 2019 年 4 月 1 日，共计 168 篇核心论文），借助可视化工具 CiteSpace 软件以知识图谱的形式展现国内当前全域旅游的研究现状、热点和发展趋向。研究发现：全域旅游的研究主题较为广泛，涉及乡村旅游、景点旅游、智慧旅游、观光旅游和生态文明建设等主要方面；全域旅游的研究机构和作者群体日益多元化，但总体上仍以来自直辖市和东部沿海等发达地区为主，中西部地区科研力量亟待增强；全域旅游理论研究得到了全社会的高度重视，受到政府各类基金的大力支持[10]。

林泓等的《国内全域旅游研究述评》基于 CNKI 数据库中 803 篇文献（数据时间截至 2017 年 6 月 30 日），借助 CiteSpaceⅢ软件对国内全域旅游相关文献进行计量分析，并以可视化的方式呈现国内全域旅游的研究现状。结果表明：我国全域旅游的发展已进入国家示范推进阶段，学术研究可分为起步、成长和爆发三个阶段，研究前沿由旅游发展规划演化为产业转型升级、新型城镇化、供给侧改革、旅游扶贫及乡村旅游等[11]。胡建华和胡亚光的《国内全域旅游热点研究综述——基于 CNKI 的文献计量分析》也是借助信息可视化工具 CiteSpace 软件，对该研究领域的发文数量、文献作者、关键词分析、热点词聚类四个方面进行了述评总结[12]。

国内全域旅游研究热潮的兴起，与国内旅游业界的应用以及政府政策导向关系密切[10]。全域旅游的发展，并不只是学术范围的事情，旅游作为具有较强实践精神的事物，从理论落实到实践才真正具有实际的价值。就实践层面而言，全域旅游的发展经过了一个从地方试点到国家示范的演进历程。

2008 年，浙江省绍兴市最早提出"全城旅游"的发展战略，随即编发《绍兴全城旅游区总体规划》，明确了"城即景、景即城"的规划定位，提出了"复兴水城、文化兴旅、转型增效、城旅一体"的发展思路。这是全域旅游概念在国内的首次探索与实践，自此，全国开始进行全域旅游试点[7]。

2010 年，胡晓苒最早提出全域旅游发展战略："全域旅游战略的提出，最根本的就是打破都市（或单一景区）旅游一枝独秀的接待格局，在不同的区域内打造各自的旅游吸引物和服务业态。"[13]此后，我国陆续有县市提出全域旅游的发展思路。2011 年，杭州市发布《关于印发杭州市"十二五"旅游休闲业发展规划的通知》，提出了旅游全域化战略，推进旅游空间全区域、旅游产业全领域和旅游受众全民化[7]。2012 年，海南省琼海市提出建设"田园城市、幸福琼海"的目标，随后进一步提出打造全域 5A 级景区，明确了"全域是景区、处处是景观、村村是景点、人人是导游"的发展思路[7]。2013 年，河南省栾川县出台《关于建设全景栾川的意见》，提出全区域营造旅游环境、全领域融汇旅游要素、全产业强化旅游引领、全社会参与旅游发展、全民共享旅游成果，将全县作为一个大景区，打造国内知名的山地旅游度假目的地。2015年，苏州市提出"城市即旅游、旅游即生活"的理念，强调大旅游、大空间、大产业、大市场和大服务，全力推动全域旅游发展。2015 年，无锡太湖新城提出构建"全域旅游、全境休闲、全时度假、全新生活"的新格局，打造安居乐业首选地、人文旅居目的地[7]。

自 2015 年起，全域旅游的发展开始进入国家示范推进阶段。2015 年 8 月，全国旅游工作研讨会首次明确提出全面推动全域旅游发展的战略部署。2015年 8 月 25 日，原国家旅游局下发《关于开展"国家全域旅游示范区"创建工作的通知》，设定了全域旅游示范区量化指标，并开始在全国范围内创建全域旅游示范区。2016 年 1 月 29 日，在海口召开了全国旅游工作会议，该会议标志着中国全域旅游发展的序幕正式拉开。2016 年 2 月 5 日，原国家旅游局发表公告，公布了国家全域旅游示范区创建单位名单，海南省各市县区和北京市昌平区等 262 个市县区成为首批国家全域旅游示范区创建单位。2016 年 5 月 26 日，由原国家旅游局主办的全域旅游创建工作现场会暨创建工作培训班在浙江省桐庐县举行，该会标志着中国旅游业的发展全面进入全域旅游时代[11]。

2016 年 11 月，原国家旅游局又公布了第二批 238 个国家全域旅游示范区创建单位，这标志着全域旅游发展战略由局部地区试点转向全国推广[7]。从此，全域旅游在全国范围内由理论走向实践，我国逐渐进入全域旅游时代[14]。

目前关于全域旅游研究的发展阶段，学界大致认可的一个分段为：2012 年之前为一个阶段，这一阶段研究较少，缺乏系统性，影响力也较小；2013—2015 年为一个阶段，这一阶段的研究较之以往有了较大增长，但研究内容较为简单，主要集中在以全域旅游作为观察视角进行相关的研究，而更深入的理论研究较为缺乏；2016 至今为一个阶段，这一阶段研究者众多，研究内容丰富，研究数量也较之以往有了突破性的进展，可以说得上是爆发期或井喷期。虽然学界可能对上述三个阶段的名称表述各不相同，但对这三个阶段的时间线的大致划分没有太大区别。

2013 年以前，"全域旅游"一词仅出现在各地区的旅游规划或相关报道中，国内学者对"全域旅游"的概念尚未形成统一认识[11]。

全域旅游真正成为研究热点是在 2013 年。从 2013 年开始，关于全域旅游的讨论就未曾断绝，甚至愈演愈烈。厉新建等将全域旅游界定为"各行业积极融入其中，各部门齐抓共管，全城居民共同参与，充分利用目的地全部的吸引物要素，为前来旅游的游客提供全过程、全时空的体验产品，从而全面地满足游客的全方位体验需求"[15]。这是第一次从学术层面对全域旅游的概念进行较为全面而系统的阐释，标志着全域旅游在学术研究领域形成较为完整的理论体系，对后来研究影响深远[14]。截至 2018 年，该文被引 473 次，其中"中国期刊全文数据库"引证文献 321 条，"中国博士学位论文全文数据库"引证文献 5 条，"中国优秀硕士学位论文全文数据库"引证文献 138 条，"中国重要会议论文全文数据库"引证文献 8 条，"国际会议论文全文数据库"引证文献 1 条。由此可见，此文在我国全域旅游研究领域的影响力非常巨大[10]。

学者从不同的角度对全域旅游的概念等问题展开探讨，这些探讨有助于我们对全域旅游做更为深入而全面的认识。李永文和许鸿从全域旅游思想的社会价值表现以及全域旅游思想形成的理论基础等纯理论层面展开研究，提出全域旅游思想在社会经济、社会文化、社会政治和社会生态等四个方面所具有的社会价值，同时指出全域旅游思想是建立在地域分工理论、旅游系统理论、可持续发展理论、旅游管治理论、价值工程与价值链理论等理论基础上的思想，对我国旅游经济的发展具有重要的指导作用与里程碑意义,应大力实践[16]。

人们对全域旅游的认识随着实践的推进也在不断地深入之中。2016年,厉新建在《旅游学刊》上再次发文,从市场逻辑的角度出发,指出全域旅游的发展可以实现资源优化、服务优化、平台优化、管理优化和利益优化等多方面的作用;全域旅游战略是我国旅游业发展转型升级的重要举措,同时也将推动旅游景区、住宿企业等旅游企业的转型发展[5]。

关于全域旅游的研究,还有从各地实际案例出发,围绕当地全域旅游发展提出建议和对策的,如王万山的《基于全域旅游视角下的上海市旅游发展探讨》[17]、符昌昭的《全域旅游视角下海南省海岛休闲旅游资源开发措施研究》[18]、翟孝娜的《全域旅游背景下开封尉氏县人文旅游资源开发研究》[3]、魏晓宇等的《全域旅游视角下亳州市谯城区旅游资源整合路径研究》[19]等文章,他们的成果为本书研究提供了一定的借鉴。

三、全域旅游的理论、概念与研究

1. 全域旅游的理论来源

"全域旅游"的提出建立在相应的学科基础理论之上。全域旅游概念的核心词包括"区域""系统化""协调",从中能窥见理论研究者的基本观点和理论趋同,包括地域分工理论、旅游系统理论、可持续发展理论以及管治理论等[15]。这里特别需要提出的是,从理论形成上来看,"全域旅游"与"全域城市化"这一形成更早、体系更成熟的理论具有异曲同工之妙,且两者间存在着密不可分的联系[20](见表1-1)。

表1-1 全域旅游理论来源整理图

理论基础	含义	同全域旅游理论的联系
地域分工理论	又称劳动地域分工,指一国、一地区按某一优势的社会物质生产部门实行专业化生产,是社会劳动分工在地域上的表现形式	全域旅游强调区域资源有机整合和产业融合发展,是区域内各分区、各行业的"劳动地域分工"
全域城市化	以经济城市的空间为边界,在特定时间维度和特定地域空间内实现人口、产业、生活环境向城市转型,城乡均质发展,城乡二元结构消失,传统"三农"逐步淡出,城乡实现高度融合的状态	为实现"全域城市化"这一城市化的最终目标,全域旅游作为新的区域发展模式被提出,其理论脉络同全域城市化相同

表1-1(续)

理论基础	含义	同全域旅游理论的联系
旅游系统理论	旅游系统是系统理论在旅游领域的运用,旅游系统的构建强调综合、整体、系统地考虑旅游发展过程中经济、社会、资源、环境等多方面的相互关系和协调发展	全域旅游吸收旅游系统理论,着重表示需要对区域旅游进行系统性的优化
可持续发展理论	指既满足当代人的需要,又不损害满足后代人需要的发展	可持续发展理论的共同发展、协调发展、公平发展、高效发展、多维发展五大内涵,均在全域旅游理论中有所体现
管治理论	管治是通过多种利益集团的协调与合作达到对社会资源的最有效利用,实现"共赢"的社会治理模式	全域旅游中提到游客利益与当地居民利益有机协调的管治理念

2. 全域旅游理论及实践演化进程

全域旅游理论发展历程分为萌芽探索期、理论构建期、蓬勃发展期三阶段,每个时期都存在着全域旅游理论发展的实践契机,为更好地展现全域旅游演化历程,下面将从理论发展、实践演化两条时间线进行梳理(见表1-2)。

表1-2 全域旅游理论演化发展历程

理论发展阶段		实践演化
萌芽探索期(2012年以前)	2008年	浙江省绍兴市提出全城旅游战略,编制《绍兴全城旅游区总体规划》
	2009年	江苏省昆山市在《昆山市旅游发展总体规划》中提出"全域旅游,全景昆山"
	2010年	胡晓苒在大连旅游规划中提出全域旅游的发展战略
	2011年	四川省汶川县率先在民族地区发展全域旅游;杭州市发布的《关于印发杭州市"十二五"旅游休闲业发展规划的通知》中提出了旅游全域化战略
	2012年	海南省琼海市提出建设"田园城市、幸福琼海",并进一步提出打造全域5A级景区

表1-2（续）

理论发展阶段	实践演化	
理论构建期（2013—2015年）	2013年	厉新建正式提出全域旅游理念； 河南省栾川县出台《关于建设全景栾川的意见》
	2015年	原国家旅游局明确提出推动全域旅游发展的战略部署； 原国家旅游局下发《关于开展"国家全域旅游示范区"创建工作的通知》； 苏州市提出"城市即旅游、旅游即生活"的理念，全力推动全域旅游发展； 无锡太湖新城提出构建"全域旅游、全境休闲、全时度假、全新生活"的新格局
蓬勃发展期（2016年至今）	2016年	全国旅游工作会议提出将全域旅游作为新时期的旅游发展战略； 2月，原国家旅游局公布了《首批国家全域旅游示范区创建名录》； 11月，原国家旅游局公布了第二批国家全域旅游示范区创建名录
	2019年	9月，文化和旅游部发布了《关于公布首批国家全域旅游示范区名单的通知》

在萌芽探索期（2012年及以前），全域旅游研究数量极少且程度浅，这一阶段有一定的同全域旅游概念相类似的发展战略，虽未形成系统的理论，但为全域旅游理论的构建打下了一定的实践基础。

在理论构建期（2013—2015年），厉新建在2013年首次提出全域旅游的理念，标志着全域旅游形成较完整的理论体系。此期间全域旅游也开始受到国家层面关注，全域旅游模式开始局部试点。此后相关研究的数量迅速增长，且多集中于对全域旅游研究的理论构架，包括全域旅游定义、内涵、目的等。

在蓬勃发展期（2016年至今），2016年全国旅游工作会议中，确定了将全域旅游作为新时期的旅游发展战略，全域旅游上升为国家战略，从实践意义上，这标志着全域旅游从试点转向全国推广，我国旅游业进入全域旅游新时代。在这一实践背景下，大量的全域旅游研究涌现，呈"井喷式"增长，且研究方向开始从理论构建拓展向实证及发展模式研究，研究视角也逐渐多样化。

3. 全域旅游示范区的地域密度分布特征

自2015年原国家旅游局下发《关于开展"国家全域旅游示范区"创建工

作的通知》之后，我国确定了两批共 500 个全域旅游示范区创建单位，覆盖了 31 个省区市。受旅游资源禀赋、旅游业发展水平、交通条件、政策支持四大因素影响，全域旅游示范区分布呈集聚特点[21]。从整体空间上看，示范区空间分布密度由东南沿海向西北内陆递减，且以"黑河—腾冲"线为界，呈现出东多西少的分布特征；以长江为界，呈现出南多北少的分布特征[22]。从分区来看，全域旅游示范区的空间密度以海南、江苏、河南、四川及湘赣鄂交汇地为五个核心地，向周围递减。

4. 全域旅游的研究特点

我国全域旅游研究总体上呈现以下特点：

第一，研究历程较短。若以 2013 年厉新建正式提出全域旅游理念为起点，我国全域旅游的研究起步较晚，但在政策引领下，相关研究成果仍较为丰硕。

第二，研究方法相对单一。国内学者对全域旅游的研究以定性分析居多，很少运用定量方法。但随着学者们对全域旅游研究的深入，运用定量方法（包括 GIS 空间分析法、数理统计法等）对全域旅游进行分析的相关研究在缓慢增加。

第三，研究内容由理论转向实践。随着 2016 年国家层面对全域旅游模式的全国推广，以及全域旅游理论构建的逐渐完善，学者们的视线开始转向如何运用全域旅游理论更好地推动旅游实践。

第四，全域旅游研究数量逐年增加。自 2013 年以来，我国全域旅游相关研究数量不断增加，尤其是 2016 年后，文献数量呈井喷式增长，且随着全域旅游实践逐步扩展和加深，我国全域旅游相关研究成果仍将不断涌现。

5. 全域旅游的全面系统论与适度抽象论

全域旅游自其提出之日起，便引起学界的关注，相关研究数量近年来呈井喷式增长趋势。对"什么是全域旅游"的讨论一直是学界的热点问题，虽然学界基本认知相同，但依旧存在对全域旅游的定义之争。争论的主要焦点是对"全"与"域"的解读，全面系统论强调以"全"作为解读全域旅游的核心，而适度抽象论强调以"域"作为解读全域旅游的核心[14]。

全面系统论源于厉新建等学者于 2013 年首次全面阐述全域旅游的定义，着重突出"全"字，认为全域旅游应当是全面系统的旅游模式[15]。在厉新建之后，吕俊芳、石培华等学者也以"全"为中心对全域旅游做了相应的阐释（见表 1-3）。

表 1-3　全面系统论下的全域旅游定义

学者	对全域旅游的定义
厉新建 (2013)	各行业积极融入其中，各部门齐抓共管，全城居民共同参与，充分利用目的地全部的吸引物要素，为前来旅游的游客提供全过程、全时空的体验产品，从而全面地满足游客的全方位体验需求
吕俊芳 (2013)	是全部区域一体化发展旅游，是旅游产业的全景化、全覆盖，是资源优化、空间有序、产品丰富、产业发达的科学的系统旅游[23]
石培华 (2016)	旅游景观全域优化、旅游服务全域配套、旅游治理全域覆盖、旅游产业全域联动、旅游成果全民共享[24]

对全域旅游的全面系统论阐释是学界定义"全域旅游"的首次发声，对后来的相关研究及实践产生了极其深刻的影响，也奠定了其他学者对全域旅游的基本印象。但全面系统论认识下的全域旅游能否贴合实际呢？适度抽象论提出了新的思考。

适度抽象论的学者们从实践角度出发，认为全面系统论对全域旅游的解释太过理想化，对"全"存在过度解释的现象。从定点旅游到全域旅游，应当是循序渐进的过程，张辉、岳燕祥提出全域旅游的核心在"域"而不在"全"，全面系统论对"全"的刚性理解并不符合当下旅游发展的实际[25]。马波认为全域旅游应当是特定时期的政策术语，并非学术概念，所以更应关注全域旅游作为一种旅游发展模式的适应性、实践性和扩展性[26]。刘家明认为学界内存在对"全域旅游"教条式解读，存在乌托邦式的认识误区[6]。这部分学者认为全域旅游是区别于封闭定点式旅游的发展模式，并不去做准确的界定。

从"全面系统论"与"适度抽象论"各自对全域旅游的定义中可知，两者的争论中心在于全域旅游的最终目的同实践条件的矛盾。"全面系统论"是作为全域旅游模式指导下的城市最终旅游形式，对处于"突破定点模式"的全域旅游发展的初级阶段来说，太过于理想化，脱离了实践现实。而"适度抽象论"虽然以实践为依据，犀利地指出了"全面系统论"所具备的时代不匹配性，但并不做准确定义，没有合理清晰的界定，也难以指导全域旅游的实践开发。因此，如果从实践出发寻求全域旅游的解释，我们首先需要避免对"全"的刚性理解，以"由点到全"的弹性的视角来看待全域旅游，其次需要避免抽象论调，便于对实践有直接的指导作用。基于上述分析，徐宏和徐荣民认为，全域旅游是指旅游时间极为延伸、旅游空间极为拓展、旅游服务极为丰富的旅游发展模式，是一种动态化、立体化、人性化的旅游发展观[14]。

本书的全域旅游概念采用 2015 年原国家旅游局下发的《关于开展"国家全域旅游示范区"创建工作的通知》里对全域旅游的界定，即全域旅游是指在一定的行政区域内，以旅游业为优势主导产业，实现区域资源有机整合、产业深度融合发展和全社会共同参与，通过旅游业带动乃至于统领经济社会全面发展的一种新的区域旅游发展理念和模式[27]。

全域旅游城市是将整个市域作为一个完整的旅游目的地进行规划、开发，旅游目的地要有准确的品牌和形象定位，以此作为吸引游客前往消费的关键。同时，在此市域内，除了有核心景点区外，其他地方也各有自身的定位和形象，最终形成各地区之间的相互联系。在整个城市范围内，各行业在旅游业的串联下相互融合，居民与游客一起，都在此范围内进行休闲消费，共享旅游发展所带来的城市基础设施的改善与发展。旅游目的地以"旅游+"、共建共享、信息化和当地知名旅游景点作为核心发力点，以此带动周边地区影响力的扩大，最终形成整个地区范围的旅游环线。

四、全域旅游的作用与意义

全域旅游作为目前最热门的政策性词语，是现阶段、新时期下旅游发展理念、发展模式和发展战略的一次重大改变[28]。全域旅游打破了定点式的旅游旧发展模式，强调多行业融入及居民与游客的融合，以一种更系统的观念去看待旅游、建设旅游。这不仅是旅游业的变革，也极大地加强了旅游对区域经济、文化的影响力。具体来看，全域旅游的意义如下：

第一，它是旅游业的新起点与新未来。在定点式旅游发展观念下，旅游模式陷入了内卷化，难以进行新的发展与转变，在这一情况下，想要进一步发展只能不断地促使旅游本身更加精细化、复杂化。而全域旅游的提出，打破了旅游内卷化困境，为旅游业寻找到一个充满潜力的发展模式。

第二，可以促进基础设施建设的进一步完善[19]。作为旅游接待能力的基本条件，基础设施建设是以全域旅游为理念进行旅游建设的首要考虑因素。要将游客合理地引导到各旅游分区，需要完善的旅游指示系统；要让游客便捷地到达全域各分区，对地域各分区间的通达性具有较高要求，需要充分考虑交通的合理布局；除此之外还包括网络、住宿、停车场、厕所等基础设施。

第三，对区域文化的正向涵化作用。文化涵化指不同文化的群体经过不间断的接触，一方或者两方的原有文化发生改变。在文化交流层面，游客的到来意味着游客代表的文化同旅游地文化的接触，势必会对旅游地文化产生一定影响。全域旅游对旅游空间的扩展，能带来旅游地文化和外来文化更充分的交流；而原有的旅游开发模式，对除旅游景区之外的文化相对不重视。当将全域作为旅游目的地开发时，景区外的区域文化被纳入旅游资源开发，为保证旅游具备区域特色，原本并不被重视的区域文化就能借此得到复苏。

第四，促进三产良性互动，助力产业结构调整。全域旅游构建了三产的经济良性循环。全域旅游理念强调各大产业的融合发展，以第一、二产业为良性基础，推进全域旅游建设进程，从而提高服务业整体水平，进而以服务业带动区域经济，反哺第一、二产业。

第五，区域统筹发展[29]。全域理念指导下的区域统筹规划，原有旅游资源非优区将承担区域旅游的除旅游参观、体验外的分工，代表着这类区域将能获得旅游收益，而这类旅游资源非优区多为区域中经济水平相对较低处，所以全域旅游调节了旅游收入的区域平衡。

第六，显著改善居民生活环境[30]。在全域理念下，游客的旅游环境便是居民的生活环境，严治生活环境中的脏乱差成为旅游发展的必要条件，意味着居民生活环境将得到极大改善。

全域旅游的发展应当是旅游从小场域到大场域的逐渐覆盖过程，在充分理解全域理念后，以旅游业作为优势产业，要求区域发展策略做出适应性改变。

区域从封闭定点式旅游模式转变到全域旅游是一个循序渐进的过程，需要由点到块、由块到面地进行合理的旅游发展战略规划。在进行规划时，需要对全域旅游的阶段有清晰的认识[6]。从旅游空间分布来看，全域旅游有四个发展阶段。

首先，单一景区阶段。景区是旅游发展的第一生产力，在单一景区阶段的主要任务是通过培育主打景区，首先在区域内形成一定的旅游吸引力。

其次，旅游目的地萌芽阶段。在景区的旅游吸引力足够的情况下，围绕主打景区，打造一系列的旅游服务设施，形成块状分布的旅游服务区域，如旅游特色小镇、旅游度假区。

再次，单一市场的旅游目的地阶段。在旅游市场规模较大后，围绕已有市场，在区域内打造新的旅游吸引物和对应的服务圈，形成新的旅游服务块。

最后，全域旅游与综合旅游目的地阶段。作为全域旅游的成熟阶段，旅游目的地需将已有相互区别的旅游服务块规划为全域旅游系统中的各子部分，并以交通、互联网为中介进行有机结合，形成最终的全域旅游形态。

根据实践需要、理论背景与全域旅游的内在关系，本书分析了全域旅游研究的提出路径。对如何解决"旅游的封闭定点式发展惯性"这一问题，如何适应"休闲度假旅游蓬勃发展""经济转型与生态文明建设"两大趋势，旅游学者和建设者们通过已有理论基础，结合先行实践，最终提出了既顺应时代、又极具个性的"全域旅游"。

第二节　全域旅游的研究述评

一、全域旅游的研究焦点

从全域旅游理论提出至今，相关研究多集中于全域旅游相关概念探讨、以全域旅游为视角的实际规划、全域旅游普适性实践指导三方面，其中规划及实践指导研究在数量上最多，但在研究影响力（以 CNKI 中的研究被引量为依据）上全域旅游概念探讨类研究更甚。

1. 全域旅游相关概念探讨

厉新建等（2013）初步论述了全域旅游的概念界定，并以"四新""八全"来系统地分析了全域旅游的特点[15]；吕俊芳（2013）分析了全域旅游理论基础，认为全域旅游是一种需要突破景区局限的现代整体发展观念，并提出全域旅游的开展需要符合一定的社会、人口、资源条件[23]；张辉、岳燕祥（2016）提出全域旅游核心在"域"而不在"全"，认为"全"不符合理论提出的背景以及实践要求[25]；徐宏、徐荣民（2017）用"广"来替代"全"，从三维视角提出了全域旅游是"指旅游时间极为延伸、旅游空间极为拓宽、旅游服务极为丰富的旅游发展模式，是一种动态化、立体化、人性化的旅游发展观"[14]。

对全域旅游相关概念探讨的核心在于理论解释是否具有足够实践指导价值。以"全"为核心的解释实质是对全域旅游模式成熟之后的描述，即全域旅游的理想模样，并非完全是乌托邦式幻想，但确实无法适应当下从"景点式"初步向"全域式"发展的实践现实，结合实践适应性，学者们提出了对

"全"的反思，并从其他角度对"全域旅游"进行理论解释，使全域旅游更具现实指导意义。

2. 以全域旅游为视角的实际规划

以全域旅游为视角进行的实际规划研究较多，学者们根据各城市、乡镇、民族地区的发展情况，或是对区域如何发展全域旅游做出探讨，或是根据发展全域旅游中存在的问题提出改善意见。如：黄华芝、吴信值（2016）从全域旅游视角出发，提出兴义市发展全域乡村旅游的经济转型路径[31]；黄平利、樊文斌（2011）将大连市土地视为整体，构建了大连市全域旅游体系结构[32]；曾祥辉、郑耀星（2015）从县域旅游出发分析了福建省永定县（区）旅游发展思路[33]；李晓南（2016）从辽宁工业旅游不足出发对全域旅游下的辽宁旅游发展提出了改善建议[34]。

3. 全域旅游普适性实践指导

部分学者从对全域旅游的理解出发，结合实践研究，提出具备普适性的全域旅游发展路径或是发展模式。如：吕俊芳（2014）结合城乡统筹视角提出了"大城小镇嵌景区"的全域旅游发展模式[35]；戴伟明（2016）通过全域旅游对大都市近郊文化休闲旅游目的地开发模式进行了研究[36]；蒙欣欣（2016）从"四全"出发解析了全域旅游发展模式[37]。

二、全域旅游研究中存在的不足

全域旅游自提出以来，已经获得了大量研究的支持，但理论发展时间不足10年，仍需要不断地完善与发展，本书通过对相关文献进行整理，总结了全域旅游研究存在的不足：

1. 理论自身发展局限

首先，从"全域旅游相关概念探讨"部分可以看出，全域旅游在概念理解上仍然存在分歧，部分学者们否定以"全"为核心的刚性理解后，虽从不同视角提出了各自对全域旅游的解释，但学界尚未形成共同认可的全域旅游概念界定，这对全域旅游研究及实践都将产生一定的影响。

其次，全域旅游研究中虽已有对全域旅游发展路径和发展模式的研究，但多数为规范性研究，实证性研究较少，即研究得出的发展路径和模式难以进行有效验证，这些研究是否能很好地指导实践还需要实践证实。

2. 缺少定量研究

已有的全域旅游相关研究绝大多数为定性研究，定量研究极少，而大多数的定性研究只能对全域旅游有一个大致的构建上的探讨，难以对相关观点进行严格意义上的证明。

定量研究极少的原因，主要在于研究者多从宏观层面对全域旅游进行研究，学界尚未对全域旅游发展系统进行合理解构，尚未形成一致认可的全域旅游发展体系，导致难以从微观上通过适用的定量方法进行分析，即便现有少数的全域旅游定量研究，也是从宏观层面进行分析。如曹晗（2016）[38]、尹立军（2016）[39]分别采用内容分析法对全域旅游背景下的营销模式、公共服务体系进行了探讨；赵慧莎（2017）[22]、徐珍珍（2019）[21]均以 Arcgis 空间分析技术对全域旅游空间分析及发展的影响因素进行了探讨；何方永（2016）采用数据包络分析法对藏族自治州全域旅游视角下的旅游效率进行了研究[40]。这些研究虽具备了实践引领的意义，但不能产生直接的实践指导作用，即难以从微观层面告知全域旅游建设系统的各子部分应当怎么做。

三、全域旅游研究的问题探讨

本书通过对现有全域旅游相关研究和实践进行总结分析，并结合对全域旅游的理解，对以下五个问题展开进一步的探讨：

1. 全域旅游出现原因的归结问题

全域旅游理论的提出自然离不开先行实践及现实背景的需要，但如何解释现实背景、先行实践同全域旅游模式出现之间的关系，从旅游发展模式的"内卷化"进行阐述分析是一个较新的视角和切入点。

内卷化可以理解为一种社会或文化模式发展到某个特定阶段后，仅能在内部复杂化和精细化，既无法稳定下来，也无法上升为一种更高级发展模式的现象[41]。结合全域旅游提出前的旅游发展情况，我国采用以"景点收取门票"为主的发展理念与模式，而在部分旅游业相对发达的地区，这种模式已经十分成熟，其模式内的旅游接待体系、服务体系、基础设施等方面均已到达优化空间较小的阶段，这些区域的旅游发展现状恰巧符合内卷化特征。而突破旅游发展的内卷化，需要在模式上进行突破和创新，全域旅游在本质上便是将原有的景点式发展模式打破，将旅游置于整个区域范围、行业范围内进行规划发展。

基于上述分析，我们可以认为全域旅游发展模式提出的根源，是在传统旅游模式下的内卷化现实状态中，对旅游发展模式进行的突破。

2. 全域旅游同原有旅游模式一脉相承的问题

通过对全域旅游出现原因的归结分析，我们明确了全域旅游是在传统模式无法继续推动旅游发展的情况下做出的突破和创新，这里的创新并不代表完全摒弃旧的模式，而是将旧有的旅游发展果实纳入新的发展模式中来，作为新阶段的发展基础。

在对全域旅游的发展阶段进行阐述的部分，本书提到了全域旅游形成过程的第一个阶段——"单一景区阶段"，"单一景区阶段"实质上便是传统的"景点式"旅游发展模式。单一景区既是全域旅游发展的基础，也是全域旅游发展的限制性条件，旅游发展的首要条件便是有足够的旅游吸引力，能够吸引游客到区域中进行消费，而景区在全域旅游系统中便是充当核心的吸引物，只有当吸引力足够，区域才能有提供服务的客体，反之，当旅游吸引力不足，即景区发展不充分时，全域旅游系统便难以为继。

基于上述分析，我们认为景区建设是全域旅游建设的重要基础，应当将旧有的"景点式"发展模式视为全域旅游重要的起步阶段，并对原有单一景区的建设规划做出适应性修改。同时，在全国全域旅游建设热潮下，政府作为区域旅游建设者，也应当认清区域是否具备旅游全域化的基础和条件，是否在区域内具有足够的旅游吸引力，而不是盲目地进行旅游的全域建设。

3. 以"社会经济旅游化"的角度解读全域旅游的问题

从社会经济发展方式来说，全域旅游不只是新旅游发展模式，也是新社会经济发展模式[25]。以我国社会经济发展历史来说，自改革开放以来多数城市选择以"工业化"作为城市发展主线，然而在许多并不具备工业化发展条件但却拥有丰富旅游资源的城市，包括都江堰在内，只好选择以旅游化作为城市发展主线。事实上在这些城市发展历程中，旅游被证实可以作为城市社会经济发展的核心。而从社会经济发展的角度出发理解全域旅游，就是将旅游业作为核心，进行城市社会经济建设，即城市的"社会经济旅游化"。

这种角度要求学者们跳出旅游层面，从范围更广的"社会经济发展"的层面看待全域旅游并进行相关研究，充分发挥全域旅游模式的社会价值、经济价值。事实上，学界已有从"经济社会发展"层面进行全域旅游研究的文章，如赵传松（2018）便探究了全域旅游同区域发展的相互作用机理[42]，但此类研究目前仍然较少。全域旅游将旅游同区域的社会经济进行了充分的融合，所以我们对全域旅游的研究视野不应仅仅局限于旅游层面，更应跳出旅游层面，从社会经济发展的各种角度去理解并运用全域旅游。

4. 政治经济模式适应性转变的问题

在全域旅游模式下，将旅游作为核心进行经济社会发展，必然会产生一系列的阻力，这种阻力主要包括行政阻力及经济交流阻力。

一方面是行政阻力。全域旅游打破了区域限制，将区域作为一个整体进行规划，这不仅需要整个区域的行政部门对子区域进行合理统筹，更需要各子区域间的充分配合。不同于以往的"分区而治"，各子区域必须对自己在全域旅游系统中的定位有充分认识。同时，各子区域间需要高效率的行政交流，才能保证全域旅游作为一个区域经济发展系统的顺畅发展。

另一方面是经济交流阻力，主要源于各产业有时难以很好地参与全域旅游建设。其他行业如何参与全域旅游发展？当行业充分投入旅游业时，如何有效协调区域内各旅游利益相关者的关系，形成全域旅游经济上的合力？这些问题都会影响全域旅游发展在内部经济上的活力。

综上，发展全域旅游需要在区域内形成行政和经济上的合力。如何统筹区域内各部门，如何引导民间资本投入全域旅游，都是需要解决的重要问题。

5. 从实践视角解构全域旅游进行研究的问题

由于未形成学界统一认可的全域旅游发展结构和模式，现有的研究多从宏观角度对全域旅游实践进行分析，难以通过全域旅游模式的解构，提出更微观、更直接的实践指导建议，导致大多数研究存在引领价值，但并未能从实践上有直接的指导作用。

基于此，应当更多地由下至上地进行全域旅游研究，而非单一地以自上而下的视角进行相关研究。实践指导性匮乏是现下研究的不足，逐渐增强实践指导性会是全域旅游研究的趋势之一。

第三节　都江堰市全域旅游的发展

随着全域旅游的提出及其在各地的实践操作，为贯彻落实《"十三五"旅游业发展规划》《关于促进全域旅游发展的指导意见》关于创建国家全域旅游示范区的有关要求，文化和旅游部依据《国家全域旅游示范区验收、认定和管理实施办法（试行）》《国家全域旅游示范区验收标准（试行）》，开展了首批国家全域旅游示范区验收认定工作，确定了首批国家全域旅游示范区名单，都江堰市也正式入选国家第一批全域旅游示范区。

都江堰市之所以能最早一批入选国家全域旅游示范区，与其在全域旅游方面的发展密切相关。早在"十二五"期间，都江堰市围绕"建设国际旅游城市"的目标定位，瞄准建设世界旅游目的地和川西旅游集散地两个首要目标，确立"创新发展、转型升级"的发展主题，坚持"全局统筹、全面创新、全业融合、全域旅游、全民参与"的"大旅游"发展思路，着力构建以"都江堰主城""大青城旅游区""都市现代农业区"为组团的"一城两区"城乡发展结构，并提出"三步走"发展战略和"四大发展计划"，建立起了旅游资源开发利用、旅游项目招引促建、旅游市场监督管理、旅游服务品质提升等一系列工作机制[2]。这种"大旅游"的发展思路，就是全域旅游的发展思路。

全域旅游的发展需要技术上的支撑，智慧旅游提供了一个很好的切入点。"十二五"期间，都江堰市智慧旅游建设加快推进，全面推进"万店上网惠民生"工程，实现城区 4G 网络全覆盖，主要景区、游客集聚区的 ATM 机、POS 机覆盖率和主城区人流密集区域内的免费无线网络覆盖率得到大幅提升，旅游目的地营销系统、智慧旅游综合信息服务平台、景区 WiFi、北斗卫星导航应用等服务不断完善。都江堰市以都江堰—青城山景区数字化信息网络管理中心为基础的都江堰市智慧旅游运行管理中心建设工作稳步推进，都江堰—青城山景区荣获国内唯一"智慧旅游最佳示范景区"称号，全市统一的智慧旅游管理平台、营销平台基本完善，推出全国首个旅游信用查询 App，国家北斗卫星导航产业应用示范项目和遗产监测预警系统建设完成，充分实现了"资源保护数字化、经营管理智能化、产业整合网络化"[2]。

"十三五"期间，都江堰市在被列为国家首批全域旅游示范区创建单位后，启动了全域旅游示范区的创建工作，根据中央、四川省和成都市的要求，结合都江堰市实际情况编制了《都江堰市全域旅游发展规划（2017—2035）》（见图 1-1、图 1-2）。

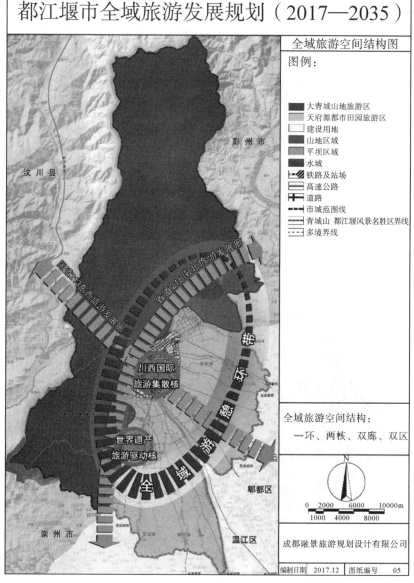

都江堰市全域旅游发展规划（2017—2035）

全域旅游空间结构图

图例：

- 大青城山地旅游区
- 天府源都市田园旅游区
- 建设用地
- 山地区域
- 平坝区域
- 水域
- 铁路及站场
- 高速公路
- 道路
- 市域范围线
- 青城山 都江堰风景名胜区界线
- 多境界线

全域旅游空间结构：

一环、两核、双廊、双区

N

| 0 | 2000 | 6000 | 10000m |
| 1000 | 4000 | 8000 | |

成都融景旅游规划设计有限公司

| 编制日期 | 2017.12 | 图纸编号 | 05 |

图 1-1 《都江堰市全域旅游发展规划（2017—2035）》（一）

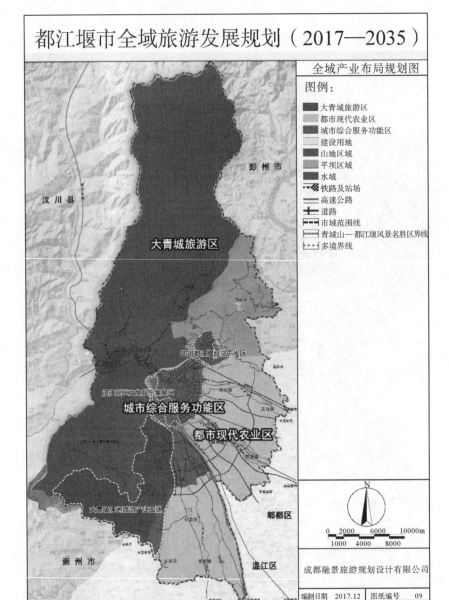

图 1-2 《都江堰市全域旅游发展规划（2017—2035）》（二）

　　根据《都江堰市全域旅游发展规划（2017—2035）》，都江堰市全域旅游覆盖都江堰市行政管辖区域 5 个街道和 14 个乡镇，规划面积 1 208 平方千米，总体功能布局为：一环串联、两核引领、双廊支撑、双区联动。

　　一环：都江堰全域游憩环带。以彭青线构成环城游憩带的东南半环，连接向峨乡、蒲阳镇①、天马镇、石羊镇和青城山镇；以蒲张路复线、蒲虹路、白八路、青城山环山旅游路等道路构成西北半环，其间连接龙门山森林绿道、锦江绿道等慢行通道，构建快慢行交通转换的环城游憩带，串联疏通全域旅游交通，将核心景区游客向城市外圈层疏导，激活游憩带两侧旅游资源和度假设施，带动全域旅游辐射发展。

两核：川西国际旅游集散核和世界遗产旅游驱动核。川西国际旅游集散核由都江堰主城区（灌口、幸福、永丰、奎光塔、银杏5个街道和玉堂镇部分）构成，依托主城区高铁站、旅游客运中心、游客咨询中心、公共交通服务体系等集散设施，辐射全域构建都江堰全域旅游集散核职能。世界遗产旅游驱动核是以两大世界遗产地都江堰—青城山和玉堂镇的熊猫谷构成的文化和自然世界遗产驱动核，通过进一步发挥文化和自然双遗产品牌优势，升级遗产品牌形象，深化产品体系，提升服务水平，拓展客源市场空间，完善其全域旅游吸引力核心驱动职能。

双廊：国道213东西旅游发展廊和省道216南北旅游发展廊。国道213东西旅游发展廊以国道213成灌高速段为主轴，在都江堰市境内连接崇义镇、聚源镇、主城区、玉堂镇、龙池镇，构成东西向旅游发展廊。省道216南北旅游发展廊以省道216线为主轴，在都江堰市境内连接向峨乡、蒲阳镇、都江堰主城区、玉堂镇、中兴镇、青城山镇、大观镇，构建都江堰南北产旅发展廊道，南北分别与彭州市、崇州市片区实现区域互动，融入龙门山国际旅游带发展，实现区域协同发展。

双区：大青城山地旅游区和天府源都市田园旅游区。大青城山地旅游区包括向峨乡、龙池镇、玉堂镇、中兴镇和青城山镇西部，大观镇西部，依托青城山世界遗产、龙池国家森林公园、熊猫谷、青城山高尔夫俱乐部等重点资源，打造集水文化体验、道家康养、熊猫生态体验、山地运动、主题住宿、露营度假为一体的国际知名的文化生态康养旅游目的地。天府源都市田园旅游区包括蒲阳镇、天马镇、胥家镇、崇义镇、聚源镇、青城山镇和中兴镇东部片区、柳街镇、石羊镇、安龙镇，依托区域内承接千年古堰灌溉孕育的田园和林盘，利用片区颇具规模的粮油果蔬种植、水产养殖、农产品加工、休闲农庄、农业主题园区等产业和业态，重点发展乡村田园体验、农业主题度假、原生态农业观

---

① 2019年12月，经四川省人民政府同意，撤销中兴镇、玉堂镇，设立玉堂街道；撤销向峨乡、蒲阳镇，设立蒲阳街道；撤销永丰街道；撤销胥家镇、崇义镇、柳街镇、大观镇、安龙镇。

光、农创副产品体验、农业生态养生，打造独具天府本土文化生态特色的都市田园旅游区。

一环串联、两核引领、双廊支撑、双区联动的总体规划布局，为都江堰市的全域旅游发展提供了目标指引。一方面是发挥原有的核心景区的带动作用，发挥品牌优势，形成旅游发展的核心区。另一方面在核心景区的带动下，将旅游影响力向外圈扩散，形成新的发展环线，并针对各区域的发展形成各自不同的产业布局，如围绕青城山形成的大青城旅游区，以都江堰景区为核心的城市综合服务功能区及周边农业产业优势发展的都市现代农业区。同时与其他城市协同发展，将都江堰市的旅游融入龙门山国际旅游发展带同步发展，以此带动都江堰市全域旅游的快速发展。

在整体思路明确的基础上，都江堰市还将全域旅游发展的重点任务确定为"产品体系创新、产业融合发展、全体系覆盖、全域统筹治理"，具体内容如下：

一是实施全域产品体系创新，培育创新性旅游吸引物。重点打造"康体养生、文化体验、运动休闲、主题观光"四大拳头产品，创新培育"夜间旅游、精品民宿旅游、城市旅游、乡村旅游、研学旅游、会展演艺旅游、温泉滑雪、生态专项旅游"八大主题产品。

二是推进全链条产业融合发展，规划提出旅游与交通、林业、农业、文化、商贸、大健康、体育运动、工业产业、教育培训等产业融合发展，积极培育旅游新业态，延展旅游产业链条，转变旅游产业的发展途径，推动旅游发展由点及面，由传统粗放型向现代集约型转变。

三是实现旅游发展全体系覆盖，实施"八大旅游重点工程"，推动体制机制改革创新、完善旅游公共服务体系建设、开展全域景观环境改造、提升整体服务质量、整治旅游市场环境、实施全域旅游市场营销、推进全民旅游共建共享、打造全域旅游富民典范，切实将旅游业融入都江堰市经济社会发展全局。

四是强化全域统筹治理。强化党政统筹、政府主导、全社会参与，进一步创新旅游发展综合监管、协调体系，进一步凝聚部门发展合力，进一步强化文化和生态资源保护，进一步落实"一张蓝图干到底"的规划管理体系，营造更加优质的旅游业发展环境。

《都江堰市全域旅游发展规划（2017—2035）》重点任务的提出，为都江堰市发展全域旅游提供了路径选择，从产品—产业链—全体系—全域层层展开实施，最终实现都江堰市旅游发展质的飞跃。这既是都江堰市未来几年发展全域旅游的规划，也是都江堰市未来发展的美好前景。

第二章　都江堰文化旅游资源分析

都江堰作为历史文化名城，具有丰富的文化旅游资源（详见第四章）。本章重点介绍对都江堰城市形象有着重要影响，对游客有着直观而深刻影响的文化旅游资源——山水文化旅游资源和历史文化旅游资源。

第一节　文化旅游资源概念释义

文化旅游资源一词包含了文化、旅游、资源三个关键词，就其内容而言，是极其丰富的。文化是相对自然而言的一个词语，凡是经过了人类加工，蕴含了人类智慧的一切成果，我们均可将之视为文化，人类在生存、发展中创造了自己独特的文化。旅游是离开自己居住的地方，到其他地方游览的一种行为，旅游的发生促进了文化的传播，而不同的文化差异，则吸引着人们不断离开自己居住的地方，到远方去游览。这些吸引人们离开居住地的要素，就构成了当地的旅游资源，包括了自然的和文化的。相对于自然旅游资源，文化旅游资源更加丰富而种类多样，且与历史、人类活动有着密切的关联，因此，在某种程度上更能吸引旅行者。当前，文化旅游一经兴起，便成为一种时尚，在旅游中占据着越来越重要的位置。而与之相关的文化旅游资源，也就成为旅游目的地开发的重要切入点，备受人们的关注。

一、文化旅游资源及相关基本概念界定

学术界对资源的最初界定是大自然的原始赋予，后来将其拓展为自然资源与文化资源，并明确了资源的效用特征。其中，自然资源是在一定时间、地点的条件下能够产生经济价值以提高人类当前和将来福利的自然环境因素和条件的综合；文化资源则是凝结了人类无差别劳动的物质和精神的产品，包括历史

演进中积淀的物质和非物质文化财富[43]。

旅游资源是基于功能属性而来的资源属概念,指存在于一定区域、能对旅游者产生吸引力、可为旅游业所利用并产生经济、社会和环境效益的各种事物和因素的总和,包括已开发利用的自然、人文旅游资源以及待开发的具备旅游吸引力的潜在自然、人文旅游资源[44]。

文化资源与旅游资源之间存在明显区别,二者在管理者、发展目标、经济态度、使用群体、国际组织、国家和地区管理机构等方面均有不同。文化资源是文化旅游产业发展的基础,但并不是所有的文化资源都可以进行产业化经营。文化与旅游二者是辩证统一的关系。首先,文化资源在旅游业中占据极为重要的地位,为旅游发展提供了必不可少的资源条件;其次,文化资源为旅游者提供高层次的旅游享受,对旅游的深层次开发起着重要作用;最后,保护文化资源是旅游发展的重要前提,发展旅游亦可促进文化保护[45]。

文化旅游资源是旅游资源的子概念。从狭义上看,文化旅游资源是文化与旅游有机结合为一体的一种旅游资源类型;从广义上看,凡是能为旅游者提供文化体验的旅游资源,包括具有历史、艺术或科学价值的文物、建筑、遗址遗迹以及口头传统和表述、表演艺术、社会风俗、礼仪、节庆、实践经验与知识、手工艺技能等传统文化表现形式都属于文化旅游资源的范畴[43]。

田敏在 2006 年提出,文化旅游资源是指能够激发人们产生旅游动机和吸引人们进行旅游活动的民族传统文化及其载体[46]。

梅芳在 2015 年提出,文化旅游资源是具有文化属性的资源,是在人为作用下形成,具有地域特征、民族特征、传承性特征、变化特征等文化吸引力的资源[47]。

许春晓、胡婷在 2017 年采用广义概念界定文化旅游资源:客观存在于一定地域空间、主要因其所具有的文化价值或赋存的文化元素而对旅游者产生吸引力的能被旅游业利用并产生社会、经济、生态效益的各事物或因素;剔除具备旅游吸引力但待开发的自然资源之后的旅游资源[43]。

学术界对文化旅游的认识并不统一,对文化旅游资源的概念界定也没有统一的界定。文化旅游资源的核心是文化,而文化是在人类作用下产生的,文化是人类的物质财富和精神财富的总和,是在人为作用条件下形成的一种意识形态。文化旅游资源是开展文化旅游的基础,文化旅游资源首先是一种资源,既可以是无形的,也可以是有形的,是为了吸引游客、刺激游客产生文化旅游需求而被挖掘或用来开发文化旅游的文化资源,具有能经过旅游开发且能让游客了解、观赏和体验的旅游文化[47]。

"文化旅游"这个概念最早提出是在 1977 年。1977 年，美国密歇根大学的麦金托什教授在《旅游学：要素·实践·基本原理》一书中提出，文化旅游囊括了关于旅游的各个方面，可以用它知悉旅游客源地和旅游目的地的生活和思想[48]。

Reisinger 在 1994 年提出，文化旅游是一种旅游行为，源于爱好文化旅游的游客对体验异域文化的特殊兴趣。文化旅游包括文化遗产、艺术、信仰、习俗、自然历史等方面的旅游，还包括了解旅游目的地的动植物生态旅游、参加体育活动和观看体育赛事的体育旅游以及农业旅游等[49]。

Graburn 在 1989 年提出文化旅游是一种对不同事物的瞬时消费[50]。

马波在 1999 年从文化旅游属性的角度提出文化旅游是一种旅游类型[51]。郭丽华在同年提出文化旅游是消费者通过旅游活动，实现体验、了解、观察人类文化具体内容的目的的过程[52]。

张文喜在 2006 年从消费者的角度提出文化旅游是消费者离开常住地，到具有文化吸引力的地方进行旅游活动，主要侧重于当地的文物古迹、民俗风情、艺术文化等文化资源，是一种文化底蕴深厚，且能获得新知识，满足文化需要的较高层次的旅游形式[53]。

文化旅游至今没有统一的定义，世界旅游组织将其界定为通过某种比较具象的载体或直观的表达方式，为游客提供观赏、品味、参与体验和感知旅游目的地文化内涵的机会，丰富游客的旅游活动[54]。

综上，国内外学者对文化旅游概念的研究尚未形成统一的结论，主要有以下四类认识：①文化旅游是旅游的一种类型；②旅游者在旅游过程中消费带有文化色彩的旅游产品就是文化旅游；③文化旅游是指旅游产品的供应商为消费者提供的以体验文化为目的的旅游产品或旅游活动；④人们对陌生文化的向往所引起的，离开自己常住环境，去观察感知，体验陌生文化，满足人们的文化求知[47]。

文化是旅游最有魅力的卖点。在旅游者的旅游动机中，感受各地文化的不同是很重要的一个组成。不同的地域、民族拥有各自不同的文化，这些对从来没有接触过此类文化的游客来说，都是极其具有吸引力的，可以满足他们对不同文化的体验需求，从而形成了各具特色的文化旅游资源。文化旅游是属于旅游体验的范畴，是旅游的一种类型，强调的是旅游者的活动与参与[55]。文化旅游者将更广泛地与当地人接触。开发旅游资源，应考虑旅游与文化之间的关系[56]。

二、文化旅游资源在旅游开发中的作用

文化旅游资源是指具有旅游吸引力并能够体现文化内涵的自然因素、人文因素的总和[57]。国外最早提出文化旅游概念的是美国的麦金托什，他在1977年首次提出"文化旅游"的概念，认为"文化旅游囊括了关于旅游的各个方面，旅游者可以感受到他人的历史和遗产，以及他们的当代生活和思想"[48]。

文化旅游资源开发通常是指人们为了发挥、改善和提高旅游资源的吸引力，而对文化旅游资源进行的开拓和建设的活动[58]。在旅游出行越来越普及的同时，游客对旅游的需求也不断增加。传统的景点旅游不再能满足人们的需求。文化旅游可以满足游客对于高层次审美和体验的心理需求，让游客拥有超然的文化感受和情感寄托，因此其也受到了旅游开发者的重视[59]。当文化旅游日渐取代传统旅游成为一种新的旅游趋势，对文化旅游资源的保护和开发也就成了一项非常重要的研究课题，日渐引起人们的关注。

文化旅游资源是与自然旅游资源相对的范畴，自然旅游资源的形成具有时间和空间上的限制，尤其是空间的限制较强，具有空间上的固定性和不可移动性的特点。文化旅游资源空间上的限制相对较少，具有较强的创造性和可移动性。文化旅游资源在旅游开发中，可以弥补自然资源在空间上的限制，从而实现旅游资源的全域性。

文化旅游资源开发最重要的是要深入挖掘资源的文化内涵，这有助于保护和传承当地的文化资源。文化资源向文化旅游资源的转变过程，就是文化和旅游相结合、文化资源的旅游化过程，这一过程中资源的开发需要结合人们的旅游需求进行。文化旅游因其在文化因子上的吸引力，得到越来越多游客的青睐，一定程度上促进了当地文化的传播。作为文化旅游载体的文化旅游资源，是文化旅游产业发展的重要基础和前提[60]。

对文化资源的保护，还对当地文化的传承具有非常重要的作用。随着社会经济的发展，很多地方的传统文化逐渐被现代文化同化，甚至有些地方的文化已经出现消亡的趋势，很多传统习俗对现代的年轻人来说已经不再熟悉。旅游与文化的结合改变了这一现状，当地的传统文化随着旅游的兴起，由于游客的兴趣而被赋予了新的活力，从而得以顺利传承下去。同样，当地旅游因为与文化的结合而丰富了旅游资源的类型，推动了当地的文化旅游发展。

文化旅游在我国旅游发展中的作用越来越重要，为实现文化旅游资源的可持续发展，我们必须对其进行保护性的开发。首先，在思想上我们要对文化旅

游资源的保护和开发做到足够的重视，在保护中开发，在开发中保护。两者要互相促进，而不是相互制约与破坏。其次，政府机构应做好对文化旅游资源保护和开发的整体规划。如：对资源进行调查、整理、鉴定；提供资金保证；遵循保护优先的原则；等等。

第二节　都江堰—青城山核心文化旅游资源解析

"拜水都江堰，问道青城山"，都江堰市作为旅游名城，其最吸引人的地方莫过于它的一山一水：山为青城山，水为都江堰水利工程。更重要的是，这里的一山一水，并不单纯指我们所看到的景点，更是其背后所蕴含的文化及文化精神。水文化和道文化作为都江堰市的文化名片，是吸引众多游客前往的重要原因，也是都江堰文化旅游资源中最核心的品牌资源。接下来，我们就从都江堰的水文化——都江堰水利工程与都江堰的山文化——青城山一一谈起。

一、都江堰水文化旅游资源解析

1. 都江堰水文化旅游资源

水，是生命的源泉。在都江堰市，水是随处可见的。从都江堰景区分叉而成的各个河道，在都江堰这座城市里川流不息。这些河道随处可见，不经意间走进人们的心底，构成了都江堰这座城市独特的文化魅力。

都江堰水利工程，成就了"天府之源"的美名，也让都江堰这座因水而生的城市，因水而扬名。

文化是旅游发展的基础和灵魂，都江堰市旅游业就是依托都江堰博大精深的水文化发展起来的。水文化作为都江堰市旅游发展的核心文化资源，有着丰富的文化内涵。水文化是都江堰市发展旅游业的驱动力之一，也是展示都江堰城市品牌形象的最佳切入点，更是都江堰市作为特色旅游城市的竞争力的决定性要素。

都江堰市原名灌县，其名字的由来与水密切相关。作为一座因建于公元前256年、距今已有2 000多年历史的水利工程而得名的城市，都江堰市与水有着不解之缘。因水治堰、因堰兴城，都江堰市的历史也由此展开。都江堰市作为旅游城市，域内文化旅游资源丰富，而水文化作为其核心旅游资源，是都江堰文化旅游资源的重要组成部分，对其进行整理、分析，对于树立城市文化品牌、促进城市旅游发展都具有十分重要的意义。

"拜水都江堰,问道青城山",都江堰市经过2 000多年的发展,形成了大量的与水相关的文化资源,其中包括自然资源、水利工程、遗址遗迹、纪念场所、建筑小品等物质旅游文化资源,也包括治河工艺、管理制度、哲学思想、宗教信仰、艺术等非物质资源及其物化产品,它们共同构成了都江堰市丰富的水文化旅游资源(见表2-1)。

表2-1 都江堰市水文化旅游资源概况

	资源分类	资源名称	资源简介及其作用
物质性水文化旅游资源	自然资源	走马河、蒲阳河、柏条河、江安河	岷江内江水系经都江堰分流成为四大干渠,具有防御、灌溉、排沙泄洪、生产生活、观光游憩等作用,是传播都江堰水文化的重要载体
		都江堰灌区农田、林盘	都江堰灌区包括成都平原和临近的广大丘陵地区,把灌溉的艺术体现得淋漓尽致,也为发展特色乡村旅游提供基础
	水利工程	宝瓶口	宝瓶口是玉垒山伸向岷江长脊上人工开凿的一个起"节制闸"作用的河口,形似宝瓶。是成都平原"旱涝从人"的关键性工程
		鱼嘴	鱼嘴是修建在岷江江心的分水水坝,把岷江分为外江和内江,外江排洪,内江引水灌溉。因形似鱼嘴而得名
		飞沙堰	飞沙堰位于金刚堤和人字堤之间,是主要的泄洪道。其主要作用是泄洪排沙,确保内江通畅,和宝瓶口、鱼嘴并称渠首枢纽工程
		附属工程	水利附属工程包括金刚堤、人字堤、百丈堤、枧足沱、二王庙顺埂等,辅助渠首枢纽工程共同完成分水、排洪、护岸等作用
	相关遗址遗迹、纪念祭祀、观光游憩的场所建筑	伏龙观	位于宝瓶口上方,源于"李冰除孽龙"这一传说。陈列了许多东汉时代珍贵雕塑石像,凝聚着人们对李冰父子的崇拜和感激之情
		斗犀台	位于岷江边上,面向三大渠首工程,源于"李冰斗江神"这一传说。反映了我国历代劳动人民不屈不挠,渴望征服水患的愿望
		二王庙	坐落于都江堰西门外的玉垒山麓,为纪念李冰父子所建。展现了李冰治水的"三字经""六字诀""八字格言"以及相关历史等
		禹王宫	位于松茂古道边,为纪念中国历史上治水功臣大禹所建。传承"岷山导江,东别为沱"的治水思想

表2-1（续）

	资源分类	资源名称	资源简介及其作用
物质性水文化旅游资源	相关遗址遗迹、纪念祭祀、观光游憩的场所建筑	安澜索桥	位于岷江之上，横跨都江堰水利工程，被命名为中国古代五大古桥，是连接古代川西与阿坝的商业要道，是藏、汉、羌人民联系的纽带
		南桥	位于宝瓶口下侧岷江内江上，又名"普济桥"。被誉为"水上画楼""雄居江源第一桥"
		李冰广场	位于观景路和迎宾路交会处，是都江堰市的地标性建筑。警醒来来往往的巴蜀人民珍惜历代劳动成果，继续发挥勤劳刻苦的劳动精神
		水文化广场	用现代景观设计概念，体现古老、悠远而具有特色的水文化，旨在纪念都江堰辉煌的水文化历史
非物质性水文化旅游资源及其产出物	治河工艺	杩槎、竹笼、干砌卵石、卧铁、羊圈等	体现出古人"因地制宜""因材施用""就地取材"的治水智慧。极大地节省了都江堰水利工程建设和维护的成本
	文化艺术	电影《李冰》；电视剧《古堰长流》《都江堰》；川剧《望娘滩》；京剧《千古一人》以及众多传说、书法、故事、摄影、文献等	通过文化艺术生动形象地展现伟大的都江堰水利工程和李冰父子等人的治水之道。同时，还可以达到宣传都江堰、警示后人的作用
	治水及管理的经验和哲学	"三字经""六字诀""八字格言"等治水经验；"天人合一""道法自然"等哲学思想	受道家思想的影响，都江堰水利工程的建设始终秉持着人与自然和谐统一的指导思想，在遵循自然规律的基础上"乘势利导，因时制宜"，达到"天人合一"的高度
	节事活动	放水节	放水节是都江堰地区每年一度最盛大的民俗庆典活动，以预祝当年农业丰收，无旱涝之灾。同时也凝聚着川西人民对水神的崇拜和缅怀之情
		李冰国际文化旅游节	李冰文化旅游节于每年农历六月二十四日在世界级文化遗产都江堰景区举行，其目的在于宣传都江堰，发扬水文化，丰富都江堰水文化历史内涵，与上半年放水节相照应，是都江堰市的文化旅游品牌

表2-1(续)

	资源分类	资源名称	资源简介及其作用
非物质性水文化旅游资源及其产出物	节事活动	都江堰水生态文明高峰论坛	2018 年 8 月，来自多个国家地区的百余名知名专家学者从水利工程、灌溉、生态文明等多角度，围绕"世界文化遗产都江堰的保护与传承""李冰与都江堰学"主题进行学术探讨
		成都双遗马拉松	成都双遗马拉松拥有首个连接世界文化遗产和世界自然遗产的马拉松赛道，包括都江堰和青城山的世界文化遗产和包含都江堰赵公山在内的四川大熊猫栖息地的世界自然遗产

2. 都江堰水文化旅游资源的文化内涵

余秋雨在《都江堰》一文中感叹："中国历史上最激动人心的工程不是长城，而是都江堰。"都江堰水利工程在 2 000 多年的历史中，不断地修了毁、毁了修，真正经久不衰、传承千年的是都江堰水文化。都江堰市丰富多彩的水文化旅游资源中，蕴含着丰富的文化内涵。

（1）治水文化中所蕴含的道家思想内涵

都江堰水文化中深藏着道家思想的影子，"乘势利导，因时制宜"的治水指导思想深刻体现了道家的"道法自然"思想，其要求在治水过程中要合理利用事物自身发展趋势，并加以有利引导，根据不同时期的具体问题制定合理的措施。

"道法自然"的思想还体现在治水工程上的"因地制宜，就地取材"。都江堰水利工程在建设中大量使用杩槎、卧铁、竹笼、干砌卵石、羊圈等治河工艺，根据当地的实际情况制订科学的计划，并且合理利用当地的工艺技术以及相关资源，类似例子还有很多。"深淘滩、低作堰""遇弯截角，逢正抽心"等治水格言反映出都江堰水文化中那种合理把握自然规律，尊重自然规律，从而实现人与自然和谐统一的哲学理念。

"上善若水，水善利万物而不争"，在道家思想中，水具有几近于道的品德。都江堰水利工程作为一个泽被后世的民生工程，既解决了四川盆地"东旱西涝"的问题，又促进了都江堰流域农、林、牧、副、渔等领域的发展，还促进了成都平原商品贸易经济的快速发展，不论是有"扬一益二"之称的古成都，还是现在被评为新一线城市的"天府之国"，都深受都江堰水利工程的恩泽，因此其被称为"天府之源"。

（2）治水名人的"厚德载物"情怀

水所蕴含的厚德载物情怀，深深地体现在历代的治水英雄身上。都江堰离堆公园"堰功道"上记载了十二位先贤，他们同李冰父子一起带领勤劳智慧的都江堰水利人治水护堰，造福人民。科学严谨的水利工程，渠首枢纽工程及其附属工程联合运行、精妙配合，很好地解决了引水、灌溉、泄洪、排沙、护堤等矛盾，水患变水利，"天府之国"应运而生。这背后，凝聚了历代治水英雄的心血与他们对民众的爱护之情，李冰（秦国）和十二先贤文翁（西汉）、诸葛亮（三国）、高俭（唐）、章仇兼琼（唐）、刘熙古（宋）、赵不忧（宋）、吉当普（元）、卢翊（明）、施千祥（明）、阿尔泰（清）、强望泰（清）、丁宝桢（清），他们都是心系百姓的英雄，在他们身上，体现着水文化中最深层的"厚德载物"情怀。

（3）水文化节事活动中所体现的文化传承理念

公元 978 年，为纪念率众修建都江堰水利工程、福泽后世的李冰父子，北宋政府正式将清明节这一天定为"放水节"，现在已成为都江堰地区最为隆重的地方节事活动。因祀水、治水而生的都江堰清明放水节，从对水的敬畏而祭祀，演化为纪念李冰等治水英雄，至今已传承千余年。

放水节源于古代的岁修制度，都江堰水利工程及文化之所以能够永续传承和发展，也在于 2 000 多年来都江堰水利人"岁必一修"的坚持。放水节不仅生动再现了绿色生态的"古法截流"方式，也寄托了灌区人民的"水神崇拜"之情。2006 年，都江堰清明放水节被纳入中国非物质文化遗产名录。

李冰因治水而被世人铭记，每年的农历六月二十四日（相传是李冰的诞辰），灌区各地人民都会自发前来都江堰载歌载舞，纪念李冰。从 2005 年起，官方正式把这一天定为"李冰文化旅游节"，在这一天开展古法祭祀、太守巡城、洞经古乐、行笄礼等异彩纷呈的活动。

"清明放水节""李冰国际文化旅游节"，两个节事活动相互呼应，既是都江堰水文化旅游资源的组成，也是都江堰水文化千年传承的见证。

3. 都江堰水文化旅游资源品牌价值

"以河为轴、以水为脉"的城市格局是都江堰市的特色，水系结构直接影响着都江堰形象空间的规划与塑造，同时也是都江堰旅游体系的重要考量[61]。充分利用都江堰水文化旅游资源，打造都江堰水文化旅游品牌，对都江堰旅游业发展有着至关重要的作用。

（1）水文化是都江堰旅游驱动力的源泉所在

水文化是都江堰文化的灵魂，也是都江堰市旅游发展的驱动力。这种驱动力主要体现在两个方面。一方面，水文化作为一种独特的文化吸引力，驱动游客选择都江堰市作为旅游目的地。依托都江堰水文化独特的内涵和魅力，都江堰市每年能够吸引数以千万计的游客前来拜访。正是这种文化差异而带来的暂时性的文化空间的跨越，能够让人们在文化交流中产生获得感和满足感，这样的感受是人们选择旅游的原始推动力。另一方面，激发旅游业活力，撬动旅游经济腾飞。围绕水文化这个主题，不断探索新的保护与开发方式以及旅游经济发展形势，充分利用都江堰市丰富的水文化旅游资源，并将水文化与旅游业中的食、住、行、游、购、娱等各个方面相融合，这种"文化+旅游"所带来的经济社会效益必定是"1+1>2"的。

（2）水文化是都江堰市旅游形象的最佳展示

"拜水都江堰，问道青城山"，作为都江堰市的城市宣传标语，水文化在都江堰城市形象展示中发挥了至关重要的作用。都江堰凭借其宏伟壮观的水利工程、大智大勇的治水人物、闪亮的治水哲学和思想以及丰富多彩的节庆活动一步一步地走出四川，走向世界。都江堰有着"二王庙""禹王宫""斗犀台""伏龙观""安澜索桥"等历史悠久的遗产遗迹，有着"三字经""六字诀""八字格言"等治水经验，有着李冰及历史上各个时期的关于治水英雄独具匠心的石像，有着举不胜举的历史文献、名家字画、管理制度、相关法令，还有着雅俗共赏的水文化艺术如大街小巷的建筑小品、电影、电视剧、故事、传说、散文、诗词、书画、摄影、评书等。丰富多彩的文化艺术表达形式，能够满足不同社会背景、学历、阶层的游客精神世界的需求，向世人展示都江堰市丰富的水文化旅游资源的同时，也一点点地凝聚起都江堰市"最具特色的水文化旅游城市"的品牌形象。

（3）水文化是都江堰市旅游竞争力的决定因素

旅游是经济性很强的文化事业，又是文化性很强的经济事业，加强旅游文化建设是提升旅游产业竞争力的重要手段。影响旅游竞争力的主要因素有产品力（景区、景点）、销售力（营销、客源）、形象力（品牌、服务）三个方面，而只有打上深深的特色文化烙印，才能打造出一流的旅游产品力、销售力和形象力，进而形成强大的竞争力[62]。都江堰水文化具有地域性、民族性、传承性等特点，为都江堰市所独有，很难被模仿和复制，在竞争中减少了可比性而具有垄断性，这一特征成就了水文化在提升都江堰市旅游竞争力作用中的核心地位。

二、青城山道教文化旅游资源解析

青城山成为道教的发源地，是在东汉末年，距今已有 1 800 多年的历史。青城山在道教发展史上具有重要的地位，是天师道的祖庭和祖山，时至今日，青城山依然是弘扬道教文化的重要场所。青城山道教文化是都江堰道文化最重要的组成部分。作为道教发祥地，青城山对道教文化的传播与发展起到了不可估量的作用。青城山有全国最集中的道教宫观建筑群，始建于晋，盛于唐。青城山作为道教的第五洞天，经过历代的经营，有着丰富的道教景观文化资源，它们是青城山道教文化旅游资源的重要组成部分。

1. 青城山道教景观文化资源概况

道教景观，是指以道教建筑为核心组成部分的反映统一的自然空间、社会经济空间组成要素总体特征的集合体和空间体系[63]。青城山作为道教发源地之一，山区里分布着丰富的道教景观文化资源。道教的宫、观、殿、堂、庙以及亭、台、楼、阁、馆、舍、轩、斋、廊、阙、门、坛、塔、榭、坊、桥等共同构成了青城山道教景观，极大地丰富了青城山的道教景观文化资源及其内涵。"青城天下幽"体现出来的道家意境在青城山的任何一处自然景观皆可深刻感受，众多的人文景观更是体现着道教的思想哲学。

青城山开发出来的景区包括前山和后山，前山以人文景观为主，后山以自然景观为主。青城山作为道教名山，无论其自然景观还是人文景观，都充满着道教文化的色彩。

青城后山分布有大量与道教文化相关联的景观，"却笑飞仙未忘俗"的飞仙观、传说中赵公明藏金鞭之所的金鞭岩、道教创始人张道陵妻孙氏夫人修炼的圣母洞、清末由佛寺改为道庙的太清宫、神秘而充满道教神话色彩的神仙洞，凡此种种景观都体现着浓浓的道教色彩，并与后山清幽的自然环境一起，共同营造着属于道教所独有的人与自然和谐相处的意境。

青城前山的道教景观以宫观建筑为主，这些宫观建筑以天师洞为核心，包括建福宫、上清宫、祖师殿、圆明宫、老君阁、玉清宫、朝阳洞、天然图画坊等，而四周高台山、天仓山、龙居山、乾元山、丈人山、宝圆山将其围绕。这些宫观建筑本身就是道教发展过程中的产物，同时，其建筑内部的宫、殿、亭、台、楼、阁等具体的景点更是蕴含了丰富的道教文化色彩（见表2-2）。

表 2-2　青城山道教景观文化资源分布情况

	景观名称	道教人物及典故	相关道教景观文化资源
前山	天师洞	张道陵结茅阐道之所	三清殿、十二生肖浮雕、黄帝殿
	建福宫	宁封子、杜光庭	丈人殿、青城山长联、水心亭
	上清宫	太上老君、吕纯阳、张三丰	宫门有蒋介石手书"上清宫"、于右任撰联、慈云阁、张大千手书"青城山上清宫"刻石、老君殿、鸳鸯井、道德经堂、文武殿、麻姑池
	祖师殿	真武大帝、张三丰	浴丹井、读书台、云松塔、灵官殿
	园明宫	园明道母天尊	吕祖洞、灵祖殿、老君殿、斗姆殿
	老君阁	太上老君	太上老君骑青牛巨像
	玉清宫	天皇真人	天然泉
	朝阳洞	宁封子栖真处	宁封真君、吕祖、邱祖、三官神像
	天然图画坊		天鹤观、药王殿、老君殿
	全真殿	王重阳	慈航殿、七真殿、五祖楼
	丈人观	王培修、卢静虚炼丹处	三皇台、石刻宁封子像、慕至强之墓
后山	飞仙观	"可怜飞仙未忘俗"	飞仙亭、禅师岩
	金鞭岩	赵公明藏金鞭之所	金鞭亭、八卦台
	圣母洞	张道陵妻孙氏夫人修炼洞府	圣母卧像、圣母梳妆像、圣母坐像
	太清宫		三皇殿、三清殿
	神仙洞		寻仙沟、神仙沟、神仙洞、神仙宫、神仙石林

2. 青城山道教景观中体现出来的文化内涵分析

宗教是一种文化现象，挖掘宗教文化内涵、设计宗教旅游开发项目，能加大旅游的文化含量，提高旅游开发层次，促进旅游业的发展[64]。

青城山道教景观中浓厚的宗教文化底蕴，是青城山成为中国道教四大名山之一的重要原因。对青城山道教景观中的文化内涵进行深入分析，对于青城山旅游资源的进一步开发，提升游客的旅游体验，具有十分重要的理论与现实意义。

道教作为中国土生土长的宗教，老庄道学、神仙思想、阴阳五行等都是道教文化的重要组成部分，深刻地体现在青城山的道教景观中。

　　道教"道法自然""返璞归真"等观念，深刻地表现为道教景观与自然景观的和谐一体。青城山中的道教景观建筑，其总体布局讲究顺应自然，依山势而建，与自然融为一体，体现了道家"道法自然"的哲学理念。同时道教宫观建筑、楼台池榭、山石林苑，都依地势隐于群山之中，与周围的环境融为一体，建筑、山水、周边景色的浑然一体，体现了人与自然的和谐相处与"天人合一"的道教哲学。道观亭阁取材自然，不假雕饰，与山、林、岩、泉融为一体，体现出道家崇尚朴素自然的风格。

　　道教宫观所选材料皆为木材，既是对自然的利用，也体现了传统文化中的阴阳五行说。《左传》中说"天生五材，民并用之，废一不可"，所谓五材，即传统五行说中的金、木、水、火、土五种物质。中国古代建筑材料多选用木质，和人与自然的沟通也有着密切的关联，即"物我合一"、人与自然融为一体理念的体现。这些与自然相结合的道家哲学理念，既符合道教返璞归真的思想，同时使得青城山的道教景观兼具了人文之美与自然之美，在很大程度上提升了其审美的视觉体验。

　　这种属于道教审美的视觉体验，还深刻地体现在道教景观的色彩搭配中。青城山道教宫观建筑的色彩多以黑白灰为基调，这和中国古典水墨画的色调有着异曲同工之妙，也是中国独特审美观的表现。著名作家余秋雨曾说："诸子百家的了不起，就在于它们被选择成了中国人的心理色调。孔子是堂皇的棕黄色，近似于我们的皮肤和大地，而老子则是缥缈的灰白色，近似于天际的雪峰和老者的须发。"

　　深受道教思想的数字观念影响，青城山的道教宫观往往建立在三层的石梯之上，青城山的道教建筑中，其屋顶多可见一、二、三块瓦片的重叠折放，这体现了道家思想中"道生一，一生二，二生三，三生万物"的哲学理念。

　　道教深受神仙、巫术思想影响，道士修炼的最终目的就是为了修炼成仙，青城山更是重要的"神仙都会之府"。同时，在"仙人好楼居"[65]的理念下所兴建的一系列道教景观建筑，作为道教人士修行悟道的重要场所，既需要有着庄严肃穆的氛围，同时对环境又有清静与远离俗世之感的要求，这些构成了道教建筑景观文化内涵中的清静无为与游客恍若置身仙境的直观体验。与此同时，道教思想中的长生不老与健康长寿的思想，对于前来道教宫观中参观的游客也有着广泛的吸引力，这在无形中增加了游客对青城山道教景观中文化内涵的兴趣。

青城山道教宫观建立的时间久远，具有浓重的历史感，形成了独立的观赏魅力。跨越了时间与空间的道教景观，将中华历史的源远流长、博大精深凝固在景观之中，成为道教文化的外在表现。道教景观的选址相地、布局立基、建筑形式通过一座座的道教宫观、道教重要人物及其历史与道学思想将道教文化一一形象地展示在世人面前。

3. 青城山道教景观文化资源的开发与利用

旅游资源的开发利用是将资源转化为产品乃至商品的过程。开发旅游资源必须首先了解旅游资源的文化底蕴，从多方面发掘旅游资源的文化内涵，以充分展示其魅力和价值，提高旅游资源的文化品位，增强旅游景观对旅游者的吸引力和感染力，提高重游率，创造良好的经济效益、社会效益和环境效益[66]。

宗教景观资源影响力的高低与此资源在宗教中的地位有着密切的关联，而宗教派别的宗坛、祖庭往往比其他的宗教旅游景观有着更大的影响。青城山作为宗教景观的一种、道教天师道的祖庭所在，其声名远播的一个重要原因就是它在道教中的地位。青城山作为道教名山吸引了无数游客前来观赏，但宗教景观资源中蕴含的宗教文化因素，使得人们在游览的时候，要想得到更好的体验，就必须具备一定的宗教文化底蕴。这对普通的游客而言并不是那么容易，那么，如何将抽象的宗教文化以更直观的、更便于人们理解和接受的形象展示于人前，让人们获得更好的旅游体验，使青城山道教景观文化资源得到更充分、更合理的开发和利用，便成为一个重要的问题。对此，笔者提出以下六方面的建议。

第一，借助高度发达的电子信息网络，建立一个虚拟旅游的场景，用图片、视频、解说等方式在游客进山前，将青城山的悠远历史、重要景点及文化内涵一一展示出来，让游客在进一步的游览时能够对道教景观中的宗教文化特点和传统道教文化有一定心理准备，以此提升游客的旅游体验，也让青城山的文化得到传播。

第二，借助文化的形象化展示，通过情景再现或图书宣传册，将青城山道教景观与道教文化的内涵联系起来，例如有些宫观建筑的建立，本来就与道教历史上的事件有着密切的联系，体现着道教文化的发展脉络，还有景观的建筑格局、内部设置本就含有道教文化的色彩。以老君阁为例，老君阁下方上圆，寓意天圆地方；层有八角，以示八卦；外观呈塔形，顶接三圆宝，以昭示天地人三才之意。再以上清宫来说，上清宫祀奉道教始祖李老君，有老子塑像和《道德经》五千言木刻，还有麻姑池、鸳鸯井等传说遗迹。这些塑像、木刻、遗迹都是道教史上的重要人物、重要贡献与知名典故。这些在道教发展史上有着重要地位的人物、事迹和典故皆可通过文本化、图片化的介绍让游客对青城山的道教景观文化内涵有着清晰的了解，而不至于游客因为缺乏相关背景知识而将它们匆匆略过。

第三，道教景观的文化色彩还可以通过道教文化活动表现出来。许多道教文化活动都是在道教宫观中举行的，这也使得道教宫观平添了几分庄严与肃穆。这些宗教活动的开展，进一步增强了宫观建筑的道教文化色彩。旅游开发者可以借助宗教活动扩大其影响力，让游客更多地了解青城山的文化魅力，提升其旅游体验，同时也扩大青城山的知名度。旅游开发者还可以通过体验类的项目，让游客直接参与到道教活动中，或让他们生活在道观之中，体验道士的生活与修行，让他们与道教进行更为直接的接触，从而对道教文化产生更为直观和深入的印象。

第四，大力发展生态旅游。青城山道教宫观建筑思想中所体现出来的"道法自然"观念，与当今的生态旅游观念不谋而合。在引导游客观赏道教景观时，旅游开发者应贯彻生态旅游意识，倡导人与自然的和谐相处，将对人文、自然景观的观赏与生态旅游联系起来，促进青城山生态旅游的发展。

第五，在景区进行新的景观开发时，尤其是在建新的宫观建筑时，一定要充分考虑到道教文化的因素，让新旧景观建筑能和自然融为一体，而不至于太过于突兀和破坏整体的文化氛围。让游客在游览中既能感受到道教景观中的文化色彩，同时也能感受到回归自然的乐趣，这既是道教文化的精髓所在，亦是在旅游景区开发时绝不可回避的问题。

第六，宗教旅游除了具有一般旅游所具有的休闲功能外，还有助于文化的传播与发展。开发与青城山景观相关联的旅游纪念品，将青城山里知名的景观建筑及与之相关的文化资源以微模、图画、书签等形式制作成独具特色的旅游纪念品，可以让青城山的景观建筑及其文化得到更好的传播。同时，旅游纪念品的开发也会给当地旅游业带来可观的经济效益。

总之，在青城山道教景观文化资源的开发和利用过程中，我们应当深入挖掘青城山道教景观文化资源及其内涵，并将抽象的宗教文化内涵转换为直观、形象的旅游资源以吸引不同的游客，最大限度地提升游客的旅游体验，从而在促进青城山旅游业发展的同时也让青城山的道教文化得到更广泛的传播。

三、青城山道教隐逸文化旅游资源解析

1. "青城天下幽"的隐逸文化内涵

"青城天下幽"，"幽"字概括青城山的最大特征。"幽"的字义本身就与

隐逸有着密切的关联；"幽，隐也"[67]。隐字，在字典中，既有隐藏、隐蔽之意，也有退隐、潜藏之意，如幽人、幽仄、幽居，都含有隐逸不出的意思。因此，这蕴含道教教义精髓的"幽"字之中，本身便蕴含了丰富的隐逸文化内涵。

青城山作为道教名山，蕴含着丰富的隐逸文化旅游资源。青城山历代隐逸人物及与之相关的传说典故、山中随处可见的与隐逸相关的景观建筑、山门楹联中所反映出来的隐逸思想、文人墨客游览青城山中留下的隐逸诗词，无一不反映出青城山浓厚的隐逸文化氛围，这些既是青城山隐逸文化旅游资源的重要组成部分，也是青城山文化旅游中的一大特色所在。

王文才在《青城山志》中指出："青城为仙真所托，隐逸所栖。"[68]彭洵在《青城山记·事实记》上专列隐逸一章，记述了青城山历史上著名的隐逸人物及其事迹，由此可以看出隐逸文化在青城山的文化旅游资源中的重要地位。

青城山的"幽"这一特征，是古往今来的许多文人墨客共同得出的结论。如杜甫的"丹梯近幽意"，陆游的"穷幽行荦确""周游灵境散幽情""坐观山水气幽清"，都用"幽"一字来概括青城山的特征。对于这个特征，吴稚晖指出："顾青城在亦雄亦秀亦奇外，而其幽邃曲深，似剑阁、三峡、峨眉皆无逊色。故以天下幽标明青城特点。"王纯五在《青城山志》开篇第一章便指出，在青城山山门上由张爱萍将军手书的"青城山幽子规啼"木刻，点明了青城山"幽深"的景观特征。青城山"幽"字的内在含义，就其自然风景而言，主要指青城山的"翠"，碧野在《青城山志》序中曾言："青城山葱茏、幽静，有如一块纯洁的碧玉，一年四季笼罩着幽幽翠色。"[69]就其人文风情而言，"幽"字里面更蕴含了深刻的隐逸文化内涵。周乐天、陈培昌在《青城山与都江堰》中指出："青城山自汉以来即为道教圣地之一，道教注重个人的身心修炼，讲究人隐居幽，游览青城山，便自然生出一种飘然出世的感触……'天下幽'之美名也因之既是写景，更为书意。"[70]这里的"书意"，抒发的就是隐者隐居其中的隐逸之意与游者游其景的出世之情。

青城山是中国道教的四大名山之一。作为中国唯一的本土宗教，道教思想起源于道家，在道家思想组成部分中，隐逸占据了极其重要的部分。道家出隐者[71]，与隐逸有着千丝万缕的联系。道家创始人老子与隐逸有着非常重要的关联，何鸣曾指出："老子的生命哲学、人生哲学，哺育了其后源远流长的隐士文化，成为这一文化思想的主要渊源之一。"[72]老子本人被司马迁称之为"隐之君子"[73]。道家庄子更是被后世誉为隐逸文化的灵魂人物。在道家隐逸文化传统中，隐者多以隐居山林、远离俗世为重要特征，他们选择的隐居之所多为人迹罕至的名山大川，"岩穴之士"便成为古代隐者的代称。值得注意的是，无论是佛教还是道教所选择的静修之所，往往是在远离俗世的山林之中，这恰与隐者选择隐居山林的观念不期而和。

青城山远离城市、幽静隐蔽，符合道家人物隐居山林时的地理选择，这既是吸引着隐逸之人将其作为隐居之地的重要原因，也是道教人士选择此处作为道教所在地的重要原因。正如谢贵安、谢盛在《中国旅游史》中所指出的：道教讲究隐居，由道家发展来的道教，形成了"入山修炼"和"栖岩养性"的观念，塑造了一大批真心归依山水的道士旅游者，在游观大自然中超越世俗的束缚，形成了具有道教特色的旅游观念，对道士和隐士旅游的兴盛起了推动作用[74]。从中我们可以看出，道教从创教伊始，便深受道家隐逸思想的影响，青城山在其作为道教创教地时便已经体现出了深厚的隐逸文化内涵。

2. 青城山的隐逸人物

青城山作为道教名山始于东汉后期，但它与隐逸文化的渊源却可以上溯到传说中的黄帝时期。青城山与隐逸文化的一个重要连结点就是青城山历史上存在的隐逸人物。在青城山的历史上，有许多隐居此地的隐逸人物，他们的存在为青城山这座道教名山增添了许多隐逸文化色彩。

青城山又名丈人山，该名字源于隐士宁封子。传说宁封子曾隐居于青城山北岩中，后来因为教授黄帝《龙跷经》而被封为五岳真人。宋代彭乘《五岳真君殿记》云："赤城洞天，则龙跷宁（封）先生所治也。先生尝为陶官，通神幽隐，或履蹈烈焰，随烟上下，黄帝顺风礼问，受《龙跷经》，得御风云，遂封五岳丈人（统领五岳）。"[69]"丈人山"即从此来。因此，青城山本身的名称起源便蕴含着隐逸文化，这也是青城山隐逸文化旅游资源的源头。郑晓霞和胡黎君指出，"今青城山上许多地名和景观都与（宁封子隐居青城山）这个传说有关，如丈人峰、丈人观、访宁桥、问道亭等"[75]。青城山作为道教名山，深受道家"归隐自然"思想影响，在青城山中隐居的许多道士，其隐逸思想的渊源就在于此，他们或在隐逸中修行学问，或在隐居中修炼成仙之道，为道教的发展做出了贡献。

在青城山的隐逸人物中，杜宇为传说中的古蜀国国王，后人称之为望帝。相传杜宇在位时曾重用善于治水的大臣鳖灵，后将王位让给鳖灵，杜宇让位后退隐至西山，死后化作杜鹃鸟，每年到了春耕时节，杜鹃鸟都会催民耕种，蜀人听到后都说"我望帝魂也"。隐士把自然山水当作仕途失意的心理依托所在，这些自然山水又因为隐居的隐士而成为后人眼中重要的旅游之地。

青城山中有许多重要的隐士，他们的隐居使青城山逐渐形成了浓厚的隐逸文化氛围。隐居在青城山的人物中，有道教人士，也有士子文人，他们为青城山道教的发展做出了贡献，他们的传奇故事增添着这座名山的隐逸色彩。

青城山之所以被作为道教"第五洞天"，是因为道教从创立一开始，便与青城山有着密切的关联。作为道教创始人的张道陵，其修炼之处，便在青城山，这也使得青城山从一开始便有了浓厚的道教文化色彩。根据葛洪《神仙传》的记载，张道陵在鹤鸣山隐居期间，遇到老君，于是就在隐居的地方修炼并创立了五斗米道教。"闻蜀民朴素可教化。且多名山，乃将弟子入蜀，于鹤鸣山隐居。既遇老君，遂于隐居之所备药物，依法修炼。"[69]据学者考证，青城天国山处于鹤鸣太上神山的核心地带，《名山传》记载："益州西南青城山，一名青城都。山形似城，其上有崖舍赤壁，张天师所治处。"[68]因张道陵显道的地方就在青城山，所以羊马台、三师坛、誓鬼坛等具有道教色彩的遗迹都留存在青城山上。

在隐居青城山的道家人物中，杜光庭在隐居期间潜心向道，著有《道德真经广圣义》《道门科范大全集》《广成集》《洞天福地岳渎名山记》《青城山记》《武夷山记》《西湖古迹事实》等 20 余种著作，为道教理论的发展做出了极其重要的贡献；隐居青城山牡丹亭的李浩，"作《大丹诗》百卷"[76]；南宋道士李少微、南毕道都曾隐居青城山中，促进了道教清微一派的发展。

张俞为北宋诗人，生于四川郫县（现郫都区）。游学四方，屡举不第。仁宗时写《攻取十策》论边防，朝廷委任他做校书郎，用非其志，遂隐居青城山白云溪，自号"白云居士"，有诗集名《白云集》[69]。东坡《张白云诗跋》云："张俞，西蜀隐君子也，与予先君游，居岷山下白云溪。"[77]青城山上的忘坡岩便与张俞有着重要的关联。忘坡岩是北宋时青城隐士张俞在此盼望他的诗友苏东坡同来归隐的地方。盼望苏东坡同隐的张俞最终没有等到苏东坡，但却给青城山平添了一则隐逸典故和一处供后人津津乐道的景点。

谯定，知名的易学家，隐居青城山，被世人传其为仙人；隐居青城山味江河畔的诗人唐球，在王建帅蜀时召为参谋不就，平时喜作诗，捻稿为丸，放在大瓢中，故时人称唐球为"一瓢诗人"；张令问隐居青城山天国山，自号天国山人，被唐人称为"山中宰相"。

青城山或许因为自然环境的幽隐而得到隐居人士的青睐，但隐居人士及其背后的故事却无疑增添了青城山的隐逸文化氛围。登临青城山，总有种远离俗世的静谧安然。隐逸文化作为青城山重要的文化旅游资源在这些隐逸人物的传说与典故中不断得以传承和发展，隐逸的精神也在这些隐逸人物的传说与典故中得到越来越深层的体现。

3. 青城山景观建筑中的隐逸文化内涵与游者的隐逸情怀

充分发掘这些隐逸人物的奇闻逸事，将此变成青城山旅游资源中的重要组成部分，不断增加青城山的文化魅力，对吸引更多游客，扩大青城山的影响力具有非常重要的作用。

青城山建筑布局中体现的隐逸文化内涵，与道家"道法自然"思想有着密切关联。受道家"道法自然"思想影响，青城山建筑大都顺应自然，在环境清幽和地势险绝处建造宫观，且灵活布局，不强求严格贯穿的中轴线，而在隐、藏、幽、奇上用功夫，使建筑融入自然，与大自然浑然一体。自然，既是道法的最终依据，也是隐逸的最终归宿地。历史上选择隐逸的人士，他们在最终选择隐逸之地时，都自觉或不自觉地将自己的隐逸之路引向自然，尤其是远离人群的自然山水之中。景观建筑中的法自然思想与隐逸之路的法自然思想，就这样如此和谐地将自然地理的隐逸选择与世俗人文的隐逸情怀融合在一起。

隐逸人物在青城山隐居时，留下了众多蕴含着丰富隐逸色彩的景观建筑与景点，它们成为青城山极富吸引力的隐逸文化旅游资源。

赵公山：在都江堰市境内，为青城诸山的最高峰，因隋嘉州太守赵昱与兄冕隐居于此而得名①。

翠微山：是晚唐诗人唐球隐居之所。

望坡岩：北宋时青城隐士张俞在此盼望他的诗友苏东坡同来归隐之地。

白云万佛洞：古时有造像及隐士居住。

长生宫遗址：长生宫位于青城山入山处，为晋代范长生修真故址。

以上这些潜含着隐逸背景的地点结合隐逸人物的故事，代代流传，成为不断更新的隐逸文化旅游景点。后人在游览景点时会不期然地产生隐逸的内在体验，对其进行文化解读，从而在游览过程中因对文化背景的了解而产生情感的共鸣，达到最佳的文化旅游效果。对游者而言，旅游说到底就是一种体验活动，在活动过程中，游者对旅游产品了解越多，就越能获得旅游的体验，与景点产生情感上的互动，从而增强旅游过程中的文化体验，提高旅游消费的性价比。

青城山的隐逸文化，在青城山景观中的山联和历代游者游览青城山景观建筑时所留下的诗句中有着更深一层的体现。隐逸文化集中体现在隐逸人物的隐逸思想与情怀上。在文学层面上，隐逸与出世相通，其多表现出对世事的忘却，这与山水游者在游览中感悟自然，亲近自然，并希望借此短暂地将自己与

---

① 赵公山来历未有定论，本书暂采此说法。

尘世相分隔的感受有着直接的关联。

灵官殿联：东晋尚清谈，功德在民惟隐士；西川曾保障，英雄退步即神仙。[69]98

驻鹤庄联：松桧隐栖三岛鹤，楼台闲锁九霄云。[69]264

斋堂联：福地证因缘，萍水相逢，谁是主人谁是客；名山推管领，蒲团静坐，半成隐士半成仙。杨乃文撰，雷因淳书。[69]268

圆明宫内山山联：栽竹栽松，竹隐凤凰松隐鹤；培山培水，山藏虎豹水藏龙。[69]273

这些对联一方面是对这些景点文化内涵的凝缩，另一方面也体现了蕴含在这些景观中的隐逸文化精髓。

"隐"之一字，与道家有着密切的关联，曾有学者指出，"道家出于隐者"。隐逸精神在道家向道教转变的过程中并没有被抛弃，道教将对人间现实的超越性与道家隐逸文化中对世俗政治的超越性结合起来，使隐逸文化的精髓在青城山这座道教名山的宫观题联、游者的观赏感叹、文学作品中都得以体现并代代流传，不断丰富青城山道教文化的文化内涵。

黄云鹄《游上清宫》诗云："壮游兴到不知远，直上青城第一峰。绝顶仰看红日近，平畴极望白云封。千层雪岭中原抱，万斛岷江大壑冲。借问鸳鸯池上水，如何出世尚情浓。"[69]250道家讲出世，儒家讲入世，在诗人的眼中，上清宫作为道教的重要宫殿，蕴含着出世的情怀，偏偏那池中的鸳鸯，却又有着人世间的浓情。由此诗也可见，游者在游览青城山时所感受到的浓厚的隐逸情怀，此种情怀在其他的诗人留词中也有着突出的体现。

黄君璧题《听泉忘返图》："依依云影恋青山，谷隐忘机意自闲。"[69]255

黄稚荃《戊寅夏宿青城天师洞》："百灵争拥古烟霞，信宿应忘世与家。大树临阶栖鹳鹤，虚窗幽梦远龙蛇。"[69]256

黄炎培《过范寂故里》："范贤何如人，古之逸民俦，当其名未彰，昭烈先旁求。"[69]223

从这些诗句中我们可以看到，无论是青城山幽静的自然景色，还是青城山历史上的隐逸人物，都在后人的旅游过程中成为了人们所思所发隐逸情怀的重要载体。

青城山作为重要的文化旅游景点，其中所蕴含着的丰富的隐逸文化内涵，是青城山重要的文化旅游资源。道家注重返璞归真、顺应自然的哲学思想和人生观，实质上揭示了旅游的本质，即游客在旅游过程中的精神状态与追求应达到对自然的回归与顺应[70]。青城山一方面因自然景观的秀美多姿让游人感受到自然的美丽所在，另一方面，隐逸文化作为青城山文化旅游资源的组成部分，使人们在享受优美自然风光的同时，也能深刻地感悟着青城山深厚的文化色彩、浓厚的隐逸情怀。

第三节　都江堰市的历史文化旅游资源解析

都江堰市作为一座有着 2 000 多年历史传承的古城，有着丰厚的历史文化资源。这些资源在旅游业不断发展的今天，通过合理的开发，均可以转化成旅游资源而为都江堰市的旅游业增光添彩。

一、都江堰市的文脉传承

1. 从灌县到都江堰市的名字变迁

一座城市的名字，蕴含了这个城市的历史根基，也构成了一座城市的文脉传承。灌县是都江堰市的旧名。都江堰地区早在秦朝就被设置了行政区，其名字也几经变迁。灌县的名字始于明朝，是在元朝灌州的基础上改州为县而得名。此后，历经明、清，直至 1988 年 5 月，经国务院批准，才撤销灌县，设立都江堰市。公元前 256 年，秦国蜀郡太守李冰在此处修建了都江堰水利工程，从那时起，都江堰就与灌县密不可分地联系在一起，历经千载的人事变迁，物换星移。从灌县到都江堰市的名字变迁，见证了都江堰水利工程在灌县历史发展上的重要作用。这座因水而生、因水利工程而名闻天下的城市，水赋予了它特有的文化色彩，构成了由古及今的文脉传承。都江堰市地处川西，其境内既有道家文化的底蕴，又有儒家的文脉传承。儒道兼容，便也就构成了都江堰市独有的文脉传承特色。

2. 都江堰市的道家底色

从历史渊源上来说，都江堰的文化底色是道家的。无论是青城山的道教文化，还是都江堰的水文化，都更多地呈现出一种道家文化的倾向性。

"问道青城山"，道是青城山的文化精髓。都江堰市境内的青城山，相传为黄帝封其师宁封子之所，因此古人又称其为丈人山。宁封子为古代传说中的仙人，黄帝学说更是与老子学说合称黄老道家，作为汉初统治的指导思想。就此而言，他们都与道家有着更近的渊源关系，这也从一开始就奠定了青城山的道家文化倾向。同时，青城山作为杜宇隐居之所、张道陵传道之处，在其后的文化传承中，更是与道家文化紧密相连。

"拜水都江堰"，水是都江堰市的灵魂。水与道家有着不解之缘，道家崇尚水，认为水善利万物而不争，几近于道。都江堰水利工程的修建与成功，所秉持的恰是道家的"顺其自然"思想。道家的道法自然，在都江堰市的治水过程中，体现得淋漓尽致，这也让都江堰这座充满水的城市，更多地呈现出道家的自然之态，各水系顺势而流，分散向四方，将整座城市包围，充满灵性。

3. 都江堰市的儒教传承

都江堰市境内的文庙与耸立的奎光塔，向世人展示着都江堰市对儒家文化的传承。

离都江堰景区仅有一条街距离的灌县文庙，始建于五代时期，至今已有1 000余年的历史。灌县文庙虽由于各种原因几经改址、重建，但却一直都存在于都江堰市的历史上，见证了都江堰市的文化传承。文庙的修建与地方的文脉有着密切的关联，历史上，灌县文庙一直作为祭祀和教学之所，担负着文化传承的重责，直到近代，灌县文庙还在作为学校教学的场所发挥作用，这也是灌县文庙在都江堰市历史上所具有的独特意义。随着都江堰市旅游业的兴起，文庙也成为都江堰市文化旅游资源的重要组成部分，近年来，伴随着研学旅游的兴起与中国传统文化的不断复兴，灌县文庙也多次举办各种研学活动，成为都江堰市研学旅游的重要基地之一。

在都江堰市的文脉传承历史上，奎光塔也留下了浓墨重彩的一笔。奎光塔最早修建于明代，后毁于洪水。都江堰市现存奎光塔为清代时任灌县县令的周因培主持重建，是我国现存古塔中层数最多的砖体建筑，具有丰富的历史文化内涵，是都江堰市振兴文风、提升文脉的见证。重建于1831年的奎光塔至今已有接近200年的历史，取文运昌盛、文风振兴、文人辈出之意。在周因培尊儒重教的影响下，都江堰文风大振，科考中举者层出不穷，与之前科考中举者寥寥无几的局面形成鲜明对比。后来百姓为感念周因培的功绩，特将奎光塔旁的三合小院改建为"周公祠"。周公祠祠门上书"崇儒"二字，为当地百姓纪念周因培的专祠，现为奎光书院所在地。

受周因培崇儒重教思想的影响，在其后的几十年中，灌县在河东办起了岷江书院、灵岩书院、官家花园书院，在河西石羊开办了临江书院，在安龙办起了味江书院，培养了一批德高望重的知名教书先生。由于书院的兴办和教育的发展，灌县出现一批科举中考的士子。道光十六年（1836年），学子高溥考中进士；同治四年（1865年），县城学子周盛典考中进士三甲，在京城任吏部主事，翰林院编修，为官33年，后因参加"戊戌变法"被杀害。在同治至光绪年间，灌县又办起了锦江书院、三台书院、天人书院等一批私塾院堂，凡家境殷实的人家都送子入学，读书做官步入仕途，科考中举者层出不穷。河东河西文人辈出，人才济济。

二、都江堰市的历史文化旅游资源概况

历史文化类的旅游资源见证着一座城市发展的历史，见证了它或者辉煌或者平凡的过往，承载着丰富的历史文化底蕴，这是不可复制和迁移的文化旅游资源，是历史生成并且和其他任何地方都不同的特质文化旅游资源，一旦破坏，再也无法修复。所以，对待此类文化旅游资源，一定要秉持着保护优先的原则。只有保护得好，才能有进一步开发的可能性。不能因开发而破坏它自身的历史价值。

1. 古蜀文化旅游资源

都江堰市历史悠久，文化深厚，是古蜀文明的发源地之一。都江堰市境内有一处人类史前的遗址——芒城，对于探索成都平原的文明起源，具有十分重要的价值。芒城位于青城山镇芒城村，系新石器时代晚期龙山文化城市遗址，有 4 000 多年的历史。2001 年 6 月 25 日，芒城遗址被评为全国重点文物保护单位。

芒城遗址处于约 4 300~4 500 年前，是一处新石器时代晚期遗址，这也将都江堰市的历史推向了史前文明阶段，即说明早在中国历史上的舜禹时代，都江堰地区就已经有古蜀人在此劳作和生活。芒城遗址的发现，充分证明了都江堰市悠久的历史文化渊源。据考古发现，芒城遗址整体形象呈"回"字，蕴含着丰富的水文化内涵。

青城山因位于古湔氐道和琼僰道交汇处，是古代民族文化交流的走廊，有蚕崖关、柏灌台、蜀王杜宇避水和隐居的西山、蜀王开明三世西征通道等遗址。这些遗址文化及其相关传说，构成了都江堰市的古蜀文化旅游资源。

都江堰市的古蜀文化旅游资源中，值得一提的是它的"仙道文化"传统。据史书记载，古蜀有五位帝王，他们分别是蚕丛、柏灌、鱼凫、杜宇、开明。相传他们生活在岷江流域，后沿着岷江逐步迁徙到成都。在从岷江到成都的迁徙历程中，都江堰地区就是他们进入成都平原的最后一站。相传鱼凫最后的仙化与杜宇的隐居之地均在都江堰，前者"田于湔山，得仙，今庙祀之于湔"，后者亡国后"升西山隐焉"。这种仙化、隐逸的历史典故也成就了都江堰市独特的仙道文化历史底蕴，尤其是青城山以"幽"而名闻天下，更与这种隐逸遁世的仙道文化相契合，将之转变为文化旅游资源并进行保护与开发就是对都江堰市远古历史文化的呼应。

2. 古建筑文化旅游资源

历史文化的承载需要实物，将其还原出来，便是一段历史的呈现。古建筑在某种程度上，经历了时间了洗礼，呈现出历史的沧桑与厚重。

作为一座历史悠久的城市，都江堰市留有大量的古代建筑。省级及以上文物保护单位古建筑有：天师洞大殿，灵岩寺，灌县城隍庙，奎光塔。都江堰市文化保护单位古建筑有 26 处，它们分别是：宣威门城墙，清真寺，魁星阁，文庙大成殿，水利府衙神庙，祖师殿，上清宫，圆明宫，玉清宫，长生宫，上皇观，泰安寺大殿，郭家庵，文昌宫，般若寺，马祖寺大殿，建福宫，天然图画坊，朝阳洞，接仙桥，玉皇观，普照寺，官家花园，石羊钟楼，川主庙，山阴亭。除此之外，还有一些恢复重建的具有历史纪念意义的古建筑，如白云寺、天鹤观、全真观、丈人观、飞仙观、老君阁等①。

除了位于青城山的一些重要建筑之外，多数古建筑都集中在灌县古城。作为旅游城市的都江堰市，其旧城区灌县古城还具有很大的开发潜力，最重要的就是将都江堰水利工程附近的古建筑连起来，让更多的游客知晓并形成专门的古建筑游。

灌县城隍庙位于城西的玉屏山麓，即今天玉垒山公园（都江堰景区入口处之一）的古建筑群[78]。城隍庙始建于明代，清代（1785 年）重建殿宇，培修院台；清光绪三年（1877 年）毁于火灾，次年重建，1940 年前后维修。庙坐西向东，为木结构歇山式穿斗梁架。分上下两区，呈"丁"字形布置，原有主殿 12 重、配座 6 重、牌坊 5 座。上区中为城隍殿，东为娘娘殿，西为老君殿；下区为山门，两侧为乐楼和"十殿"。其中，"十殿"建于上行梯道两侧，屋面飞檐单层双层相间，保存完好[1]。灌县城隍庙因为地处都江堰景区核心位置，因此游客较多，在当地知名度也较大，是都江堰市开发的比较成功的古代建筑。

宣化门是古灌县的城门，为一座城市的入口处，代表着这座城市最早的形象，宣化门城墙墙头上书"灌县"二字。宣化门所向即为幸福大道，象征着都江堰市人民生活在幸福之中，一直走在幸福的大路上。

李冰主持修建都江堰水利工程后，专置堰官管理堰务，负责都江堰水利工程的管理和维护，此后形成堰官制度。清代设水利同知为管理都江堰的堰官，

---

① 根据都江堰市志办公室编《都江堰市志（1986—2005）》（方志出版社 2013 年版）所载内容统计。

并在当时专设水利衙门——水利府。"水利府"是目前全国仅存的唯一的一座古代水利衙门遗址。水利府衙神庙现存建筑为清代所建，正殿为木结构单檐悬山顶穿斗式梁架，阔3间、7.7米，进深5间、7.45米，供水利府衙历代治水官员办公，今仅存正殿。新中国成立后，水利府逐渐变成居民院淡出人们的记忆。

奎光塔最早修建于明代，为振兴灌县文风而建立，位于都江堰景区不远处的奎光路上，现为奎光塔公园内景观建筑。奎光塔公园，面积1.67公顷，不对称设计，有周公祠、奎光塔等景观建筑，多处借鉴江南园林布局，层次分明、虚实有度，绿化覆盖率80%以上。都江堰市将历史古建筑与市民公园融为一体，使奎光塔公园成为当地人们休闲的去处，充分实现了全域旅游对当地居民生活的积极作用。但就对外的知名度而言，奎光塔还需要扩大对外的影响力，成为都江堰市新的知名旅游景点，以进一步做到全域视角下的都江堰市文化旅游资源的充分利用。

灵岩寺，位于灌口镇（今灌口街道）灵岩村，唐开元四年（716年）印度高僧阿世多尊者创建，后年久失修，殿宇倾废，明万历年间修茸，清乾隆年间重修，嘉庆年间增建东岳庙和喜雨坊。寺由天王、大雄、韦陀、接引4殿和元觉、弥勒2石窟组成，大雄殿、韦驮殿为悬山式木石结构，有保存完好的青石柱。寺附近有唐代千佛塔、藏经洞。千佛塔雕刻精美，形制奇特，是研究石塔艺术的重要实物例证；藏经洞存中国佛教传播早期数量最大的石刻佛经[1]，现为灵岩山公园景观建筑。灵岩山公园位于市区西北灵岩山，树木高大，森林覆盖率达90%，幽静凉爽，有唐代灵岩寺、千佛塔、藏经洞等。

灌县古城中，从宣化门古城墙到景区玉垒山入口的城隍庙建筑群，到水利府至文庙到灵岩寺，再到古城外不远的奎光塔，这些古建筑中，除了城隍庙因位于景区而得到较好的开发，在游客中的知名度比较大，其他地方相对来说游客比较少，均有进一步开发的潜力。

3. 古道文化旅游资源

都江堰市是古蜀民族由川西北高原向成都平原迁徙、其生产生活方式由渔猎逐步转变为农耕的重要过渡地带。唐宋以后，都江堰地区一直是屏障成都平原的"锁钥"和沟通四川盆地和川西北高原的物资交通枢纽，其地理位置十分重要。芒城遗址紧邻青城山，泰安古镇自古就是羌、藏、汉民族通商往来的河西茶马古道，而都江堰市松茂古道则是河东的茶马古道。

都江堰地区曾是先秦至汉唐时期由成都平原北上中原及西北至河西走廊的

主要通道，俗称"岷山道""西山道"。此道是所有蜀道中的一部分，在相当长的时期里，丝绸、漆器、金银器、茶盐，甚至佛教等文化传播皆赖此道进出。至今这一地区还有许多关隘驿站、栈道、溜索、摩崖造像、石碑石刻等遗址遗迹和与之相关的口耳相传的故事[78]。

松茂古道也叫茶马古道，在古代是成都平原通往阿坝藏羌地区的唯一通道，起于灌县西街口的西关，经茂县，止于松潘，故称为"松茂古道"。松茂古道和西南地区众多的茶马古道一样，是古时汉族地区和少数民族地区进行物资交流贸易的通商之道。但松茂古道远非一般的茶马古道可比，历史上，松茂古道既是我国西部的一条经济大动脉，同时又是文化交流的主要渠道，曾经在我国历史上发挥过重要作用，被称为"南方丝绸之路"[79]。

远在 2 000 多年前，松茂古道就已经是成都平原通往川西北高原的主要商贸通道了。那时的松茂古道叫"冉駹山道"，最早李冰在主持修建都江堰水利工程时，得湔氐之帮助，凿通龙溪、娘子岭至冉駹的山道，打通通往藏羌的山道，故后人亦称之为"冉山道"[79]。

都江堰独特的地理位置形成了都江堰市独特的古道文化，这些古道文化在都江堰市的文化旅游资源开发中，一直没有被引起足够的重视，需要进一步的进行开发。

三、都江堰市历史文化旅游资源特点

都江堰市的文化旅游资源十分丰富，历史底蕴深厚，分布相对集中，具有较强的可开发性，这些是都江堰市历史文化旅游资源的特点。但值得注意的是，相对于对自然旅游资源的充分利用，都江堰市文化旅游资源的开发还有很大的操作空间。

1. 种类丰富

都江堰市因其悠久的历史，形成了丰富的历史文化旅游资源。古蜀文化、古建筑文化、古道文化、名人及由此而产生的典故、传说、诗词等，构成了都江堰市丰富的历史文化资源。

古蜀文化的遗址——芒城遗址，杜宇隐居的西山——青城山，通往川外的古道——茶马古道，始于唐代的佛家寺院——灵岩寺，民众信奉的地方神居所——城隍庙，象征了灌县古城开始的墙——灌县古城墙，管理水利的衙门——水利府神庙，都江堰文脉的象征——文庙，象征都江堰文风振兴的塔——奎光塔，都江堰市历史发展的每个时期，都留下了相关的历史文化资源。这些经过

历史洗礼而留存至今的古代文明痕迹，构成了都江堰的文化，也构成了都江堰可供开发的重要的文化旅游资源。

这些旅游资源，因为其在历史上的重要性及在现实中的知名度，具有很强的可开发性，目前有些资源虽已经进行了开发，但相当一部分的资源在游客中的知名度较低，仍需要进一步的规划，让其在都江堰市的旅游业发展中发挥出更大的作用。

2. 历史文化底蕴深厚

都江堰市的历史可以远溯到远古时期的古蜀文明时期，此后因其重要的地理位置与水利工程的修建，都江堰成为"天府之源"，也成就了成都"天府之国"的美誉。

历经千年的发展，悠久的历史造就了都江堰市深厚的历史文化底蕴。从蜀王五祖到秦国李冰兴修都江堰水利工程，从文翁引湔江拓展都江堰灌区面积到三国诸葛亮开都江堰管理维护之先河，从黄帝师宁封子得封丈人山到汉末道教在青城山的创建，从唐代的孙思邈著成《千金方》到后蜀花蕊夫人的典故传说，从唐代佛寺再到明清的古塔，每一个历史时期，都江堰地区都留下了一段让世人能铭记于心的历史。这一段段的历史构筑起都江堰市背后的文化底蕴，也形成了可供游客赏析的文化旅游资源。

3. 分布相对集中

都江堰市的历史文化旅游资源分布相对集中，主要集中在以都江堰景区为中心的灌县古城与青城山前山。这与一个地方的历史文化发展总是集中在发展的核心区域的特点是相一致的。这一特点在都江堰的整个文化旅游资源的分布图中表现得尤其明显（见图3-1）。

4. 可开发性强

都江堰市的历史悠久，每一段历史中，都留下了文化的遗存。这些遗存见证了都江堰的过往，也是都江堰文化旅游资源开发的重要来源。

文化的呈现需要一定的物质载体，才能更直接地向游客展示。在都江堰市丰富的历史文化资源中，古蜀文化、古建筑文化与古道文化均有其可呈现的物质载体，因而可以较好地完成从文化资源向旅游资源的转变，具有非常强的可开发性。

都江堰市文化资源丰富。在众多的文化资源中，都江堰又有着自己核心的文化资源，并形成了都江堰文化旅游的品牌，如水文化和道文化，并依托都江堰—青城山从而具备了一定的品牌知名度。但都江堰其他众多的文化资源并没有很好地转化成文化旅游资源，并依托都江堰—青城山这两大核心旅游品牌形成扩散性影响，很多文化资源更多的是放在故纸堆中，成为少数人研究的内容而不为广大的游客所知。对都江堰这样一个文化资源丰富的旅游城市来说，这些文化资源还有更多可以开发的空间。以全域旅游的视角对待这类文化资源，无疑对都江堰市文化资源向旅游资源转化和扩大都江堰的知名度有着重要的实践指导作用。

第三章　都江堰文化旅游资源
种类与分布

　　都江堰市文化旅游资源种类众多，涵盖了国家旅游资源分类表中的各个主类，它们分布在都江堰市的各个区域，但总体呈现出相对集中的态势。

第一节　旅游资源基本属性分类

　　目前并没有专门的研究来对文化旅游资源进行划分，只存在对旅游资源进行的划分。在旅游资源分类实践中，因研究主体、使用目的或出发点不同，分类方法不尽相同，目前旅游规划界使用的旅游资源分类方法主要有"自然—人文"两分法、"世界—国家—省—市—县"等级分类法、色彩分类法等[43]。

　　目前对旅游资源的分类使用最广泛的分类原则是中华人民共和国国家标准的《旅游资源分类、调查与评价》一书中提出的分类标准。该标准是中华人民共和国国家质量监督检验检疫总局在 2003 年 2 月 24 日发布的，自 2003 年 5 月 1 日起实施，由原国家旅游局提出，并由全国旅游标准化技术委员会归口和解释（见表 3-1）。

表 3-1　旅游资源分类

主类	亚类	基本类型
A 地文景观	AA 综合自然 旅游地	AAA 山丘型旅游地　AAB 谷地型旅游地　AAC 沙砾石地型旅游地　AAD 滩地型旅游地　AAE 奇异自然现象　AAF 自然标志地　AAG 垂直自然地带

表3-1(续)

主类	亚类	基本类型
A 地文景观	AB 沉积与构造	ABA 断层景观　ABB 褶曲景观　ABC 节理景观　ABD 地层剖面　ABE 钙华与泉华　ABF 矿点矿脉与矿石积聚地　ABG 生物化石点
	AC 地质地貌过程形迹	ACA 凸峰　ACB 独峰　ACC 峰丛　ACD 石（土）林　ACE 奇特与象形山石　ACF 岩壁与岩缝　ACG 峡谷段落　ACH 沟壑地　ACI 丹霞　ACJ 雅丹　ACK 堆石洞　ACL 岩石洞与岩穴　ACM 沙丘地　ACN 岸滩
	AD 自然变动遗迹	ADA 重力堆积体　ADB 泥石流堆积　ADC 地震遗迹　ADD 陷落地　ADE 火山与熔岩　ADF 冰川堆积体　ADG 冰川侵蚀遗迹
	AE 岛礁	AEA 岛区　AEB 岩礁
B 水域风光	BA 河段	BAA 观光游憩河段　BAB 暗河河段　BAC 古河道段落
	BB 天然湖泊与池沼	BBA 观光游憩湖区　BBB 沼泽与湿地　BBC 潭池
	BC 瀑布	BCA 悬瀑　BCB 跌水
	BD 泉	BDA 冷泉　BDB 地热与温泉
	BE 河口与海面	BEA 观光游憩海域　BEB 涌潮现象　BEC 击浪现象
	BF 冰雪地	BFA 冰川观光地　BFB 长年积雪地
C 生物景观	CA 树木	CAA 林地　CAB 丛树　CAC 独树
	CB 草原与草地	CBA 草地　CBB 疏林草地
	CC 花卉地	CCA 草场花卉地　CCB 林间花卉地
	CD 野生动物栖息地	CDA 水生动物栖息地　CDB 陆地动物栖息地　CDC 鸟类栖息地　CDE 蝶类栖息地
D 天象与气候景观	DA 光现象	DAA 日月星辰观察地　DAB 光环现象观察地　DAC 海市蜃楼现象多发地
	DB 天气与气候现象	DBA 云雾多发区　DBB 避暑气候地　DBC 避寒气候地　DBD 极端与特殊气候显示地　DBE 物候景观

表3-1（续）

主类	亚类	基本类型
E 遗址遗迹	EA 史前人类活动场所	EAA 人类活动遗址　EAB 文化层　EAC 文物散落地　EAD 原始聚落场所
	EB 社会经济文化活动遗址遗迹	EBA 历史事件发生地　EBB 军事遗址与古战场　EBC 废弃寺庙　EBD 废弃生产地　EBE 交通遗迹　EBF 废城与聚落遗迹　EBG 长城遗迹　EBH 烽燧
F 建筑与设施	FA 综合人文旅游地	FAA 教学科研实验场所　FAB 康体游乐休闲度假地　FAC 宗教与祭祀活动场所　FAD 园林游憩区域　FAE 文化活动场所　FAF 建设工程与生产地　FAG 社会与商贸活动场所　FAH 动物与植物展示地　FAI 军事观光地　FAJ 边境口岸　FAK 景物观赏点
	FB 单体活动场馆	FBA 聚会接待厅堂（室）　FBB 祭拜场馆　FBC 展示演示场馆　FBD 体育健身馆场　FBE 歌舞游乐场馆
	FC 景观建筑与附属型建筑	FCA 佛塔　FCB 塔形建筑物　FCC 楼阁　FCD 石窟　FCE 长城段落　FCF 城（堡）　FCG 摩崖字画　FCH 碑碣(林)　FCI 广场　FCJ 人工洞穴　FCK 建筑小品
	FD 居住地与社区	FDA 传统与乡土建筑　FDB 特色街巷　FDC 特色社区　FDD 名人故居与历史纪念建筑　FDE 书院　FDF 会馆　FDG 特色店铺　FDH 特色市场
	FE 归葬地	FEA 陵区陵园　FEB 墓（群）　FEC 悬棺
	FF 交通建筑	FFA 桥　FFB 车站　FFC 港口渡口与码头　FFD 航空港　FFE 栈道
	FG 水工建筑	FGA 水库观光游憩区段　FGB 水井　FGC 运河与渠道段落　FGD 堤坝段落　FGE 灌区　FGF 提水设施
G 旅游商品	GA 地方旅游商品	GAA 菜品饮食　GAB 农林畜产品与制品　GAC 水产品与制品　GAD 中草药材及制品　GAE 传统手工产品与工艺品　GAF 日用工业品　GAG 其他物品

表3-1(续)

主类	亚类	基本类型
H 人文活动	HA 人事记录	HAA 人物　HAB 事件
	HB 艺术	HBA 文艺团体　HBB 文学艺术作品
	HC 民间习俗	HCA 地方风俗与民间礼仪　HCB 民间节庆　HCC 民间演艺　HCD 民间健身活动与赛事　HCE 宗教活动　HCF 庙会与民间集会　HG 饮食习俗　HGH 特色服饰
	HD 现代节庆	HDA 旅游节　HDB 文化节　HDC 商贸农事节　HDD 体育节
数量统计		
8 主类	31 亚类	155 基本类型

说明：若发现本分类未包括的基本类型时，使用者可自行增加。所增基本类型可归入相应亚类，置于最后，最多可增加 2 个。编号方式为：增加第 1 个基本类型时，该亚类 2 位汉语拼音字母+Z、增加第 2 个基本类型时，该亚类 2 位汉语拼音字母+Y。参考《旅游资源分类、调查与评价》（GBT18972—2003）。

第二节　都江堰文化旅游资源分类

本书考虑文化旅游资源的特性，对国家标准进行适当的修改，形成本书的文化旅游资源的分类体系。遵循国家标准体系结构，本书的文化旅游资源分类体系呈"主类""亚类""基本类型"3 级结构，根据都江堰市的实际情况，将当地文化旅游资源分为了 4 种主类、13 种亚类、39 种基本类型。

一、主类

都江堰市的文化旅游资源按照类型可归为 4 种主类，即遗址遗迹（E）、建筑与设施（F）、旅游商品（G）、人文活动（H）。

二、亚类

都江堰市的文化旅游资源按照类型可归为 13 种亚类，包括遗址遗迹中的史前人类活动场所（EA）、社会经济文化活动遗址遗迹（EB），建筑与设施中的综合人文旅游地（FA）、单体活动场馆（FB）、景观建筑与附属型建筑

（FC）、居住地与社区（FD）、归葬地（FE）、交通建筑（FF）、水工建筑（FG），旅游商品中的地方旅游商品（GA），人文活动中的人事记录（HA）、民间习俗（HC）、现代节庆（HD）。

三、基本类型

都江堰的文化旅游资源按照类型可归为39种基本类型，包括史前人类活动场所中的人类活动遗址（EAA）、文物散落地（EAC），社会经济文化活动遗址遗迹中的历史事件发生地（EBA）、军事遗址与古战场（EBB）、废弃寺庙（EBC）、交通遗迹（EBE）、废城与聚落遗迹（EBF），综合人文旅游地中的康体游乐休闲度假地（FAB）、宗教与祭祀活动场所（FAC）、园林游憩区域（FAD）、社会与商贸活动场地（FAG）、景物观赏点（FAK），单体活动场馆中的祭拜场馆（FBB），景观建筑与附属型建筑中的佛塔（FCA）、塔形建筑物（FCB）、楼阁（FCC）、城堡（FCF）、摩崖字画（FCG），居住地与社区中的传统与乡土建筑（FDA）、特色街巷（FDB）、名人故居与历史纪念建筑（FDD）、特色店铺（FDG），归葬地中的墓（群）（FEB），交通建筑中的桥（FFA）、栈道（FFE），水工建筑中的水库观光游憩区段（FGA）、水井（FGB）、运河与渠道段落（FGC）、灌区（FGE），地方旅游商品中的菜品饮食（GAA）、中草药材及制品（GAD）、传统手工产品与工艺品（GAE），人事记录中的事件（HAB）、民间习俗中的地方风俗与民间礼仪（HCA）、民间演艺（HCC）、现代节庆中的旅游节（HDA）、文化节（HDB）、商贸农事节（HDC）、体育节（HDD）（见表3-2）。

表3-2　都江堰文化旅游资源分类体系

主类	亚类	基本类型
E 遗址遗迹	EA 史前人类活动场所	EAA 人类活动遗址　　EAC 文物散落地
	EB 社会经济文化活动遗址遗迹	EBA 历史事件发生地　　EBB 军事遗址与古战场 EBC 废弃寺庙 EBE 交通遗迹　　EBF 废城与聚落遗迹

表3-2(续)

主类	亚类	基本类型
F 建筑 与设施	FA 综合人文 旅游地	FAB 康体游乐休闲度假地　FAC 宗教与祭祀活动场所　FAD 园林游憩区域　FAG 社会与商贸活动场地　FAK 景物观赏点
	FB 单体活动场馆	FBB 祭拜场馆
	FC 景观建筑与附属型建筑	FCA 佛塔　FCB 塔形建筑物　FCC 楼阁　FCF 城堡　FCG 摩崖字画
	FD 居住地与社区	FDA 传统与乡土建筑　FDB 特色街巷　FDD 名人故居与历史纪念建筑　FDG 特色店铺
	FE 归葬地	FEB 墓（群）
	FF 交通建筑	FFA 桥　FFE 栈道
	FG 水工建筑	FGA 水库观光游憩区段　FGB 水井　FGC 运河与渠道段落　FGE 灌区
G 旅游商品	GA 地方旅游商品	GAA 菜品饮食　GAD 中草药材及制品　GAE 传统手工产品与工艺品
H 人文活动	HA 人事记录	HAB 事件
	HC 民间习俗	HCA 地方风俗与民间礼仪　HCC 民间演艺
	HD 现代节庆	HDA 旅游节　HDB 文化节　HDC 商贸农事节　HDD 体育节

　　本次研究的数据主要来源于都江堰市旅游局、林业局、文物局等单位以及《青城山志》《灌县志》《都江堰市文史资料》等书籍。本次走访 10 个镇、1 个乡、5 个街道、126 个景点共筛选出 244 个文化旅游资源单体（部分见附录 C）。

第三节　都江堰分类文化旅游资源介绍

一、遗址遗迹类文化旅游资源概述

（一）史前人类活动场所（EA）

1. 人类活动遗址（EAA）：史前人类聚居、活动场所

玉女洞位于都江堰市青城前山，龙居岗北，上清宫附近。洞，是孔穴的意思。不过孔是穿透的，洞可以是死胡同。玉女洞是汉代人工岩墓墓穴。

据说在青城前山曾经有山岩崩裂，石壁露出"玉女洞"三字，"玉女"二字完好。"山有玉女洞，亦曰素女。"[80]明杨升庵说："素女在青城天谷，今名玉女洞。"清彭洵《青城山记》载："玉女洞在大字崖南，龙居山北。"[81]传说素女是黄帝的侍女，善操琴瑟，宋虞汝明《古琴疏》言："素女播都广之琴，温风冬飘，素雪夏零，鸾鸟自鸣，凤鸟自舞，灵寿自花。"

2. 文物散落地（EAC）：在地面和表面松散地层中有丰富文物碎片的地方

唐宋古窑（玉堂窑址）位于都江堰市玉堂镇赵公山下的凤歧村，是一处唐至北宋时期的瓷窑群遗址。玉堂古羌瓷窑群遗址属唐宋时期，窑址的18座窑包有"上九堆、下九堆"之称，占地约2.5平方千米，窑高10余米，窑底直径上百米，犹如一座小山丘。窑堆及周围的地面上散布着大量的窑炉灰、窑具、瓷片及陶瓷器皿。该窑址数量之多、规模之大、保护之好，为国内外其他古瓷窑址少见。

秦汉之前，都江堰生产的陶瓷经南方多条"茶马古道"远运至中印半岛、南洋各地，同时还经缅甸至"身毒"（印度）这条通道转至阿拉伯、中亚，再转道进入西方。古代西方人早在秦汉之前已经接触过青瓷摇篮——都江堰赵公山这个陶瓷之都的产品。都江堰沿山一带有汉代崇义的"环山窑址"、南朝至唐代天马山的"六马槽窑址"、唐代大乐乡蒲村的"高碑堡窑址"、宋代金凤乡的"瓦岗坝窑址"。都江堰市以赵公山下的凤歧、横山羌瓷窑址为中心的古窑群，构筑了我国西部的"陶瓷之都"，成为成都陶瓷业发展的中心。玉堂古羌陶瓷窑址文化不但是中华民族的文化遗珠，更是人类文化史上的一块珍宝。

玉堂窑的瓷器生产兴于唐代，终于南宋晚期。王小波、李顺起义后，邛窑系迅速衰落，玉堂窑更是难以为继，时烧时断，偶尔烧造出来的瓷器也乏人问津，废弃于乱草丛中。此后漫长的岁月中，玉堂窑渐行渐远于人们的视野之外。

当玉堂窑再现于世界时，中国科学院院士、中国科技大学校长、中国高校"科技考古系"创始人朱清时先生说："邛窑和邛瓷，真是沉睡上千年，一醒惊天下！"1936年，罗希成将邛窑与钧窑、汝窑做了对比后提出："由此观之，亦可谓宋代之钧、汝诸窑之釉色，均胎袭邛窑而来。"尔后，又有知名人士魏尧西先生提出："邛窑之釉水，实开宋代钧、汝诸窑之先河。"考察研究邛窑遗址长达数十年的老专家陈丽琼女士说："瓷器由单色的釉下彩向五彩缤纷的彩瓷世界发展发端于邛窑；邛窑是中国彩绘瓷的发源地、彩绘瓷的故乡。它开创了中国瓷器与科技发展新的里程碑，是中国古代陶瓷艺苑中一枝绚丽的奇葩。"经成都市文化局推荐，1985年8月，原灌县人民政府竖立了"成都市文物保护单位玉堂窑址"的保护志碑。2002年该窑址又被批准为省级文物保护单位。

（二）社会经济文化活动遗址遗迹（EB）

1. 军事遗址与古战场（EBB）：军事遗址与古战场

（1）古城墙（灌县古城旅游景区）

都江堰古城墙，又名灌县城墙。古代灌县为"川西锁钥"，历来是兵家必争之地，唐大中十年（856年），剑南西川节度使白敏中在城西修筑了玉垒关，以防吐蕃入侵。唐宋时，灌县县城无城墙，以巨木为栅，后永康军判官刘随率众环植杨柳，使相连属，以为城界。明太祖洪武年间（1368—1398年），缘山傍水，筑土为墙，弘治中期，知县胡光在土墙外包砌条石，将原夯土城墙改为石墙，奠定了灌县县城基本格局。今存宣威门、玉垒关和西街数百米古城墙残垣，仍见证着灌县古城过去"金戈铁马"的历史。2012年7月16日，宣威门古城墙列入第八批四川省文物保护单位。

据《灌县志》记载："唐、宋时，城以巨木为栅。"就是用粗大的木材作栅栏，代替围城的城墙。木材容易腐朽，需要经常更换。到了宋朝元祐年间（1086—1093年），一位叫刘随的官员被朝廷派到了灌县。冥思苦想后，刘随下令："环植杨柳数十万株，使相连属，以为界线。"《灌县志》上记载了刘随围城植柳的事："今白沙杨柳坪及杨柳河是当时遗迹。"这样一来，既免除了更换栅栏之苦，植下的数十万株杨柳又成了围绕县城的绿色城墙。到了明代，农民出身的朱元璋诏令天下筑城。于是灌县的绿色城墙被砍了，按朝廷的规定依山傍水，筑土为墙，包以墙砖，还建成了东西南北四道城门。清代及民国期间，城墙时有垮塌，时有维修。1951年，修成阿公路，拆除北门城墙，取土垫路基。1952年，拆西门城墙，取墙砖修人民会场。1958年，拆南门城墙，修人民银行、灌口镇医院、百货公司。1968年，拆北门至烈士陵墓段城墙，修新华彩印厂①。

（2）水利府（灌县古城旅游景区）

水利府位于都江堰市南街与幸福路交叉口东 50 米。水利府正式的名称叫水利同知署，原驻成都。清雍正年间（1723—1735 年），清廷在都江堰上东街设水利同知署，专门管理都江堰堰务。民国初年（1912 年）改水利同知署为水利府。民国后期水利府迁伏龙观，设都江堰管理处。水利府的基本格局保持至民国末有大改变，至今，仍还能在水利府的老院中找到一些雪泥鸿爪。

都江堰水利府是一座管水、管灌溉、管川西无饥馑的权不大而责任重大的中国唯一水利衙门。清雍正六年（1728 年），雍正皇帝下诏改军粮同知为水利同知，以八旗铁骑征服了中原的清军们深刻地认识到了江山社稷与农耕的密不可分的关系。后来的乾隆、嘉庆、道光、咸丰、光绪、宣统诸帝都认同了雍正的决策，不约而同地沿袭保留了水利同知这个位置。成都的水利同知从 1728 年设立，到 1910 年止，走过 182 年的漫长历程，其间共有 143 位官员出任成都水利同知。1734 年，水利府奉旨迁到灌县，在原灌县典史署办公，意在加强对都江堰的维护和管理。当时的水利同知府设东、西二案，东案专司办理堰工、岁修，西案办理懋、抚、绥、崇、章五屯粮饷诸事。民国元年（1912 年），水利同知改称为水利委员，1913 年，又改水利委员为水利知事公署，办公地点仍然设在灌县上东街水利府内。民国二十四年（1935 年）十一月，取消水利知事公署，成立四川省建设厅，并于原灌县水利府设四川省水利局。次年，四川水利局迁成都。古老的灌县，有着近 300 年的成都水利决策机构常驻于此的骄人历史。

水利府不同于其他衙门的地方是，它不仅仅是一个代表朝廷、政府的权威机构，它同时还有着 3 间穿斗房屋，供奉着历代治水有功的官员。都江堰的水利官员的设置可追溯至汉代，汉灵帝时（168 年），都江堰已有中央政府委派的“都水掾”“都水长”等官员。据《水经注》记载，历史上，三国蜀汉时诸葛亮曾在都江堰设置堰官，且有一支 1 200 人的堰兵队伍，由五虎将之一的马超率领以护堰。蜀汉之后，晋、唐、宋历代均由县尹兼任水利官员。但唐代节度使、宋元两代的廉访使，也有督修都江堰的职责。元仁宗时，曾由军队单独管理都江堰，各郡县分管下游各堰，不久又恢复军、政共管。明孝宗弘治三年（1490 年），设水利佥事一职为都江堰专管官员，历任水利佥事的有胡光、卢

---

① 四川省灌县志编纂委员会. 灌县志［M］. 成都：四川人民出版社，1991：155－166.

翊、施千祥等人。直至清王朝入主中原后的雍正六年（1728年），一个真正意义上的水利衙门才出现。1728年，雍正下诏改军粮同知为水利同知，6年后的1734年，成都水利同知府由成都迁至原灌县县署右侧原典史署。迄今已有近300年历史了[①]。

2. 废弃寺庙（EBC）：已经消失或废置的寺、庙、庵、堂、院等

（1）上清宫（青城前山景区）（FAC、FAK）

上清宫位于青城前山景区，青城山古建筑群为全国第七批重点文物保护单位，上清宫是青城山海拔最高的一座古建筑群，也是青城山著名的道教宫观之一。

上清宫始建于晋，五代时期王衍重建，现存建筑是清同治八年（1869年）再建。建筑群坐西向东，顺等高线横向展开，形成三区六个院落，占地面积6 645.6平方米，建筑面积4 202平方米。中心区沿轴线依次为山门，右茶楼，左斋楼，三官楼，南、北楼，三皇殿。山门为石卷拱城楼式、重檐歇山顶，石作素面台基、25阶垂带踏道；南区有道德经殿，木板壁刻《道德经》五千言；殿前有二井，名"鸳鸯井"；北区有文武殿（剑仙楼），供奉孔子、关羽，两旁有张大千等绘王母、麻姑、三丰祖师、花蕊夫人画碑和黄云鹄诗碑；文武殿下侧一池，半月形，池深数尺，名天池，传为麻姑浴丹处，故又名麻姑池。上清宫至第一峰路侧有玉皇坪，坪内有前蜀王王衍行宫遗址，础石犹存；左侧岩上有黄云鹄题字"天下第五名山"，字高2米，笔力苍劲；宫前有复仇谷、旗杆石、碓窝坪、跑马坪等明末张献忠农民起义军遗迹；周围还有观日亭、呼应亭、圣灯亭，是看日出、观云海、夜赏神灯的佳处[82]。

"上清宫"匾额为蒋介石于1940年手书，联文为于右任撰书："于今百草承元化，自古名山待圣人。"门额用张大千手书"青城山上清宫"刻石，增添了拱门的气势[79]。宋代陆游曾用"云作玉峰时特起，山如翠浪尽东倾"的著名诗句来描绘上清宫。当代国画大师张大千，曾在此寓居4年多，作画千余幅，留下了麻姑、王母、三丰祖师、张天师、花蕊夫人等画像石刻。夜宿上清宫，可夜赏神灯，朝看日出；雨后观云海，冬春观冰雪，各有奇趣[69]。

（2）圆明宫（青城前山景区）（FAB、FAC、FAK）

圆明宫位于青城前山景区，是青城山古建筑群之一。其始建期不详，重建于明万历年间（1573年—1620年7月），称清虚观，清道光二十六年（1846年）重建，改称圆明宫。圆明宫占地面积3 971.5平方米，建筑面积1 800.3

---

① 王克明. 堰官制度与老灌县水利府 [J]. 巴蜀史志，2015（3）：15-17.

平方米，建筑形式为穿斗式木梁架、歇山顶。建筑群依山势和使用功能从纵横两个方向展开，分为三个区 85 间房舍。中央一组是殿堂区，依次为灵官殿、斗姆殿、三官殿及左右厢房；左边一组是大片客房及后勤用房；右边一组是贵宾用房。入口顺应地形与山道位置，偏于左前部，构思奇巧，协调自然。宫内古木成林，浓荫蔽日，庭院内遍植四季花卉，更显清静幽雅，山间小道从宫北面由东而西穿过。主殿三官殿，明间为抬梁式木构架，次间及稍间为穿斗式木梁架，悬山顶，小青瓦屋面，前后均有副阶；面阔五间 22.6 米，进深三间 11 米，通高 9.45 米；因其常年难有灰尘，故又被称为"无尘殿"。斗姆殿，明间抬梁式木构架，次间及稍间穿斗式木梁架，悬山顶，小青瓦屋面，前后均有副阶；面阔三间 13.22 米，进深五间 10.97 米，高 8.54（柱高 4.52）米，台基高 0.97 米。

（3）建福宫（青城前山景区）（FAC、FAK）

建福宫为道教宫观，坐落于青城前山，始建于公元 730 年，古名"丈人观"，宋改今名。此地传为五岳丈人宁封子修道处，现仅存两院三殿，均为清光绪十四年（1888 年）重修。宫内殿宇金碧辉煌，院落清新幽雅，配以假山，点缀亭台，宛如仙宫。宫右有明庆符王妃梳妆台等古迹，宫前有溪穿过，溪水清澈见底，四季不绝。四周林木苍翠，浓荫蔽日，炎夏盛暑，身游至此顿感清凉，大有如入仙境之意。建福宫既是青城著名的道教宫观，又是游览青城理想的休息之所[83]。建福宫，古木葱茏，在云峰岚气怀抱中，环境十分清幽，是游览青城山的起点、不可不游的第一宫观。

建福宫现有大殿三重，分别奉祀道教名人和诸神，殿内柱上的 394 字的对联，被赞为"青城一绝"。建福宫筑于峭壁之下，气度非凡。其左侧是明庆符王妃遗址，西行 1 千米，即至岩石耸立，云雾缭绕的"天然图画"。宋代诗人范成大曾在此为宋帝祈祷，皇帝特授名为"瑞庆建福宫"。诗人陆游有诗描写当时的建福宫是"黄金篆书扁朱门，夹道巨竹屯苍云。崖岭划若天地分，千柱岏岏压其垠"，宫观内保存有古木假山、委心亭、明庆符王妃的梳妆台遗址，以及壁画、楹联等文物。游人沿着苍楠翠覆的石级梯道，转折入宫，外山门有著名书法家董寿平先生手书楹联。内山门门额"建福宫"三字系 1940 年国民政府主席林森题写。1958 年后修青城停车场及民居时，陆续发掘出宋代《会庆建福宫飞轮道藏记》及大石缸、石蜡台等文物和巨型石刻莲花保坎，疑为会庆建福宫或玉华楼遗物[69]。

（4）天然图画坊（青城前山景区）（FAK、FCC）

天然图画坊位于青城前山龙居山牌坊岗的山脊上，是一座十角重檐式的亭阁，建于清光绪年间（1875—1908 年）。天然图画坊坐西北向东南，横跨游山道，占地面积 110 平方米，建筑面积 65.8 平方米。坊为穿斗式木梁架，重檐歇山顶，面阔三间 8.35 米，进深一间 2.8 米，通高 6.35 米。坊前左有厢房，右是长亭式建筑"驻鹤庄"，抬梁式木梁架，悬山顶，面阔三间 6.95 米，进深一间 3.42 米，高 4.3 米。这里风景优美，游人到此仿佛置身画中，故将其称为"天然图画"。雄伟的牌坊矗立于长长的石级之上，地势极为险峻。天然图画坊贵在天然，放眼望去，远处龙居、天仓、乾元诸峰层峦叠翠，葱葱茏茏，近边白鹭戏水，云雀翻飞。卢光表在《游青城》一诗中这样写道："孤峰峻极插苍穹，出处惟余一径通，树色万重山四面，游人都在画图中。"

（5）老君阁（青城前山景区）（FAK、FCC）

老君阁位于青城第一峰顶，海拔 1 260 米，始建于 1992 年秋，1995 年秋建成，历时 3 年。阁分六层，下方上圆，层有八角，意蕴天圆地方、太极八卦之意。老君阁外观呈塔状，顶接三圆宝，寓"三光""三才"。阁高 33 米，总建筑面积为 2 400 平方米。基层依山势用石材作平台和海帽栏杆，错落曲折。阁周上下分设楼梯，供游人直达阁顶。至阁顶，见雪岭西来、岷峨东去，平畴陆海、诸水如带，远山近水尽收眼底，令人心旷神怡。老君阁之建立，皆由傅圆天大师率全山道众苦心经营而成，老君阁费用由青城山道协自行筹措。阁在青城山的第一峰绝顶上，是近年新建的景点。阁内供奉着高达 7 米多的太上老君坐莲像。在老君阁，游客可以远眺岷江和青城山，还有数百里天府平川。

老君阁的建成，为八百里青城圣境，又创一宏伟奇观。老君阁造像，以徐悲鸿当年在青城的遗作《紫气东来》（老子跨青牛出关图）为蓝本，经许多学者、艺术家和鉴赏家精研，并由青城山道友绘制、塑造而成。老君像高 13.6 米，连牛身通高 16 米，其悉按古典建筑规范，用钢筋水泥浇铸，精铜包里，金光炫目，栩栩如生，自古及今，绝无仅有。老君阁的老君像，乃融老子古代思想家、哲学家及古老朴素唯物辩证相对论者于一体之道教祖师光辉造像。

（6）天师洞（青城前山景区）（FAC）

天师洞位于青城前山，始建于隋大业年间（605—617 年），名延庆观，《唐六典》云："隋建延庆观"；《方舆胜览》云："隋时建，有张天师造像及唐明皇手诏碑"。唐代改常道观，宋称昭庆观，《舆地纪胜》载："延庆观，自会庆建福宫西行一二里，乃古黄帝祠。"清代始用今名。因传说东汉张道陵在观后的洞窟结茅传道，故俗称天师洞。现有汉代张道陵天师结茅阐道所居之洞窟，是青城山道教文化活动中心。天师洞现存建筑主要系清光绪年间及新中国成立前重建，占地面积 8 132.5 平方米，建筑面积 5 749 平方米。天师洞背靠一面绝壁，其他三面均为深壑，建筑群坐西向东，不强调中轴线，依地势和使用功能在总体上分为四个区域，在纵向和横向布置成十多个大小不等、形状各异、气氛有别的院落，由曲折环绕的石道连接成一座完整的古建筑群。天师洞古建筑群的结构形制，神殿为混合式木梁架（主殿为木石混用）、歇山顶，厢房及其他功能建筑为穿斗式木梁架、悬山顶，均为小青瓦屋。建筑材料采用本地常见的木、石、砖瓦等。天师洞景色、建筑、文物为全山之冠，历代名人书画、碑刻、匾联数以百计，四面古木参天，掩映着降魔石、六时泉、洗心池、掷笔槽、上天梯、听寒亭等古迹，多条山路在此汇合。天师洞在 1982 年被国务院确定为全国重点道教宫观之一。

从天师洞望去，"千岩迤逦藏幽胜，万树凝烟罩峰奇"。明代焦维章于嘉靖三年（1524 年）游天师洞，有记说："洞在石壁十余丈上，与径迥殊，前令胡公悬为栈道，沿入洞中。中塑道陵像，左塑唐明皇像，或云伪蜀主孟昶也。山之形胜，奇峰清淑，不可殚述。"[69]

（7）朝阳洞（青城前山景区）（FAC）

朝阳洞位于青城山朝阳顶东南绝壁下、天师洞和上清宫之间，是一处巨大的天然岩洞，相传为五岳丈人宁封子的栖居之处[79]。洞穴有二，分别为大、小朝阳洞，两洞间相距 5 米，均面向东南。朝阳洞宽 32.15 米，高 4.36 米，深 24.2 米；小朝阳洞宽 11.0 米，高 3.2 米，深 5.3 米。洞口接搭木结构树皮屋面建筑，顺绝壁横向展开，朴素无华、十分自然，占地面积约 500 平方米，建筑面积 130 平方米。

朝阳洞冬暖夏凉，四周林木葱郁，鸟语花香，环境十分幽美。清光绪年间（1875—1908 年），四川按察使成都知府黄云鹄乐此清幽妙境，为乐其幽胜，常来结茅小住，留下有"夜雨空山枕石眠，晓来骋眼盼遇天。平林日射青如黛，大野云铺白似棉"的赞美诗句。黄云鹄曾撰联云："天遥红日近，地仄绛宫宽。"他还称颂此地："朝晖暮霭，溪月松风，大野平畴，连峰迭山献实能移人情志，而荡涤秽浊。"他在《小朝阳洞记》中说："青城胜概，不可枚举，而余独爱朝阳洞。于西侧一山洞尤爱之，以得朝阳最早故也。"著名画家徐悲鸿在看过朝阳洞后，便洋洋洒洒写下了这样的诗句："古洞亲迎光照耀，苍岩时有凤来仪。"[69]

（8）祖师殿（青城前山景区）（FAC、FAK）

祖师殿位于青城前山，原名清都观、洞天观，初建于晋。清乾隆十七年（1752 年）重建，改称真武宫，现存建筑为清光绪年间（1875—1908 年）所建，因又供奉三丰祖师，又名祖师殿。庙宇背倚轩辕峰，面对白云溪，地极清幽。

建筑群占地 1 840 平方米，建筑面积 303 平方米，坐西向东，四合院布局，沿轴线依次为山门、三官殿及左右厢房，建筑形式为穿斗式木梁架、悬山顶。三官殿面阔三间 12.6 米，进深三间 7.7 米，高 6.49 米。建筑群右边跨出台地部分，采用了一列吊脚楼支承。殿侧有亭，名"闻胜"，1945 年 8 月，寓居于此的爱国将领冯玉祥闻日寇投降，喜不自胜，捐资建亭，并题名立碑，自撰碑文云："三十四年八月初，予来青城山，下榻真武宫。十一日晨，日本接洽投降消息传来，同志鼓掌欢呼。时予方在灶间取火，闻悉不禁喜极泪流。八载艰苦，竟获全胜；积年大耻，终免尽雪，予能不为吾民族国家庆乎！乃筑亭以为纪念，名曰闻胜亭云。冯玉祥敬志。"此碑现移祖师殿，作为文物保存，供人瞻仰[84]。建筑群内还有云松塔、薛昌浴丹池、杜光庭读书台等古迹，存有清乾隆十七年（1752 年）及同治年间（1862—1874 年）匾额各 1 道，清龙蛇诗碑 1 方[69]。

传说唐玉真公主曾在此修道；唐人杜光庭、薛昌，宋人张愈曾在此隐居。现有相传为杜光庭读书处的读书台。南宋陆游《游杜光庭读书台》诗云："山中犹有读书台，风扫晴岚障障开。华月冰壶依旧在，青莲居士几时来。"此外还有黄云鹄题记的云松塔、1993 年新建的灵官殿及客房。

（9）全真观（青城前山景区）（FAC）

全真观位于青龙岭龙居岗半山腰，该地原有龙居庵，后改为道家茶厂。东汉末年，张道陵在青城山结庐传道，最早创立的是天师道正一派。后因战乱兵火，青城山道观凋敝。清康熙八年（1669 年）武当山全真道龙门派道士陈清觉，重振青城山道观。康熙四十一年（1702 年），清廷钦赐御书"丹台碧洞"，封陈清觉为"碧洞真人"。从此，青城山道系属青城山全真道龙门派碧洞宗，下传十二代至易心莹大师。1955 年以后，青城山吸收各地道士，原有丹台碧洞宗格局有了很大改观。1996 年傅圆天大师精心规划，恢复重建慈航殿、七真殿和五祖殿，更名"全真观"。

全真观殿堂正对丈人峰山口，从天鹤观沿岗上行，峰回路转，可见层层茶园及猕猴桃林。溪流绕径而下，巍峨的殿堂耸立在葱翠的林木中，实为修身养性之所。左边是尖峭绵延的丈人峰，右边是逶迤神秀的飞仙岗。全真观前殿供奉道教的慈航真人，这位神仙普施慈悲，接引众生，超度苦海，咸登道岸。后殿供奉全真道开派的邱处机、谭处端、马丹阳、刘处玄、王处一、郝大通、孙不二七位祖师，他们同为全真道创始人王重阳的七大弟子，又在元世祖至元六年（1269 年）都受封为真人，统称"全真七真"[69]。

（10）玉清宫（青城前山景区）（FAC）

玉清宫，道教宫观，在青城前山丈人峰下。其旧名天真观，建于明代；1938年成都慈善会在旧址上重建，取名玉清宫。其内古迹有莲花石、天然泉等。宫后一径直通圆明宫，前可下木鱼山，是处天宇开阔，景色秀美，为当年张大千居山时画青城十景写生处。

建筑群坐西向东，占地1020平方米，建筑面积697平方米，建筑结构为穿斗式木构架，歇山顶，是川西地区典型近代建筑之一。殿宇两重，依次为灵祖殿、纯阳殿。纯阳殿两旁各有一小天井，与大院只一门之隔，殿内祀吕纯阳、丘长春。下为灵祖殿，建筑在一个3米高的台阶上，面阔三间13.86米，进深四间9.76米，通高6.84（柱高3.9）米。正面敞开，两侧厢房与殿宇连接，构成一个浅的三合院，厢房山墙加设一段短廊，此三者均可俯瞰山下平川，形成一组观光平台，短廊屋顶两端为45°锐角披檐，形象生动。

宫内有清代及民国石刻十余方。宫左侧有天然莲蕊石，形如莲花；宫后一泉，泉水清澈，四时不竭；宫后有小道，西行里许可达丈人峰，登峰眺望，后面青城诸峰，前面千里平川，尽收眼内。

玉清宫殿宇内供奉有药王孙思邈，传说孙思邈晚年曾居青城山，并在此完成著名的《千金要方》。殿内有于右任先生1946年所题"玉清道院"匾额和刘咸荣、方旭等人的题诗。玉清宫环境幽静，在殿前平台上，视野开阔，可俯视山下百里平畴。抗战期间，陈铭枢将军曾来此游览，留下诗作："虎据龙蟠毒雾封，迢遥寄恨上高峰。蜀中弟子新仍锐，东下貔貅怒发冲。"宫左保坎下有"莲蕊石"（天然砾石，形如莲花）。宫后有"天然泉"，传为天皇真人饮水处[69]。

（11）香积寺（香积山）（FAC）

香积寺遗址在今都江堰市青城山镇石桥村六组香积山，该寺规模宏大，有龙门洞、五叠泉、摩云亭、鸡香桥、虎啸亭等胜景。民国十七年（1928年），该寺培修后，尚有正殿4重，廊房僧舍共38间。解放后僧人走散，寺庙在1959年被拆去修农业中学。改革开放后，有信众筹资修建寺院三间，耳房几间（耳房已不见了），上山的水泥梯级已经开始风化。山上植被良好，新栽的松衫已经成林，竹林成片。寺里无人，但仍然有信男善女上山敬香，那棵老的银杏树直达云天，守望着这方净地。

《舆地纪胜》记载："香积寺古名叫灵岩寺，在青城县香积山，寺有瀑布，有鸡骨禅师塔。"明曹学佺《蜀中名胜记》转引《永康军志》："香积山寺，即灵岩寺也，有瀑布及鸡骨禅师塔，即《周地图经》之通灵山寺。"香积寺在明末被毁,据罗元黼《香积寺记》:"清康熙初,释照泰,临济宗也,始来是山,披榛置钵,其法嗣若普亮、通义、通敏、真地、然程、法明、戒宽、了逵、悟毓、心昆、宗照、宗秀、祖长、祖德凡十二世。"

(12) 二王庙(都江堰景区)(FAC、FAK)

二王庙位于都江堰景区,有"玉垒仙都"之称,为纪念都江堰的开凿者、秦蜀郡太守李冰及其子二郎的祀庙。庙背负青山,面对古堰,依山势而建,上下高差达50余米,占地1万多平方米,建筑面积6 050平方米。

二王庙始建于东汉年间,原为纪念蜀王杜宇的"望帝祠",后望帝祠迁往郫县,原祠改祀李冰,并更名为"崇德庙",清始称二王庙。明朝末年(1644年),二王庙毁于战乱,清同治、光绪年间(1862—1908年),相继修复。20世纪30年代二王庙主体建筑毁于火灾,再次重建。文化大革命期间,李冰父子塑像又被毁坏,经重塑金身,才为今日之所见。现存建筑为清代重修。庙内梯回壁转,亭殿交错,飞檐叠阁,雄伟庄严。漫步其间,似入"仙都"。壁间刊刻的"深淘滩,低作堰""遇弯截角,逢正抽心"等许多治水格言,是我国古代治水经验的总结。彩塑的李冰父子及历代"堰功"像,雕刻生动,技艺精湛。

二王庙建筑群分布在都江堰渠首东岸,规模宏大,布局严谨,地极清幽。是庙宇和园林相结合的著名景区。二王庙分东、西两苑,东苑为园林区,西苑为殿宇区。全庙为木穿斗结构建筑,庙寺完全依靠自然地理环境,依山取势,在建筑风格上不强调中轴对称,上下重叠交错,宏伟秀丽,环境幽美。大殿及后殿内有李冰及二郎塑像。

2 000多年前的李冰父子率众凿离堆辟内江,成就天府之国,后世敬仰。为纪念李冰父子,每年农历六月二十四至二十六日二王庙都会举行以李冰父子为主题人物的庙会活动。活动期间,但见大殿内香火缭绕、人头攒动,大殿外人声鼎沸、摩肩接踵,以致庙前索桥不堪重负,有时候政府不得不采取临时关闭索桥的无奈之举。由此可见都江堰二王庙庙会的盛况[79]。

(13) 清真寺(灌县古城旅游景区)(FAC、FAK)

清真寺位于灌县古城,始建于明末,清初重建,是以礼拜堂为中心的四合院建筑,礼拜堂所悬挂匾额"世守良规"为清代果亲王题书,该寺为回族同胞举行宗教活动的主要场所,清真寺内设置有文化展览室,陈列有书籍、图册、生活用具等200余件物品。

(14) 城隍庙(灌县古城旅游景区)(FAC、FAK)

都江堰城隍庙位于都江堰市幸福路,坐落在玉垒山南麓、都江堰景区旁玉垒山广场北侧。城隍是中国宗教文化中普遍崇祀的重要神祇,大多由有功于地方民众的名臣英雄担当，是中国民间和道教信奉的守护城池之神。城隍本指城市防护设施，"城"原指挖土筑的高墙，"隍"指城堑，即护城河（有水为池，涸者为隍）；"城"与"隍"两者相辅相成，共同构成保护城市安全的重要军事设施，"城隍"也就成为地方的守护神[78]。都江堰城隍庙于2013年被国务院正式公布为第七批全国重点文物保护单位。

城隍庙始建于明代，清乾隆四十七年（1782年）住持张来龕"庀材鸠工，大兴土木，重建殿宇，培修院台。惟以余积支持，稍藉募捐资助。精一心以图画，历三载而告成"；"又且广栽繁荫，力谨维持。挺松柏之千章，郁青杉之十亩"（孙天宁《重修城隍庙碑》）。清光绪三年（1877年）庙毁于火。次年，灌县知县陆葆德主持重建。200多年来，城隍庙曾两次被焚毁。解放后，城隍庙曾服务于地方政务工作，灌县少年宫也曾在此办公。今城隍庙为改革开放后在清代的原址上根据经济建设需要重建，占地面积约3 000平方米，建筑面积1 700多平方米。整个建筑坐西向东，正对灌城中央大道，与灌县古城建筑风格浑然一体[78]。

都江堰城隍庙是一座封建世俗性很强的庙宇，庙宇设计风格独特，依山取势，依坡形地势建筑，结构极为谨严奇巧。据《增修灌县志·图考》载，城隍庙主要建筑有主殿十二重，配殿六重，牌坊五座。主体建筑可分为上下两大部分，下区以"十殿"为主，上区以"城隍殿"为主，呈"丁"字形布置。下区有山门，山门两侧有乐楼，有对称布置在笔直上行梯道两侧的"十殿"。十殿内塑像根据灌县有关治水的民间传说故事塑造，包括白龙池、二郎斗龙、赵昱斩蛟、王婆擒龙等。上区中为城隍殿（分前堂、神堂和内围廊三部分），东为娘娘殿，西为老君殿。城隍大殿后，就是万木萧森的国家级森林公园——玉垒山森林公园。

（15）般若寺（FAC）

般若寺位于四川省都江堰市蒲阳镇，寺始建于唐朝，被誉为"川中胜景"，因曾珍藏全国仅三部《般若经》之一而得名。般若寺在丹凤山南麓，两山环抱如凤翼，一岭高如翠屏。寺建于"丹凤"背上，颇擅形胜。"般若"是梵文praina的音译，意即"智慧"，在印度语系中含清静无为、智慧深广之意，佛教用"般若"来指如实了解一切事物的智慧。

般若寺占地约20万平方米，寺前松竹参天，浓荫夹道，清幽静谧。寺在两山合抱之中，依山势而建，前后四殿一殿高过一殿。寺基全用石墩砌筑，备极雄峻宏伟。寺院建于明代宣德四年（1429年），民国十年（1921年）修观音殿，民国十六年（1927年）建药师殿，1944年又整修大殿，寺前后丘顶上各有一亭，故称"般若迎松风"。近年，古寺边扩建大雄宝殿，新建"般若寺"山门，建筑面积13 000多平方米。般若寺属禅宗"天台宗"，明末为兵火所毁。清康熙三十八年（1699年），僧人海林自郫县金龙寺来开山修茸，又得僧人东影于雍正四年（1726年）重修前后殿宇。其后僧人福海、胜怀、胜知等相继来寺，后又有僧人昌圆、隆印相继主持。后寺渐颓败，僧人能清发愿修复，于1921年至1942年先后建成多重大殿。同时，能清还着手改造寺周环境，植松种竹，于适当地点修茸，使般若寺香火鼎盛，声誉鹊起。

般若寺现有主殿五重，依山势叠落布局在一条中轴线上，寺前有亭名"松风"，寺左丘顶有亭名"迎晖"，古人"三岛惊神秀，般若迎松风"之句即出于此。现在般若寺集静修与专修净土念佛法门于一体，道风纯厚，学风醇正，是用心修道者一个修学的好去处，难觅的清静正法道场。寺内关房常年都有闭关静修的僧人，大殿都有共修的僧众居士。寺内文物有清乾隆二十九年（1764年）铸焚鼎一架，三足两耳，高1.5米，重200多千克，鼎壁铸有铭文，鼎放于大殿正中；二殿尚有铁钟一口，高2米，重1 000千克，铭文为铸者之姓名，康熙六十一年（1722年）铸；现唯有观音殿前的铁甲松二株，枝繁叶茂，威武天成。此外，寺内还有明蜀王妃用银粉书写的《金刚经》一部，绝世珍品，存于市文物局。

3. 交通遗迹（EBE）：已经消失或废置的交通设施

（1）掷笔槽（青城前山景区）（FFA）

掷笔槽位于青城前山景区，"掷笔槽"，亦称"涮笔槽"，裂槽从岩顶直到山足，深约70米，宽约18米，两岩断裂，下临深谷，古代以木飞架其间，令人心颤目眩，后依岩凿壁成通道，旁置石栏。到此，头顶丹岩，俯瞰深谷，景色奇险，名为偏桥。

传说掷笔槽是张天师降魔时做符掷笔而成。《蜀中名胜记》引《五岳真形图》云："龙桥处，二山相去百余步，峰峦急竦相对，两边悬岩，俯临不测。山旁有誓石，天师张道陵与鬼兵为誓。"即张天师喝令魔王不得再为害百姓，朱笔画山，笔迹成槽，留下奇观。

（2）龙隐峡栈道（青城后山景区）（FFE）

龙隐峡栈道，位于青城后山五龙沟中游，传为古时有味江龙隐入峡中而得名。栈道为古代西入金川驿道必经之险道，古为木桩穿岩铺板，现为钢筋混凝土仿木重建，全长约600米，宛如隐身于峡中的长龙。石梯、石栈、悬桥，上下勾连，倚山曲折。或以巨石为柱，或以悬岩为依，架悬于飞瀑寒潭间。人行其上，溪光日影，蓝天一线；两壁岩石，青赭斑斓，怪乳垂瘿，令人遐想生寒。峡谷中，断有寒泉凌空飞鸣，日出正午，水雾中随处可见彩虹飞舞，使人倍觉幽趣盎然[85]。龙隐峡栈道修于半山上，紧靠峭崖，旁临深壑，蜿蜒曲折，绝壁处还凌空架板通行[86]，是个观山赏景、避暑探幽的好地方，正因如此，张鸣羊写下了"鬼斧神工龙隐栈，盘旋直上逼苍穹。青松翠柏参天暗，野草山花匝地红。古道西风留夕照，小桥流水浴明虹。青城山景迷人醉，诗思悠悠孰与同"的诗句。

（3）百丈桥（青城后山景区）（FFA）

百丈桥位于青城后山景区，是一座木桥，桥面用木板铺成，长约百米。桥的周边老树盘根错节，生长着绿色的"木萝莎"。走在蜿蜒曲折的桥上，桥面下是清澈的涓涓溪水，头上是绿荫遮日的植被，实在是一个避暑的好地方。

（4）安澜桥（都江堰景区）（FFA）

安澜桥位于都江堰景区二王庙内，是我国著名的五大古桥之一，横跨在岷江内江和外江的分水处，是一座名扬中外的古索桥，最早称绳桥或竹藤桥，这与它的材料有关。

安澜索桥始建于宋代以前，明末毁于战火。清嘉庆八年（1803 年），何先德夫妇倡议修建竹索桥，以木板铺设桥面，旁设扶栏，两岸行人可以安度狂澜，故更名"安澜桥"。清嘉庆八年（1803 年）五月十五日，渡口翻船，一百余人葬身鱼腹。如此惨状，私塾先生何先德夫妇坐卧不安，他俩察看地形，翻阅建桥史料，请教当地水、木工人，报经官府，游说八方募集资金，于清嘉庆九年（1804 年）五月带领四乡百姓动工建桥。桥尚未完工时，两个樵夫不顾劝阻，顶风过桥，落水丧生。渡口"把头"买通官府，诬以草菅人命之罪。何先德先生含恨九泉。（还有一种说法是桥上没有栏杆，有人掉下去了，痛恨何的官府将其逮捕处死。）何妻强压悲愤，继承夫志，完成了索桥的修建。桥上横铺木板，竹缆为栏，行走平安，故名"安栏桥"；后改安澜桥，取不畏波澜、安然过江之意。人们为感激何先德夫妻的功德，又称其为"夫妻桥"。

安澜桥全长约 500 米，后又在鱼嘴处建立外江水闸，把桥下移 100 多米，将竹索改为钢索，乘托缆索的木桩桥墩改为钢筋混凝土桩，桥身也缩为 240 米。远看如飞虹挂空，又像渔人晒网，形式十分别致。漫步桥上，西望岷江穿山咆哮而来，东望灌渠纵横，都江堰工程的概貌及其作用，一目了然。

据《华阳国志·蜀志》记载，李冰"能笮"。《水经注·江水》载"涪江有笮桥"，证明至少安澜桥的修建，不会晚于修筑都江堰的年代。"笮"意为竹索，这是川西古代索桥的主要建筑材料，故安澜索桥又被称为竹桥、绳桥、竹藤桥等。

（5）南桥（灌县古城旅游景区）

都江堰南桥位于都江堰宝瓶口下侧的岷江内江上，是南街与复兴街之间的一座雄伟壮丽的廊式古桥。建造南桥的有两位主要人物，一位是清代著名的封疆大吏、四川总督丁宝桢，另一位是当时的灌县县令陆葆德。根据清代吴之英撰写的《普济桥碑》和民国时余定夫的《南桥记》记载，清光绪年间（1875—1908年）丁宝桢曾主持对都江堰进行大修，征用民工万余人，修复工程结束后朝廷的工程款和粮食有较多结余，"余金二千余两、粟百余斛"，遂用于修建南桥。据《普济桥碑》载，光绪戊寅（1878年）冬，县令陆葆德在城南数十步处的内江河上开始建桥，几个月后，一座廊桥大功告成。新桥石柱为礅，丰楹斗拱，顶盖青瓦，桥载板道，宽二丈四尺，名之曰"普济桥"。因桥如雁翅凌空，直指南道，世咸称为"南桥"[78]。现在看到的南桥的各种彩绘，雕梁画栋十分耀眼。屋顶还有《海瑞罢官》《水漫金山》《孙悟空三打白骨精》等民间的彩塑，情态各异、栩栩如生。

南桥曾多次损毁，于1925年重建，桥面加宽。1933年，毗河战争爆发，木桥中孔被拆毁，战后修复时，增建了寨门。桥长约133米，4排5孔，白天开放，晚上关闭。1958年被洪水冲毁后，于1959年重建，更名为"南桥"。现存南桥是1979年由灌县政府城建委主持修建，在原基础上加宽了桥面，拓展了翼廊，加高了桥身及通道。现存南桥通宽13米，长50米，桥身为木梁钢筋水泥柱，桥面为混凝土（后增装饰木板条），换机制瓦为琉璃瓦头，桥头增建桥亭、石阶、花圃，桥身雕梁画栋，桥廊增饰诗画匾联。建成之后成了今天这种钢筋混凝土骨架与木结构相结合有三列走廊的古廊桥式风景桥。桥头重檐彩塑珍禽奇兽和各种民间传说戏剧人物，情态各异，栩栩如生。主走廊内壁上精工绘制的20幅山水风景和神话传说壁画与18幅书法作品相间排列。全桥赤柱朱槛，画栋雕梁，有楹联作品34幅。整座桥就是诗书画合璧的艺术长廊，南桥的适用性与艺术性达到完美的统一[78]。南桥不仅保持了古桥风貌，而且建筑艺术十分考究，是都江堰市一处旅游胜景。1982年，国务院将南桥划入都江堰文物保护区范围。2006年冬，南桥进行了古建筑维修改造。桥跨部分设为木地板、桥头用青石板浅浮雕铺成。桥身增设了木雕及金柱对联。天棚改造为彩画天花及卷棚仿古天棚。所有的木雕进行描金填彩，更新了额坊彩绘，壁画、诗词、对联更换一新，南桥变得更加光彩夺目。各种彩绘、雕梁画栋、民间彩塑、书画楹联融为一体，南桥因此被誉为"水上画楼""雄居江源第一桥""览胜台"。

4. 废城与聚落遗迹（EBF）：已经消失或废置的城镇、村落、屋舍等居住地建筑及设施

泰安古镇（青城后山景区）环抱于幽静的青城后山之中，是青城后山的第一景点。据了解，有史以来，泰安古镇便是扼成都平原西入大小金川的必经驿道上的重镇，古称"花坪老泽路"，唐时为味江寨，清时始依寨后的古泰安寺易名为泰安场，是成都茂汶、金川物资交流的中转重镇，历来商贾云集，市场繁荣。

泰安古镇因深山古刹泰安寺而得名，现为青城后山管理处驻地，沿途可观赏味江河谷风光。两岸多为丹岩断壁，斜向东倾。丹岩断壁下为味江谷地，千奇百怪的巨石上下散布，间有青堂瓦舍和成片的棕林竹林，清澈明丽的江水穿行怪石间，江流落差较大，水激江奔，浪花飞溅，旧有"大坎""小坎"叠瀑。味江河弯静流处，味江剑鱼影布石上，沿途还有传为张献忠部下与泰安寺僧激战处的七阵沟、三道水以及塔子坪等古迹。三道水又名三洞水，系三龙水晶溶洞的下水口，半岩间喷出三股清泉。今人顺其地势，沿岩壁塑三条巨龙，盘桓昂首于岩间，三股泉水分别从龙口中喷出，高数十米，如三条白龙，飞入味江。车马游人，从喷出的泉水下穿过，只见水雾蒸腾半空，红霞笼罩在青山绿水间，景色十分迷人。岩上刻有"翠微红霞"四个大字。

古镇以古老幽静的泰安寺为中心，佛文化与古色古香的街道相呼应，既有人间烟火，又有佛香四溢。古镇有一条古色古香的古街临街，一座石牌坊。石牌坊坊额"泰安古镇"四字为书法家洪志存手书，坊联为李代远撰书：万佛禅光，朗照大唐古镇；千岩秀色，同辉赤城洞天。

古镇在汶川地震中遭到损毁，于2012年重建开放。古镇街道两旁是潺潺清流，间布着木结构的古式建筑，青堂瓦舍，高低错落有致，古朴余韵犹存。青城山管理局按照成都市委市政府"打造国际旅游精品景区、建设国际休闲观光名镇"的目标进行整治后，不仅恢复了泰安古镇的川西山乡民居古镇风貌，增加了古镇文化氛围，还形成了富有青城山特色的生态化旅游地，有力地促进了古镇游新热潮的兴起。

二、建筑与设施类文化旅游资源概述

（一）综合人文旅游地（FA）

1. 康体游乐休闲度假地（FAB）：具有康乐、健身、消闲、疗养、度假条件的地方

侏罗纪温泉公园在紧邻都江堰城区的灵岩山脚下，其得名于一个神奇的温

泉——侏罗纪温泉。由于都江堰处于北纬30度世界奇观带上，且温泉出水层所对应的地质年代属于中生代的三叠纪与侏罗纪时期，距今已有1亿5 000万年的历史，因此这个温泉便被发掘者命名为"侏罗纪温泉"。侏罗纪温泉公园一改中国传统温泉单纯洗浴的乏味，将吃、喝、玩、疗、游开创性地融为一体。园内错落分布着大小温泉池47个，可供1 500人同时洗浴。沙疗、干湿蒸、陶缸浴、地炕、特色药疗、私人汤屋、情趣风履、漩流瘦身、温泉天然按摩床、中药私人汤池等特色汤池让人体味丰富多彩的洗浴文化。温泉水源自地下2 500米的古生界下二叠栖断层深部之循环增温温泉，池温38℃~42℃，含锶、溴、钡、碘、锰等多种对人体健康有益的微量元素，是休闲、保健的上佳之选。公园秉承千年道家文化传统，弘扬养生文化精髓，按照道家形式修建八大温泉园区，对应部分中国生肖，不同属相的游客按照自身属相到相应园区洗浴乃一大乐趣。

园区内恐龙博物馆汇集了珍稀恐龙化石以及恐龙时代的200余种动植物化石。由9条恐龙化石组成的九龙壁摄人心魄，镇园之宝"千古绝恋"是目前国内仅有的两条交配时双双欢乐升天的鱼龙化石。园区内聚集了侏罗纪时期的桫椤树、珙桐树、银杉、南方红豆杉、曼地亚红豆杉、银杏、七叶树、铁树、水杉等9种珍稀植物。被称作"植物熊猫"的银杉在4亿年前就存在，其叶子背面因有两条银丝带而会在日光或月光下闪闪发光，形成银色奇观。因板块运动和地震而被埋在地下的侏罗纪同时代各种古树遗骸，经1亿5 000万年的时间演变成了"似树非树，似玉又似树"的硅化木（树化玉），集体呈现在园区树化玉山上，构成一道绝无仅有的景观。远看像树木，近触乃玉石。在园区还能买到以这种树化玉打磨雕琢的手镯，晶莹剔透，光彩夺目。

从1998年开始，有关部门历时6年寻找温泉水，4年寻觅散落世界的侏罗纪时代的各类珍宝，终于将侏罗纪时代的恐龙化石、9种珍稀植物以及200多种动植物化石全部集中到了神奇的侏罗纪温泉园区，不仅为广大游客提供了观赏和感受1亿5 000万年前侏罗纪时代的完整远古生态环境，同时也为广大青少年学习和了解远古时代的地球生态知识和自然科学文化提供了一个近在咫尺的参观教育基地。由此，侏罗纪温泉公园创造了三个世界第一。第一个"第一"，全世界第一家将4亿年前的活化石"植物熊猫"银杉从高山原生态地区批量引植到可供游客参观的低海拔平原地区的主题公园。第二个"第一"，全世界第一家将9种侏罗纪时代植物聚于一堂的生态旅游公园。第三个"第一"，全世界第一家将恐龙和恐龙时代的200余种动植物化石聚集于园区内，并拥有近百吨1亿5 000万年前形成的树化玉山（硅化木）、9种植物活化石集于一体的，迄今为止全国首家名副其实的侏罗纪文化主题公园。因此，这一温泉一经面世，便成为都江堰旅游的新亮点，成为都江堰市奉献给世界的一张城市名片。遗憾的是，2008年"5·12"地震后，此公园成为一片废墟，至今未能完成重建工作。

2. 宗教与祭祀活动场所（FAC）：进行宗教、祭祀、礼仪活动场所的地方

（1）天鹤观（青城前山景区）

天鹤观位于四川省都江堰市青城山景区龙居山牌坊岗山脊上，原名"天然图画"。坊岗之名始见于清嘉庆五年（1800年），原有一座十角重檐式的坊阁，清代光绪年间重建，其旁有驻鹤庄。此处正当游人由建福宫去天师洞的半途，海拔893米。雄秀的牌坊矗立于长长的石级上，占据了两峰夹峙的山口，成为半山道上十分突出的景观。龙居、天仓、乾元、丈人诸峰，堆苍叠翠，宛如画屏。林间有鹤鹭轻飞，山鸟长鸣。岩下溪水潺，琤琮有声，宛如悠然琴韵。炎夏至此，山风拂面，顿然沁肺清心。坊上有联云：溪壑奔腾，百川东去通千派；云霞缥缈，万里西来第一山。20世纪90年代初，青城山道教协会于此处增建天鹤观，内有药王殿、老君殿等[69]。

（2）三清殿（青城前山景区）

三清殿位于青城前山景区，是常道观的主殿，重建于1923年。殿前铺设通廊石阶九级，前檐排列大石圆柱六根，立在高1.2米雕工精致的石狮、麒麟和独角兽柱上。殿堂横列五间，重檐飞瓦，古朴宏伟。

其正中高悬清康熙皇帝御书"丹台碧洞"匾额。殿内供奉道教最高神"三清"，即玉清元始天尊、上清灵宝天尊和太清道德天尊。楼上是无极殿，有明代的木雕屏花八扇，全系镂空雕刻的芙蓉、荷花、孔雀等，形象生动，色彩明快。三清殿前的银杏阁旁边，有一株古树，传说为东汉张天师亲手种植。

（3）丈人观（青城前山景区）

青城山丈人观位于青城前山，又名丈人行宫，原为四合院式道观。宋代彭乘《五岳真君殿记》载："赤城洞天，则龙跷宁（封）先生所治也。先生尝为陶官，通神幽隐，或履蹈烈焰，随烟上下，黄帝顺风礼问，受《龙跷经》，得御风云术，遂封五岳丈人（统领五岳）。"[69]殿后有道教龙门派第二十一代传人，以医术闻名的慕至强大师之墓；殿旁丈人峰支脉白岩，有三皇台，神仙洞遗址。门前还有株高十多米，树龄千余年的古银杏树，称得上丈人观镇观之宝。

（4）泰安寺（青城后山景区）

泰安寺坐落在青城后山的泰安古镇，是青城山现存佛教寺庙中最悠久者。

宋代《舆地纪胜》载："长平山在味江之上，有泰安寺，寺门盖花坪（今沙坪）老泽路也。"始建于唐代。清代《灌县乡土志》载："泰安寺庙，始于唐，盛于明。楼殿之壮，甲于东南。"彭洵《青城山记》也载有"（泰安寺）相传唐代初建，逮明复振。楼殿壮丽，甲于青城。明末兵毁，清初重建。"《全唐文》中，唐代杜光庭在《谢恩宣示修丈人观殿功毕表》等文中，更有长平山（泰安寺）惠进禅师奉旨修青城山丈人观的记载[69]。

大雄宝殿是泰安寺的主殿，也是寺内最大的殿堂。殿前有宽阔的月台，殿顶梁架构造雄伟，殿内斗拱形制多样，是一处具有民族传统的木构建筑。殿内，正中有五尊金身如来佛像，人称五方佛，是金代原作。大雄宝殿是泰安寺殿宇中唯一未被战火毁灭的辽代建筑。大殿立在高达3.3米的台基上，月台上有明万历四十四年（1616年）建造的牌坊和钟鼓亭。大殿面阔七间，40.7米；进深五间，25.5米，单檐五脊顶，正中有平棊藻井2间，余为彻上露明造。殿顶当心间有八角形藻井，内围列有两层斗拱，下层为七铺作，上层为八铺作，由下而上层层叠收，雕制精湛。殿内亦采用减柱法配列支柱，空间开阔。大雄宝殿为辽代建筑，金代重修。其形制、手法均与大殿本身梁架结构和斗拱形制相同，为辽代遗构。

殿内佛坛正中有泥塑金身如来五尊，端坐于莲台，人称五方佛，是金代原作，法相庄严，姿态清雅，衣纹流畅，雕技高超，虽然经过历代彩绘修饰，但仍保留了辽金塑像之艺术风格。硕大的莲座镶有莲瓣、串珠、三角柿蒂及狮首等装饰，手法雄健，与其上之五如来佛像同为辽代遗物。周围还有弟子、菩萨恭谦敬谨。两侧是二十四诸天，这些立像高约2.5米，人物形象刻画生动，形态各异，可看出他们的年龄、性格、是文臣还是武将。它们有男，有女，有老，有少，有美，有丑，有文，有武，或是帝王装，或是臣子像，或坦膊赤足、披纱衣华似来自天竺国土，或身着铠甲、衬皮毛以抵御北国寒风，生活气息浓郁，极富感染力，堪为国之瑰宝。其中塑造最为出色的是东侧六臂"日宫天子"和西侧"月宫天子"。日宫天子与月宫天子，眉目清秀，肌肤丰满圆润，身材修长，衣饰流畅，表情含蓄，善良慈祥，雕塑家把她们塑为女性，更见身姿婀娜，华贵不凡，那玉臂轻舒，富有动感，给人留下深刻的印象。日宫天子与月宫天子塑像，犹如两位活着的贤惠、文静的少妇站在那里，确是金代艺术家的创造性劳动的结晶，不愧为精品杰作。西、南两壁绘有佛传故事画，左右设有钟鼓二楼。

大殿东侧为文殊阁遗址，西侧为普贤阁。普贤阁和文殊阁为一对称的楼阁建筑，位于大殿与三圣殿间的东西两侧，又称东楼、西楼。东侧的文殊阁在民国初年（1912年）毁于火灾，西侧的普贤阁是金贞元二年（1154年）重修之物。普贤阁，面阔三间，进深三间，乃是一座三间见方重檐九脊的辽式楼阁，采用平座暗层做法（即两明层之间有一暗层），尚存唐代楼阁遗风。细部结构许多处与辽清宁二年（1056年）所建应县木塔相似。1953年修缮时发现"贞元二年一行造"题记，证明系金代贞元二年（1154年）重建。普贤阁结构精巧，形制古朴，高高耸立于寺院之内，楼阁坐西向东，阁内置有木梯，可登阁远眺。阁南有琉璃烧制的五龙壁一座，色彩绚丽，富丽堂皇。旁侧一尊铁牛，保存完好，四肢健壮，栩栩如生，原在御河西岩，为镇压河妖，消除水患而铸造伫立。后移于此处。普贤阁下檐为平座，上檐施以斗拱，两檐均以筒瓦覆盖，外观精巧，比例匀称，乃研究中国辽金建筑的珍贵实物。

三圣殿是泰安寺的中殿，殿内中央三尊像为"华严三圣"。三圣殿立于一米多高的台基上，建于金天会六年（1128年），结构上贴合宋辽建筑特点又独具风格，为金初代表性木构建筑。殿平面呈长方形，东西长28米，南北宽13.5米。面阔五间，进深四间，单檐五脊顶，左右次间各出60度斜拱，形制多样，色彩斑斓，形如怒放的花朵。金代斜拱盛行，硕大华丽者以此为最，这种斜拱是辽金建筑的特有形制，它不但承载檐部重量，且具有极强的装饰作用。殿内四根立柱与四根辅柱支撑梁架，庑殿顶式。殿内用四根金柱支撑梁架屋顶，是辽金减柱、移柱法的突出实例，充分显示出古代建筑之民族古朴风貌。内塑立像三尊，中为释迦牟尼佛，右为普贤菩萨，左为文殊菩萨，称"华严三圣"，取名三圣殿。三圣佛像之前，有二位助侍菩萨侍立，佛坛后面有护法韦驮塑像，手持降魔杵，威武雄健无比。此殿还存有四通碑碣，为研究该寺之重要文献资料。论其建碑历史，碑额雕刻之玲珑，碑文词藻之华丽，碑刻书法之精湛，唯南宋朱弁撰写之"金碑"为佼佼者。朱弁于此寺达14年之久，目睹寺院重修经过而为之记，故不仅文采飞扬，且记载翔实可信。

山门是寺内正门，亦为天王殿，单檐五脊顶，面阔五间，宽27米；进深两间，长10米。当心间辟门，内有天王塑像四尊，这四尊佛教护法神，给人以凛然不可侵犯的印象。山门前后立有檐柱各6根，分布整齐；纵向另立中柱6根，共18根，内外柱一样高，凿削规整，形制美观，为现存金代山门中的巨构。山门悬"威德护世"匾额，字体敦厚有力。迄今，泰安寺内收藏着不少文物，其中包括原大同市东门外御河西岸的镇河铁牛，以及南门外兴国寺的明代琉璃五龙壁照。

自唐宋以来，泰安寺一直为佛门弟子向往的圣地，并为佛教的讲习之所。经各代修葺和重建，现有大雄宝殿、天王殿、大悲殿及僧舍斋房等建筑。寺内现存清代古碑三通，山门"古泰安寺"为前中国佛协会长赵朴初手书镌刻。寺外有明代著名高僧鉴随禅师灵塔，寺周有古红豆树、银杏树及松楠等参天大树数十株。气脉汇聚，环境空灵的泰安古寺，实为居士们拜佛参禅、休闲疗养的绝佳境地。

（5）白云万佛洞（青城后山景区）

白云万佛洞位于都江堰市区南34千米处的鏊华山与熊耳山相连的半山弯月形山梁上，海拔1 700多米。岩壁上，散布着大大小小上百个天然洞穴。相传唐代白云禅师在此隐居修炼成佛，故名白云万佛洞。白云万佛洞分为三层，层层有洞，高低错落，迂回曲折，从北至南绵延约2.5千米。

清徐昱《灌县乡土志》载："白云洞，洞最深幽，洞外釜宽七八尺，如屋。唐宋时，依岩架屋，有禅僧栖之，今已毁。黄翔云（黄云鹄）观察在蜀日，好游山，寻幽访古，不畏险远，闻洞中有刻石，攀萝扪葛，上诣洞口，见岩壁间刻字，尚依稀可认，有诗云：忙忙收拾破袈裟，整顿行装日已斜；袖拂白云离洞府，肩挑明月过天涯。可怜枝上新啼鸟，难舍篱边旧种花；吩咐犬猫随我去，不须流落俗人家。名字不可辨，观察讽吟半日不欲去。"即笔记之。今存碑石为当代艺术家李代远重书[69]。

游览白云万佛洞，多穿行于悬崖陡壁、古木竹丛之间。群洞有似雄关险隘，万夫难越；有似银丝水帘，飞布岩际；有似天然长廊，迂回曲折；有似灵霞仙宫，奇异神秘。各洞均雕塑有神态各异的佛像。青城白云洞古为佛教徒精修之地，历代名僧辈出，在中国佛教历史上有过重要的地位。民国年间，黄龙寺高道王翰阳也曾在此依洞为屋，练功修道。近年，白云洞这一千年佛教道场，又重展新姿，开辟了"大悲殿""通天洞""地藏洞""九僧洞"等洞，并在原"白云庵"（毁于民国时期）遗址上重建了白云寺。群洞共塑大小佛像2 000余尊，被誉为"白云万佛洞"[69]。下仅就白云万佛洞中的上述几个洞穴做简要介绍。

大悲殿为白云群洞中的第一大洞，此洞宽100余米，深数十米，两头砌有青瓦围墙，各有进出圆门。洞内彩塑有真人大小的观音三十二应身像，诸像慈悲所化，栩栩如生，风姿绰约。

通天洞在当地俗称灶孔岩、天窗洞。通天洞传为白云禅师破石升天成佛处。洞内右壁凿有摩崖栈道，扶栏而上，只见千尊佛像，盘腿禅定，错落岩间。洞中有石拱桥三座，绕岩一周，始上岩顶石拱，俯视洞底，绝壁千仞，飘飘然若已升仙成佛。

地藏洞，古名"迎曦洞"。洞内塑有佛书《地藏记》中地藏王的故事十余组。洞外绝岩中，凿有数十米长的摩崖道。洞口垂吊着古树藤花，一股清泉高挂岩间，清晨红日映照，金光灿烂，蔚为壮观。

九僧洞，由九个大小洞穴组成，佛台天生，僧堂天成，世传为白云禅师座下德行高深的弟子精修佛法之处。九僧名擒龙、伏虎、莲花、骑牛、托钵、飞花、植竹、吹笛、引泉，洞中塑有各僧故事群像。岩顶藤蔓起舞，清泉飞花溅玉，洞前莲花池水，水清可饮，甘人心田，使人乐不思归。

白云万佛洞众多的洞穴构成了白云洞的神奇之处，引得游人到此观赏并赞叹不已。唐代著名诗人贾岛有诗赞云："遍参尊宿游方久，名岳奇峰问此公；五月半间看瀑布，青城山里白云中。"

（6）太清宫（青城后山景区）

太清宫位于青城山山腰，始建于唐代，原为佛教丛林，名"龙居寺"，清代改为道庙，俗称郭家庵。1940年，当时的四川省国民政府主席林森游历到此，为本庙题书观名"太清宫"（该匾额至今保存于庙内）[69]，遂沿用至今。

太清宫的由来与太上老君密切相关。太上老君为道教最早崇拜的尊神，相传居于太清仙境，东汉时便已享祠祀，南北朝时始将元始天尊、灵宝天尊、太上老君合称三清。太清宫可说是在太清仙境为太上老君建造的宫殿。

太清宫原存殿宇为清代建筑，木结构，悬山式屋顶，穿斗梁架，坐西北向东南，是山门、左右照房和正殿组成的四合院。现庙中山门为重檐，所存木雕门窗格子，实木房梁、屋像及立柱皆属明清古建筑风格。

1993年，成都市道教协会副会长青松道人蒋信平，以80多岁高龄回山修复太清宫，新建一楼一底的三皇殿，培修三清殿，新建厢房18间，使明清碑刻等文物得到保护[69]。1999年，太清宫被都江堰市宗教局正式批准为开放的宗教活动场所。道观地处幽静，群山环抱，是青城道家一处绝佳的修行场所。

（7）灌县文庙（灌县古城旅游景区）

文庙是纪念和祭祀孔子的寺庙，也叫孔庙。灌县文庙位于都江堰市文庙街24号。灌县文庙始建于五代时期，庙址在城西盘龙山麓，至今已有1 000多年的历史。明洪武初年（1368年）迁至城东。明末张献忠剿四川，灌县文庙被毁。清康熙元年（1662年），灌县知县马玑在城东原址重建文庙大成殿。康熙二十七年（1688年），文庙从城东迁回旧址盘龙山麓，城东文庙改建文昌宫。同治二年（1863年）又重建，光绪七年（1881年）完成文庙所有建筑群。1929年文庙被改建为县立初级中学校，1952年又改灌县中学（今都江堰中学）。2007年都江堰中学迁址，文庙恢复原功能。2008年汶川大地震时，万仞宫墙垮塌，大成殿严重受损。2010年按清代的形制和布局恢复重建文庙，

2013年5月13日建成并向公众开放。现在的灌县文庙主要建筑有棂星门、泮池、大成门、大成殿等[78]。

古代文庙同时兼具祭祀与教育的功能，因此都江堰文庙自开园以来，一直推行"庙学一体"的活化理念，使这座千年古庙焕发时代的生机。在演礼方面，都江堰文庙已经依次恢复了射礼、成人礼、士昏礼、祭孔大典、乡饮酒礼、士相见礼等古代演礼活动，并形成一定的推广模式。另外，依托儒家"君子六艺"之教，文庙建有"礼乐射御书数"的六艺展厅，配合六艺的相关课程，旨在开展一种新的国学教育模式。文庙的课程包括古琴、射艺、君子剑道、茶艺、箫、书画、国学基础与提高几类。古琴、射艺、君子剑道等课程在本地区是独家，在全国亦属寥寥。文庙的师资齐备，古琴由张孔山第七代传人、青年古琴家郭馨忆负责教学；射艺有"中国射道复兴第一人"李军阳老师的支持，并由其弟子执教；剑、箫、书画、国学均是名家支持，并由北京大学文化资源研究中心总领其学术。

新的都江堰文庙是在以孔氏后人孔祥林为荣誉会长的中国孔庙保护协会的协助下，依清代孔庙旧制在原址重建而成。恢复重建的文庙占地面积达 2 万多平方米，建筑面积达到 5 000 多平方米，是目前川西地区规模最大、建筑最完整的县级文庙。

（8）灵岩寺（都江堰灵岩山景区）

灵岩寺位于都江堰市区北 5 千米幸福镇灵岩山七星岩下，称"灵岩圣灯"，旧为"灌县十景"之一，自唐宋以来，灵岩寺即为儒、释、道三教荟萃之地。1991 年，灵岩寺及千佛塔被四川省人民政府公布为第三批省级文物保护单位。

据《灌县志》《都江堰文物志》和《灵岩略》等志书、文献记载，灵岩寺创建于南北朝时期，继于隋末唐初时期的道因法师等刻石藏经处[78]。唐开元四年（716年）有印度高僧阿世多尊者来重建，明清两代又在原址重建庙宇。灵岩寺内塑有上至南北朝、下至明清时期的历代观音造像108尊，称为"百态观音"，集我国历代观音造像艺术之大成。灵岩寺千佛塔为唐宋时所建，雕造精细，形制奇特，为蜀中罕见。塔分13层，是石刻观音像覆钵式，通高3米。下3层趺坐佛像有莲瓣背光，各层佛像依次缩小，总数800个左右。此外尚有黑风洞、白龙池、棋盘石、藏经洞等文物古迹可游览[70]。

为了长期保存并永久传承佛教的经典文献，灵岩寺在唐代宗大历年间（766—779年）又先后建造了两处藏经洞，再次请技术精湛的工匠，将佛教经文雕刻在石板上，制成石刻经书，密藏于寺外的藏经洞中。后因灵岩寺在宋元时期多次遭遇兵火之灾，殿宇倾废、香火断绝，藏经洞内的石刻经书存放何处，成为千年古刹的不解之谜[78]。后分别于清光绪二年（1876年）因岩崩与1996年四川省文化股份有限公司开发灵岩山旅游资源修建"百态观音"摩崖造像工程时，发现两处藏经洞。这两处藏经洞的石经对于研究我国唐代佛教文化在西蜀地区的传播以及唐代书法、篆刻艺术都具有较高的文物价值。但可惜石经受潮千年，出土即碎，文物部门采取先取文字、照片资料，完后掩埋封存的方法进行就地保护[78]。

灵岩寺现仅存大雄宝殿和钟楼，院中还存有五块石碑，二节石幢身、一块经幢华盖。石碑为清康熙、乾隆、同治年间所刻，其中一碑文中记载："创建于大金明昌年间，重修于万历八年，迄今又三百余年……"

3. 园林游憩区域（FAD）：园林内可供观光游览休憩的区域

（1）离堆公园（都江堰景区）

离堆原为虎头山之虎趾，凿开宝瓶口之后，内江将虎头山一分为二，虎趾留在右岸，称之为离堆。2 000多年来，离堆扼宝瓶之咽喉，成为都江堰渠首之中流砥柱。离堆之上建"伏龙观"巍峨壮观。伏龙观中有一亭名怀古亭，怀古亭右有一小门，门额横书"离堆锁峡"四个大字，入小门便可一览离堆锁峡之壮观美景。"离堆锁峡"是古代"灌县十景"之一[79]。

离堆就是李冰当年率领劳动人民开宝瓶口后，引岷江水灌溉川西平原所凿成的和玉垒分离的孤堆。两旁的"离堆"石碑、"佛教梵文碑"，是后人所立，意在借助神力永镇水害。离堆迎水面宽45米，背水面宽28米，长76米，高出河床16~19米，离堆顶海拔739.50米。离堆本是玉垒山伸向岷江江心的余脉，李冰主持创建都江堰时凿开宝瓶口，使它与主山分离，西汉史学家司马迁称它"离堆"。《史记·河渠书》："蜀守冰凿离堆，辟沫水之害，穿二江成都之中。"[73]早在2 000多年前的秦国，还没有火药，而且铁器的使用也较落后，这玉垒山又属子母岩（砾岩沉积岩），结构十分坚固，于是想到了用"火攻"的方法，先用柴火焚烧岩石，使之炽热，然后浇水醋，如此反复进行，终于在8年后，开了一个宽20米、高40米、长80米的缺口，这口子使玉垒山分出了离堆，也建成了宝瓶口。

离堆的开凿对都江堰水利工程具有非常重要的意义。崔实《政论》："蜀守李冰凿离堆，通两江，益部至今赖之。"左思《蜀都赋》刘逵注引《地理志》："蜀守李冰凿离堆，穿两江，为人开田，百姓享其利。是时，蜀人始通中国，言语颇与华同。"张俞《郫县蜀丛帝新庙碑》："李冰为蜀守……凿二山，骊二江，灌溉千里，变妖为沃，人赖其利。"宋祁《文翁堂记》："李冰为蜀守，凿离堆，遂捍江水以溉田。"《茅亭客话》："李冰自秦时代张若为蜀守，凿山离堆，辟沫水于南，北为二江，灌溉彭、汉、蜀三郡，沃田亿万亩。"

离堆公园在都江堰景区的市区入口处，宝瓶口侧，其所在地古为"果园"，宋代名"花洲"，清末改建为"桑园"，民国初年（1912年）在园内设"蚕桑局"。1925年，驻军旅长邓国璋为使离堆古迹便于国内外人士游览，改桑园为公园，并请邓锡侯题"都江公园"四字，以作园名。1930年经灌县临时参议会议定，由县人林良青负责筹建"都江公园"，经费从清理公产的款项和部分罚款中解决。林良青主持选定园址，制定规划，将中部大片桑园平整为运动场，拆除了宋公祠和伏龙观前的擂台和围墙。该工作后由张自耕继任，进展缓慢。其后驻军龚渭清部军法官雷次山接手主持，先后建起了带江亭临江阁、清晖亭、茅亭，开凿了荷花池，在池中建造了比翼亭和曲折有致的"之"字桥，修建了江源宾馆、澄清楼、王爷庙、长楼等，还培修了伏龙观。园中还设了简易的动物园、百鸟笼，培植了楠木、杉树和花草。至1932年，公园初具规模，邓锡侯和李铁樵来灌县巡视，县人请邓锡侯为公园提名，即定为"离堆公园"，并由李铁樵撰书楹联悬于大门："完神禹斧椎功，陆海无双，河渠大书秦守惠；揽全蜀山水秀，导江第一，名园生色华阳篇。"落成后于进门左侧竖六方塔，塔上镌龚渭清题："我来自东，经之营之。慎尔优游，俾民还迷。"以作纪念。今"离堆公园"四字为郭沫若手迹[87]。

都江堰离堆公园内亭榭错落有致，古木桩头，奇花异卉，水池喷泉，布局精巧，别具情趣。园中有紫薇花瓶、紫薇屏风，以及经二三百年培育而成古银杏桩，独具匠心。这株古银杏桩头，传说为东汉末年张松手植，至今仍亭亭玉立，枝繁叶茂，像一支仙鹤，托这里山水的灵气，听说还结出了果实。紫薇花瓶、紫薇屏风和银杏桩，人称"园中三宝"。

（2）世界级玫瑰主题公园——都江堰玫瑰花溪谷

都江堰玫瑰花溪谷是中国首个以玫瑰为主题的大型观花公园，拥有中外玫瑰品种近3 000个、共计100万余株。景区位于四川省都江堰市天马镇禹王村，占地3 100亩①，于2019年9月正式建成对外开放，是中国首个世界级玫瑰主题公园。

景区涵盖一区两带八园十谷，包括英国园、法国园、中国园、日本园、宠萌动物园等九大园区，还原各国主题园林风格并展现各国玫瑰精粹，拥有丛林穿越、高空滑索、研学旅行、儿童游乐、民俗表演、声呐喷泉等特色娱乐项目。

---

① 1亩约合666.67平方米。

4. 社会与商贸活动场地（FAG）：进行社会交往活动、商业贸易活动的场所

（1）灌县古城（灌县古城旅游景区）（FFA）

"灌县古城"位于都江堰市城市核心区，曾经是湔氐羌民族县——湔氐道的治所，古城作为县治的历史也由此开始。历史上的灌县名称更迭多变，曾叫湔县、堰官县、汶山县、永康军、灌州、导江县、青城县等。而古城区灌口镇曾为州、郡、县治所。直至明太祖洪武九年（1376年），灌州改称灌县，县治设灌口镇，后沿袭之，一直沿用到新中国建立后。1988年，灌县撤县建都江堰市，灌口镇设为市治所在地。2012年，"5·12"汶川地震灾后重建工作基本完成，建成后的都江堰古城区被命名为"灌县古城"。

老灌县县城是省城至阿坝州的咽喉要地，历史上的灌县虽几易其名，却始终在四川西部占据了"西来第一门户"的重要地位。《灌记初稿》载："沿革虽易，而形势之胜，实西来第一门户。"灌县既是茶马古道的起点，又是最重要的物资集散地和商旅驿站，商业贸易十分发达。史料记载，清代至民国时期，阿坝州等地出产的山货、药材主要在此销售，虫草、贝母、鹿茸、麝香等销量巨大，本地特产的川芎、泽泻和茶叶也在县城行销。历史上由于灌县经贸业发达，带动餐馆、旅店、茶肆、酒楼、布庄、钱庄等产业随之兴隆，古城内外店铺林立、繁荣兴旺，商贾往来、不绝于斯，素有"小成都"之称。

古城从2009年年底开始实施整体打造，界面建筑全部按照川西明清风格打造，同时引水入城，蜿蜒回旋，置身其中，仿佛实现了历史穿越，现代的烦恼和喧嚣也同时驱散一空。在"一环、一纵、若干小街串联贯通"的老灌县城市构架下，灌县古城随处可见具有明、清元素的建筑，凸显了灌县古城历史文化底蕴。

在"5·12"汶川地震中，都江堰市古城区受到了严重破坏，为更好地抢救、修复、保护、挖掘和传承古城区历史文化底蕴，实现居住和业态的可持续发展，都江堰市委、市政府实施了灌县古城恢复重建工程，历史得以延续，文化得以弘扬。辖区内保留了与水文化密切关联的文物古迹和不同时期建筑风格的古巷深院和公共建筑，延续了纯朴的民风民俗，是都江堰2 000年来沧桑变化的见证。

（2）西街（灌县古城旅游景区）

都江堰西街自都江堰南桥北端起至玉垒山西关，与伏龙观隔江相望，是一条有着几百年历史的古街，是南方丝绸之路入藏的起点，是典型的茶马古道，也被誉为古代茶马道上的第一街。

西街长不足 500 米、宽不过 10 多米，是一条短而窄的小街道，房屋多为二层木结构建筑，是典型的川西小镇民居建筑。出西街便是著名的松茂古道，昔日的繁华就是从这条窄小的西街起步[79]。

清代为西正街，从南门口西侧至西门，长约 390 米，街道狭窄。清末至民国时期，此街多玉石加工及销售作坊，故又名"玉石街"。文化大革命中改名为"团结路"，后复旧名。

这是一条石板路面的老街，街两边的建筑多为一至二层的木结构，较完整地体现了清末民初的历史风貌，保存了比较完整的旧成都风貌，游客在这里可以看到典型的老四川城镇生活。西街是都江堰文化遗产重要组成部分。

西街上的门牌一直编到 212 号。一些门洞里，又藏着"附一""附二""附三"号。作为历史上沟通汉族和藏羌势力的唯一一条官道——松茂古道的起点，"三脑九坪十八关，一锣一鼓到松潘"[79]，就是当年商人走山贩货的历史写照。西街居民的祖先看中了地利之便，经过世代努力把这里打造成近代都江堰著名的商业街。作为商旅穿梭的贸易通道，西街上自然少不了旅店。西街上曾经小客栈林立。那时客栈没有豪华房、标准间之分，靠近主人家的房子贵一点，反之也就便宜一些。西街上的职业不止于此，除了玉石铺、铁匠铺，另外还有卖汤圆的、点豆腐的、打棕垫的、编篾筐的。

1955 年成都到阿坝州的公路通车。汽车跑起来，马帮就失去了作用。作为"一五"计划的重要项目，成阿公路是 1952 年动工的。筑路大军走入重重大山，物资给养也依靠人背肩扛。一些西街居民曾经为筑路队背过粮食，某种意义上，可以说是他们自己终结了西街的辉煌。从 1953 年开始到 1956 年结束的社会主义改造，国家通过公私合营，把手工业者都变成了工人。公私合营按照归口管理的原则进行。于是玉匠去了玉雕社，木匠去了建筑社，开旅店的去了服务公司。后来国家在工业局和轻工业局之外，又成立了"二轻局"，专门管理联合起来的城镇手工业者。

西街民宅多是上百年历史的木房，"5·12"汶川地震对西街的破坏不大。震后都江堰市对西街进行了重新规划，将旅游模式从过去的以观光为主，转变为后来以休闲度假为主。原汁原味的西街就是一个隆重推出的亮点，其中蕴含的价值不亚于成都的宽窄巷子。作为古城区整治改造和恢复重建的核心地区，不久以后的西街必将成为都江堰这一历史文化名城的标志之一[79]。

5. 景物观赏点（FAK）：观赏各类景物的场所

（二）景观与建筑附属物（FC）

1. 佛塔（FCA）：通常为直立、多层的佛教建筑物

具有代表性的有千佛塔（都江堰灵岩山景区）。千佛塔位于都江堰市北5千米灵岩山灵岩寺左侧。此塔系唐开元年间（713—741年），印度僧人阿世多尊者重建灵岩寺时修建，为石雕覆钵式实心塔，通高3米，塔身底层直径2.4米；下设须弥式塔基，上置覆钵形塔身，共13层，下大上小，各层雕满结跏趺坐佛像，各层依次缩小，大小佛像约近千个，故名"千佛塔"。

千佛塔上的佛像高数厘米，精雕细刻，衣纹清晰，神态慈祥。塔顶饰莲花瓣两层，上置莲座，置铁铸释迦牟尼佛座像一尊。千佛塔在宋代很有名，诗人范成大有"五桥今日新知路，千佛当年旧缀名"之句。造型奇特，雕琢精细，为蜀中鲜见。灵岩寺在"5·12"汶川地震中损毁严重，而千佛塔幸存[79]。

2. 塔形建筑物（FCB）：为纪念、镇物、表明风水和某实用目的的直立建筑物

具有代表性的有奎光塔。"水走山飞去未休，插天一塔锁江流"，这是清代文人郭维藩赞美灌县奎光塔的诗句。奎光塔坐落在四川省都江堰市城西的奎光路奎光塔公园内。塔始建于明代，后毁于兵火，重建于清道光十一年（1831年），青砖结构、楼阁式，每块砖上都刻着楷体的"清"字。塔身为平面六角形，共17层，高52.87米，重3 660余吨，为17层6面体密檐式砖塔，是我国现存古塔中层数最多的砖体建筑，也是全国历史文化名城都江堰市的标志性文物建筑。

奎光塔造型古朴，雄伟壮观，塔内1至9层为双筒式，内有螺旋形石梯，塔内设有塔心室和观景回廊，可供游人登高眺望，内壁有云龙塑像，9层以上中空，可直视塔顶。在每层塔的6个角端，还安有铁风铃，风吹铃响，悠远绵长。奎光塔是一座具有较高文物价值、艺术观赏价值和鲜明地方特色的川西古塔，1985年公布为成都市文物保护单位，2002年公布为四川省文物保护单位，2013年5月，国务院公布其为全国重点文物保护单位[78]。

奎光塔修建的目的是振兴文风和点缀风景。都江堰地区的山水美是一绝，但是在修建奎光塔以前，都江堰地区几乎没有出现过有名的文人墨客，这使当地居民深以为憾。明代，官府在灌县南部修建了一座宝塔，名为"奎光"。自那以后，灌县出现了多个举人、进士。不久，一场突然暴发的洪水冲毁了奎光塔。清道光十一年（1831年），灌县县令周因培主持重建奎光塔，1832年冬，重建工程完工，周因培希望它能够重振文风，与都江堰工程一样成为灌县的著名风景。奎光塔作为一座文物古塔，历史悠久。据考证，它也是目前国内层数

最多的古塔，几百年来，奎光塔一直被看作是振兴文风的象征，当地人民对它有着深厚的感情。

2005 年，都江堰市建成以奎光塔为主体的奎光塔公园，为都江堰市民又增添一处休闲游乐的好去处，同时也为都江堰增添了新的文化旅游景点。2008 年，汶川大地震中有近 200 年历史的奎光塔受损严重，地震后，政府部门开始对奎光塔及公园内的陈列馆进行加固维修并进行矫正。据了解，这套矫正方案叫作"套转自重迫降纠偏术"，技术难度很高：先用钻机在奎光塔的塔座四周钻数个孔，穿入钢轨，再用从上海运进的 25 个千斤顶将钢轨顶住，这样，奎光塔 3 460 吨的重量就全部集中在了钢轨和千斤顶上。在此基础上，将钢轨下面用来充当塔基的砖块掏出，让塔身自动恢复直立。据介绍，整个工程需要精密的测算和保护，千斤顶必须一毫米一毫米地将塔身向下落，以保证精准和安全。此外，此次维修还在塔身安装了防雷设施和光彩工程，使古塔又焕发出往日的神韵与魅力。

3. 楼阁（FCC）：用于藏书、远眺、巡更、饮宴、娱乐、休憩、观景等目的而建的二层或二层以上的建筑

具有代表性的有玉垒阁（灌县古城旅游景区）。玉垒阁位于都江堰景区内的玉垒山顶，地上六层，游客登顶可俯看都江堰水利工程和城区的全景。玉垒阁占地面积 862 平方米，总建筑面积为 1 000 平方米，可同时容纳 2 000 名游客。从地面到宝塔的顶尖，总高度为 46.6 米，其中，阁顶高度为 35.2 米，其底层直径为 21.1 米，顶层直径为 12.6 米。根据玉垒阁修建方案，玉垒阁为坚固的钢结构。为保证屋面不漏水，屋面防水层铺设了 0.5 毫米厚的铝皮。另外，屋面还安装了泥塑脊、爪角以及飞禽走兽。

玉垒阁是一览都江堰城市风光的城市地标[85]。玉垒阁所在的玉垒山古称湔山，位于都江堰市区西南方向，横亘在成都平原和川西高原之间，奔腾的岷江经山脚流过。上古时期，大禹曾在此"岷山导江，东别为沱"，成就刻画九州之壮举。公元前 256 年，秦蜀郡守李冰率众修筑都江堰水利工程，孕育出天府之国。

公元 761 年，杜甫登临玉垒，"锦江春色来天地，玉垒浮云变古今"遂成千古华章。悠悠乎千载，忽忽然而逝。如今，乘坐着掩映在玉垒山如画的山景中的步云廊扶梯，仅需几分钟就能到达新建于山顶的地标建筑玉垒阁。在徐霞客地理发现之前，岷江一直被作为长江的源头，尽管现在已经证明金沙江是长江地理上的源头，但是长江的文化源头依然是以都江堰为中心的岷江地区，从这个意义上来说，位于岷江之畔的玉垒阁可称得上"万里长江第一楼"。

玉垒阁阁名由当代著名古建筑学家、文物学家罗哲文先生题写。主体建筑为连底七层六角形仿古阁楼，雄浑巍峨，金碧辉煌；文物荟萃，礼乐雅集。都江堰作家马瑛先生作有《玉垒阁赋》为之增色：

蜀山西来，岷水东倾，玉垒云浮，锦江春色。今阁建玉垒之巅，峰呈凌云之势，纵横交错，尽领西岭之豪放，宽广深幽，总汇川西之灵气。东控天府平畴，西接岷峨雪岭，南牵青城幽意，北襟龙门九鼎，煌煌中踞，柱地接天。玉垒阁窗纳秦水汉月，与老君金阁遥相呼应，檐挑唐风宋雨，与灵岩千佛互为犄重。俯仰之间皆青史，五千年弹指而去。蚕丛开国紫坪，望帝泣血西山，开明穿峡虎头，夏禹东别为沱。古蜀文明源远流长，江源伟业后继有人！李冰选址作堰，锸开羊摩，火凿离堆，竹笼伏波，杩槎断水。由是堋成堰立，水分四六，不知饥馑，成就人间天府。东流不尽秦时水，六国终归大一统，两千年古堰，灌溉中国。张（道）陵混元创道，百岁入蜀，挥毫写道书，尔注效老子。鬼帅八部，望风而遁。道教祖庭，落地根生。玄境无锁，悠然白云封，登仙有路，众妙之门启，八百里青城，道行天下。英雄里，山若龙蟠荡浩气。川主早成神，功高蜀王让祠，文翁石室教化，诸葛古堰驻兵，千祥铸就铁牛，宫保余银修桥，张沅父子提灯巡堰，贺龙元帅率军岁修。万千堰功人物在，方使古堰成不朽。风流地，江如翡翠绕诗魂。光庭杜撰，素卿墨龙，唐俅诗瓢，薛涛步虚，子美抬级丹梯，放翁云作玉峰。董湘琴松游小唱，歌绕白山黑水；南怀瑾灵岩泉润，成就国学泰斗。八年抗倭，荫塘荟萃才俊；东瀛投降，将军闻胜建亭。更有大千梅林，年年香回小楼；悲鸿神骏，岁岁还闻马嘶。盛世之中，方有大为，统筹城乡展新篇。戊子大灾，沐浴大爱，重建家园起宏图。几多辛劳血汗，铸就中国奇迹，几多英雄业绩，概然载入青史！八百里青城重辉，两千年古堰春回。江山多娇，美丽中国，国人奋进，民族复兴。伟大梦想，扬帆远航。

玉垒阁第一层楼文化主题为"千秋丰碑"。其间有党和国家领导人视察都江堰的纪实照片，如《毛泽东视察都江堰》《江泽民视察都江堰》等。玉垒阁第二层楼文化主题为"人文风流"。其间选用著名国画家作品五幅，最为我们所熟知的便是张大千的《长江万里图》和徐悲鸿的《天师银杏》。玉垒阁第三层楼文化主题为"明月清风"。其间展示了在全国流传甚广的都江堰民间传说木雕5幅，分别为《二郎担山赶太阳》《望娘滩》《寒潭伏龙》《夫妻桥》和《白龙池》。玉垒阁第四层楼文化主题为"唐风宋雨"。其间展示了五幅唐、宋诗人吟咏都江堰、玉垒山、青城山的诗歌，其中杜甫的《登楼》、李商隐的《寓意》和李白的《皇西巡南京歌》最负盛名。玉垒阁第五层楼文化主题为

"汉关苍雄"。其间展示了中国道教是如何在青城山发祥和弘扬的汉砖雕刻作品，分别为《仙源故乡》《远古禹步》《天师降魔》和《张（道）陵创道》。玉垒阁第六层楼文化主题为"秦水流金"。其间镶嵌有玉雕作品《李冰治水图》多幅，生动再现了李冰修建都江堰时的场景。

玉垒阁所悬匾额内容取自中国古代诗歌，彰显出都江堰深厚的历史文化底蕴，如"人归玉垒"取自范成大诗"雨脚背人归玉垒"，由中国当代篆刻家、书画家钱君陶先生题写。"天回玉垒"取自李白诗"天回玉垒作长安"，由当代书法家、书法评论家、书法教育家欧阳中石题写。"玉垒浮云"取自杜甫诗"玉垒浮云变古今"，由当代诗人、剧作家贺敬之题写。"天外玉垒"取自李商隐诗"天外山唯玉垒深"，由当代作家、革命家马识途题写。"玉垒晴望"取自岑参诗"玉垒天晴望"，由当代高僧、中国佛教协会会长传印题写。"玉垒西屏"取自宋育仁诗"玉垒蜀西屏"，由当代作家、画家舒乙题写。

玉垒阁的地势开阔，位置绝佳，可一览都江堰市的魅力风光。从玉垒阁向北可望见属于东岷诸山的龙门山脉，及西蜀名山灵岩山；向西可望见西岷诸山、都江堰水利工程、赵公山；向南可望见岷江正流外江和郁郁葱葱的道教发祥地青城山，及川西平畴；向东可望见文庙、魁星阁、灌县古城等景点和都江堰市区全景。登临玉垒阁顶，凌风凭栏，极目四望。天地间有逶迤岷山，千里川西沃野。山水畔有流金秦堰，泽润天府之国。天地壮美，江山如画。追思古今变幻，胸怀激荡，正如玉垒阁中一幅对联说的那样——栖霞挂玉，决垒流金，御祥云而导水；凿石凌霄，雕梁画栋，抱嘉月以行天。

4. 城堡（FCF）：用于设防的城体或堡垒

具有代表性的有宣化门（灌县古城旅游景区）。都江堰东门名"宣化门"，原址在今幸福路与建设路交叉口，即今新建城门处，其门上城楼为"省耕楼"。宣化一词意为"传布君命，教化百姓"。出东门过太平桥（今蒲柏桥）往东为通往省城成都的大道，东门乃迎接皇帝及朝廷命官之门，县州之民，依理接受朝廷教化，是谓宣化门。

宣化门是县城最繁忙的城门，门内东街（今幸福路）也是县城最繁荣的街道。其城楼"省耕楼"典出古代帝王视察春耕，《孟子·梁惠王下》："春省耕而补不足，秋省敛而助不给。"至清代，省耕则为皇帝带头亲耕。在二月或三月，选定的吉利亥日，清早，皇帝就着礼服，乘舆前往京城南的先农坛。在行过祭享先农等礼仪后，皇帝来到观耕台前的籍田里，面南站立，户部尚书跪进耒，顺天府尹跪进鞭，皇帝右手秉耒，左手执鞭，前面耄老二人牵牛，旁有农夫二人扶犁，后面顺天府丞拜着青箱，户部侍郎负责播种，在礼部、太常寺、銮仪卫的六位堂官导引护驾下，在一片鼓乐赞歌声中，往返三个来回，便完成了"三推三返"的亲耕礼。在以农立国的封建时代，皇帝春耕，是一项国家典礼，以表达天子劝农劝稼、祈求年丰之意。

唐宋以前，灌县古城并没有所谓城，依山傍水，巨木为栅。明弘治中，知县胡光砌石成墙，高一丈六尺（约5.3米），整个城墙周长4千米，设有宣化、导江、宣威、镇江四个城门，奠定了县城的格局。

由于冷兵器时代结束和火器时代的到来，更为重要的是新中国成立后，迎来了和平安定的国内和国际环境，城门和城墙逐渐丧失防御功能，因而失去其必要性，城池的修缮不再受到重视，宣化门被人为拆毁。"5·12"汶川地震灾后重建时，"宣化门"得以恢复重建，成为灌县古城的标志性建筑，笑迎八方来客。今天的宣化门巍然耸立，"宣化"二字依然有宣传教育大家讲文明、懂礼仪、知荣辱的深意，也成了游客到都江堰市必"打卡"的景点之一。

5. 摩崖字画（FCG）：在山崖石壁上镌刻的文字，绘制的图画

具有代表性的有三佛洞。三佛洞摩崖造像位于四川都江堰市大观镇滨江社区，是成都平原地区保存较好的晚唐五代摩崖石像[88]。

（三）居住地与社区（FD）

1. 传统与乡土建筑（FDA）：具有地方建筑风格和历史色彩的单个居民住所

具有代表性的有大观镇。大观镇位于都江堰市西南，是都江堰—青城山旅游产业带南部轴心。1950年分属大观乡、两河乡。1958年复改大观公社、两河公社，1983年改大观乡、两河乡。1996年，大观乡面积16.3平方千米，人口1.8万人，境内林木茂盛。

大观镇古为蜀国地，历史悠久，建制归属历代更替，至1949年1月建乡兴场。2001年7月，大观乡经省政府批准撤乡建镇。镇内主产水稻、小麦、玉米等粮食作物，以及油菜、川芎、泽泻等经济作物，其中生猪、禽蛋、蔬菜、花木等为优势产业，乡镇工业以铁合金、金刚石刀具、木器加工、白酒酿造、环卫设备为主。景区内有川西四大名寺之一的普照寺，山青树稠、古柏森森、建筑奇特、布局精妙、历史悠久。

2019年12月，大观镇被撤销并划归青城山镇管辖。本书所指大观镇主要为大观镇景区。

2. 特色街巷（FDB）：能反映某一时代建筑风貌，或经营专门特色商品和商业服务的街道

（1）夜啤酒长廊（灌县古城旅游景区）

都江堰河的两岸被因地制宜地开发成了夜啤酒长廊，夜啤酒长廊雕梁画

栋，有着浓郁的川西建筑特色，与如诗如画的山水城林堰融为一体，相得益彰，让人心旷神怡。每当夜幕降临时，啤酒长廊就会有各类精彩表演来吸引顾客，如变脸、拉二胡、唱川剧、耍杂技、演奏萨克斯、街舞、魔术表演等，让人在畅饮啤酒的同时，饱览古堰秀色，领略民俗文化。

都江堰市的南桥夜啤酒长廊，是都江堰美食文化的一张名片。每年的五月至十月，是夜啤酒长廊最热闹、生意兴隆的时节，从南桥至蒲柏桥、走马桥沿河两岸延绵数百米，近千家经营夜啤酒的大排档吸引着来自各地的人们。

都江堰市夜啤酒长廊在南桥两侧，坐在那河边喝着茶、或合着小食饮着啤酒听着岷江水滔滔的水流声，特别是在夏天，清凉而惬意。每到夜幕降临，两岸的蓝绿色的岸灯衬着波涛汹涌的江水，美不胜收。

（2）杨柳河街（灌县古城旅游景区）

"郡守建湔堋惠泽天府、将军植万柳树绿满灌州"，杨柳河，这条初建于先秦秦国时期、见证了整个都江堰城市发展历史的河流，是都江堰市穿城而过的五条河流中唯一的一条南北走向的河流。而杨柳河街就是由这条河道串联起的一条古老而弥新的街道。

在这里，岷江水穿城而过，滋养出包罗万象的商业元素。小桥流水、楼阁亭台、低垂杨柳，仿古商铺、建筑等完美融合，构成了极具特色的仿古休闲步行街。这里有中式的茶馆小吃、西式的咖啡牛排、极具都江堰元素的文创旅游产品，还有甜蜜工坊、亲子乐园、服装商铺等。两岸和谐相融的建筑风格、川西民居的建筑色调折射出了深邃的建筑思想，而独具匠心、风格独特的文化雕塑则反映了都江堰市厚重的历史文化底蕴。杨柳河滋养出来的文化商业氛围逐渐延伸，辐射到周围的大观街、瑞莲街、五桂桥等，甚至是在背街小巷的一角，都可以感受到杨柳河文化的魅力。

3. 名人故居与历史纪念建筑（FDD）：有历史影响的人物的住所或为历史著名事件而保留的建筑物

（1）伏龙观（都江堰景区）

伏龙观在四川省都江堰市都江堰离堆北端，又名老王庙、李公祠、李公庙。宋代以前伏龙观是李冰祠，后逐渐演化为道观。李冰祠建在宝瓶口离堆上，因李冰与孽龙相斗的神话而选择了这个位置，传说李冰父子治水时曾制服岷江孽龙，将其锁于离堆下伏龙潭中，后人依此立祠祭祀。

伏龙观与岷江左岸的玉女祠遥遥相望，显示出汉代神人合一的民间信仰。前蜀人创造的李冰显灵的神话，推动了李冰祠演化成道教的宗教场所。北宋时，李冰祠改称李冰庙，南宋时道教将这里作了道观，因李冰显灵的神话，称

"伏龙祠"。宋代离堆伏龙祠还是供奉李冰的场所。明清时祠堂变成了"伏龙观",民间称之为"大王庙",以与二王庙区别,后来逐渐演变成为民间祈雨的场所。因为李冰在离堆下锁住了孽龙,而使成都降雨少,因此伏龙观还是成都平原乃至四川祈雨的道观之一。同治五年(1866年)四月,成都平原久旱无雨,城内求雨无应,建昌观察使黄云鹄"单骑驰请,斋宿观中累日,临崖盼雨",并题"川西第一奇功"[89]。伏龙观后经历代维修扩建,始成今日规模。

伏龙观建在离堆之上,三面悬绝,一面用42级宽三丈一尺五寸石阶和开阔的大坝相连,显得特别雄伟庄严。主要建筑布置在一条中轴线上,占地面积3 000平方米,建筑面积1 900平方米。其主要有殿宇三重,分别由老王殿、铁佛殿及玉皇殿组成,各建筑顺应地形走势,沿纵深方向排列。其中老王殿、铁佛殿均为清代木构建筑。老王殿面积386.06平方米,重檐歇山顶建筑。殿内陈列东汉李冰石像、持插石人像和汉代画像石等珍贵文物。铁佛殿面积304.43平方米,悬山屋顶带前檐廊。

伏龙观是都江堰景区的重要观览景点之一,是当地居民观览"宝瓶口""飞沙堰"等水利工程、眺望岷江景色、缅怀李冰父子历史功绩的重要场所,1982年2月23日被国务院公布为全国重点文物保护单位[90]。

伏龙观原有殿宇两重,清同治间建成李冰殿,共有主殿三重。1959年培修时,将玉皇殿、喜雨楼合并,改建为钢筋混凝土砖木排架。一楼一底的后殿。前殿陈列着1974年修建外江节制闸时从河床中挖出的李冰石刻像,高2.9米,重4.5吨。石像造于东汉灵帝初年(168年),距今已1 800多年,是我国现存最早的圆雕石像,非常珍贵。后殿陈列有都江堰灌区的全景模型。伏龙观的左侧是宝瓶口,江水奔腾澎湃,气势磅礴。观后最高处建有观澜亭,两层八角,凭栏远眺,可见鱼嘴、索桥及岷江激流、西岭雪峰。1973年重建了庙前带江亭等建筑,近年来,新辟了花榭等,方便了游客观赏"离堆锁峡"风光。

(2)山荫亭(青城前山景区)

山荫亭位于青城山景区天然图画坊至天师洞之间,西距天师洞1.2千米,东离"天然图画"100米,是青城山最具代表性的"茅亭"建筑之一。亭建于民国二十九年(1940年),占地面积42平方米,建筑面积26.8平方米,亭边长2.05米,对角线5.36米。抬梁式木梁架、八角重檐攒尖顶,树皮屋面。

(四)交通建筑(FF)

1. 桥(FFA):跨越河流、山谷、障碍物或其他交通线而修建的架空通道

具有代表性的有凝翠桥(青城前山景区)。凝翠桥位于建福宫至天师洞之间的游山石道上,是都江堰市典型的古桥之一。桥北依岩壁,下临深堑,四周

古木参天，林荫蔽日。始建不详，清光绪二十六年（1900 年）重建。桥呈西北—东南走向，为木结构单墩、廊式桥，长 9.3 米，宽 2.4 米，面积 22.32 平方米；木质桥板，距沟底 3.55 米；桥廊为茅亭类建筑，抬梁式木梁架，歇山顶，树皮屋面，高 4.21 米；两侧置飞来椅作桥栏，靠高 1 米。

2. 栈道（FFE）：在悬崖绝壁上凿孔架木而成的窄路

具有代表性的有接仙桥（青城后山景区）。接仙桥位于都江堰市青城山镇青城村五洞天，上依岩岭、下临深谷，四周古木参天，为四川省省级文物保护单位。接仙桥始建年代不详，现存为清代重建。桥为条石砌筑单拱桥，宽 3.5 米，长 14.1 米，跨长 5.25 米，高 4.7 米，面积 49.35 平方米；两侧桥栏高 0.8 米，内嵌石刻浮雕图案各 9 幅；两端分置垂带踏道，前 12 级、后 13 阶。该桥在选址、艺术特色及功能使用方面达到了很高成就；对于研究青城山道教的发展过程和道教建筑，特别是道路、桥梁的营建，具有重要意义。

接仙桥也属道教文化遗址。传说有虔诚的朝圣者踏上此桥，便听见天际传来袅袅仙乐，过桥后，又看见许多仙人在彩池边舞蹈，七色祥云中，仙人们迎接他进入了瑶池仙境。

（五）水工建筑（FG）

1. 水库观光游憩区段（FGA）：供观光、游乐、休憩的水库、池塘等人工集水区域

具有代表性的有紫坪铺水库。紫坪铺水利枢纽位于都江堰市麻溪乡，岷江上游干流处。工程以灌溉、城市供水为主，是兼顾防洪、发电、环保用水、旅游等综合效益的水利工程。紫坪铺水利枢纽为西部大开发十大工程之一，被列入四川省一号工程。工程于 1950 年代开始筹建，因其坝基在紫坪铺镇（前称白沙镇）紫坪村而得名。

具有 2 000 多年历史的都江堰，以无坝引水、自动调洪、排沙、灌溉为特征享誉全球，更造福了灌区千万人民，四川因此得了"天府之国"的美誉。"青城山·都江堰"于 2000 年申报世界自然、文化遗产，但因紫坪铺水利工程对生态环境的影响，只获评世界文化遗产，而未能进入世界自然遗产名录。

2. 灌区（FGE）：引水浇灌的田地

具有代表性的有都江堰水利工程（鱼嘴、飞沙堰、宝瓶口）（都江堰景区）。都江堰水利工程位于四川成都平原西部都江堰市西侧的岷江上，距成都 56 千米。工程建于公元前 256 年，是战国时期秦国蜀郡太守李冰率众修建的一座大型水利工程，也是现存的最古老而且依旧在灌溉田畴、造福人民的伟大水利工程，还是全世界至今为止年代最久、唯一留存、以无坝引水为特征的

宏大水利工程。

都江堰水利工程距今已有 2 000 多年的历史，是我国古老的大型水利工程，其创建与发展，凝聚着中华民族智慧的结晶。都江堰的兴建利用了优越的地理位置和自然条件，古堰渠首位于岷江干流冲积扇的顶点，成都平原地势是西北高、东南低，江水顺地形居高而下，自流灌溉整个平原。囿于当时历史条件，受技术水平和建筑材料的限制，所建各类建筑物，皆因地制宜、就地取材，施工简易，运用了精湛的河工技术。都江堰位于岷江上游，该地雨量丰沛，有较充足的降水且年际变化不大，常年还有雪山融雪补充水源，满足灌溉需水。渠首布局合理，所修鱼嘴、飞沙堰、宝瓶口三大工程，分水、引水、排沙、泄洪协调。都江堰历代重视岁修管理工作，有健全的管理机构，严密的岁修制度，由于常年维修加固，古堰得以长期发挥效益。上述特点，正是古堰永存的重要原因①。

都江堰水利工程的修建，充分反映了人与自然的和谐统一。都江堰充分利用当地西北高、东南低的地理条件，根据江河出山口处特殊的地形、水脉、水势，乘势利导，无坝引水，自流灌溉，使堤防、分水、泄洪、排沙、控流相互依存，共为体系，保证了防洪、灌溉、水运和社会用水综合效益的充分发挥。都江堰的修建，以不破坏自然资源、充分利用自然资源为人类服务为前提，变害为利，使人、地、水三者高度和谐统一。

新中国成立后，都江堰经过大规模维修、整治、改造、扩建，加强管理，发挥更大效益，成为具有农业、工业、人民生活供水等多种用途的综合性大型水利工程。2000 年 11 月，联合国将"青城山—都江堰"列为世界文化遗产。

都江堰工程的主要作用是引水灌溉和防洪，另外也兼具水运和城市供水的功能。它将岷江水一分为二，引一分流让成都平原的南半壁不再受水患的困扰，而北半壁又免干旱之苦。几千年来，岷江在这里变害为利，造福农桑，将成都平原变成"水旱从人，不知饥馑，时无荒年"的天府之国，并进而促进了整个四川地区的政治、经济和文化发展。都江堰初成时以航运为主、灌溉为辅。《史记·河渠书》记载：穿二江成都之中，此渠皆可行舟，有余利用溉浸，百姓获其利。岷江和长江因之得以通航，岷江上游盛产的木材得以漂运成都，这使得成都从秦朝时起便成为蜀地交通的中心。

----

① 本段及以下关于都江堰水利工程之内容，若非特别注明者，均参看四川省水利厅、四川省都江堰管理局编著（孙砚方主编）的《都江堰水利词典》（科学出版社 2004 年版）。

除了水运之利，都江堰于农业灌溉的效益随着灌溉渠系的发展更加为世人所倚重。岷江左岸水源流出宝瓶口至玉垒阁东侧之后，沿李冰开凿的两条干渠流向成都。西汉时，蜀郡太守文翁，将岷江水引至成都平原东部。东汉时，蜀之太守往川上凿石二十里，使灌渠延伸到现在双流的牧马山高地，同时将岷江右岸的引水渠系在李冰时代开辟的羊摩江基础上不断向成都平原西南部延伸。宋朝时都江堰灌区又有显著发展，据王安石的《京东提点刑狱陆君墓志铭》，当时灌区已达1府、2军、2州共12个县，其中仅陆广负责的灌区就有1.7万顷（约今137.7万亩①）。清朝时，灌溉范围达到14个州县约300万亩。到了民国时期，民国二十七年（1938年）统计的灌溉面积为263.71万亩；民国二十八年（1939年）出版的《都江堰水利述要》记述受益于都江堰的田地"计有西4层之……约520余万亩"。新中国成立后继续扩建和改造都江堰的灌溉系统。20世纪60年代末，都江堰灌溉面积达到678万亩；到20世纪80年代初，灌区扩展到龙泉山区以东地区，并建成水库近300座，灌溉面积扩大到858万亩；此后进一步的灌区改造将灌溉区域扩大到1 000多万亩，总引水量达100亿立方米，都江堰随之成为目前世界上灌溉面积最大的水利工程。

这项工程主要由鱼嘴分水堤、飞沙堰溢洪道、宝瓶口进水口三大部分和百丈堤、人字堤等附属工程构成，科学地解决了江水自动分流（鱼嘴分水堤四六分水）、自动排沙（鱼嘴分水堤二八分沙）、控制进水流量（宝瓶口与飞沙堰）等问题，消除了水患，使川西平原成为"水旱从人"的"天府之国"。都江堰鱼嘴、飞沙堰、宝瓶口三大主体工程有机配合，相互制约，协调运行，引水灌田，分洪减灾，具有"分四六，平潦旱"的功效。

都江堰堰首是指岷江出山口后的白沙乡至都江堰市区的一段工程，包括分水鱼嘴、内外金刚堤、飞沙堰、宝瓶口等。内外江各干梁渠首，也有相应的枢纽工程，其布局往往参照堰首格局。都江堰堰首自李冰始创"壅江作圳"，历经2 000多年的变迁，直至近代均未建拦水闸坝，仅采取鱼嘴分水形式。20世纪前期内江引水有飞沙堰、外江有小罗堰以泄洪排沙；内江主灌区更有离堆宝瓶口节制，保证广大灌区"水旱从人"。新中国成立后，充分利用现代水利科学技术，在各大干梁梁首建闸，调节径流，发展渠系，扩灌渠网分布至整个成都平原，穿越龙泉山，引灌至川中丘陵，成倍地扩大了都江堰灌溉面积。1973年冬至1974年春，为充分利用岷江水源，在都江堰鱼嘴右侧建成外江节制闸，使岷江洪水得到初步调控，岷江水源亦得到了充分有效的利用。

---

① 1亩约等于666.67平方米。

现代都江堰首部枢纽的鱼嘴分水堤、飞沙堰坝、宝瓶口三大主体工程，习称"枢纽三大件"。鱼嘴分水堤有自然分水分沙作用；飞沙堰坝可将进入内江的超量洪水和泥沙翻入外江；宝瓶口则进一步限制超量水流进入内江干渠；三者有机配合，灵活运用，形成一个有效的系统工程，使都江堰灌区达到"水旱从人"的目标。

鱼嘴分水堤：鱼嘴分水堤是现代都江堰首部枢纽中的分水建筑物，因其形如鱼嘴而得名。鱼嘴分水堤位于二王庙前岷江干流江心，将岷江一分为二，分为约130米宽的内江（左）和约100米宽的外江（右）。分水堤迎水尖端呈椭圆形，分水鱼嘴头部底宽15.1米，高7米，长30米，略呈鱼背形，为浆砌条石结构。堤身为沙石垒砌，逐渐扩宽为140米，两侧有浆砌大卵石护堤。左侧称内金刚堤，长710米，与飞沙堰顶相接；右侧称外金刚堤，长880米；亦与飞沙堰溢洪道相连。

外江俗称"金马河"，是岷江正流，主要用于排洪；东边沿山脚的叫内江，是人工引水渠道，主要用于灌溉。在历史上，鱼嘴分水堤演变很大。李冰创建时"壅江作堋"，具体形制及位置已不可详考，大约上距今鱼嘴头部约1千米，靠近白沙河口。五代时鱼嘴方下移至现代位置附近。宋代称分水堤为"象鼻"，以竹笼卵石构建，位置经常上下移动，以顺应水流。元代将其改建为砌石贯铁工程，因清基不彻底，寿命在40年左右。明代几次恢复竹笼工程，又几次改建铁石鱼嘴，故位置移动不可避免。清代基本上采用竹笼工程，至光绪初年（1875年）始改建为砌石结构，相沿至今。

飞沙堰：是现代都江堰枢纽中的侧向溢洪道。飞沙堰是都江堰三大件之一，是确保成都平原不受水灾的关键要害。飞沙堰的作用主要是低水位下可导引水流入宝瓶口；当内江的水量超过宝瓶口流量上限时，多余的水便从飞沙堰自行溢出；如遇特大洪水的非常情况，它还会自行溃堤，让大量江水回归岷江正流。另一作用是"飞沙"，能在泄洪时将进入内江的大部分推移质带出去。岷江从万山丛中急驰而来，挟着大量泥沙、石块，如果让它们顺内江而下，就会淤塞宝瓶口和灌区。古时飞沙堰，是用竹笼卵石堆砌的临时工程；如今已改用混凝土浇筑，以保一劳永逸。

飞沙堰位于鱼嘴分水堤尾端，上距鱼嘴头部710米。溢洪道顺内江水流口宽240米，其下缘下距宝瓶口120米。溢洪堰顶部平均海拔728.25米，高出区内江河床2米。其以厚0.5米的浆砌大卵石护面，坝内每隔20米设高2.5米的混凝土格墙，纵横布置，用大卵石砌底。上游坝坡比为1∶5，下游坝坡比为1∶50，顺溢流方向的长度为120余米。由于岷江左岸有虎头崖局部地形的挑流作用，飞沙堰溢洪排沙的能力得到了增强。

历史上的分水堤溢洪道演变甚为巨大。唐代有侍郎堰、楗尾堰，其形制位置皆不详。宋代称侍郎堰为减水河，至元代仍存。明代称其为减水沟；清代则称其为湃缺，极盛时，有四道湃缺。平水槽至1962年时仍存，上距鱼嘴约370米，因1949年以来外江主流方向改变，平水槽长度缩小，逐渐失去泄洪作用，乃于1962年2月加以封闭。今飞沙堰旧称二道湃缺，每年洪水堰中皆有所损毁，均须在当年岁修时进行修复，故治水六字诀中"低作堰"的"堰"，即指飞沙堰。人字堤位于今飞沙堰下缘的下游90米，至今犹起辅助溢洪作用。古代几处溢流工程皆为竹笼卵石构建，元代改用大料石砌筑后，明清仍交替使用竹笼工程，至现代才彻底改建为浆砌大卵石坝。

宝瓶口：宝瓶口不仅是都江堰景区的核心景点，更是都江堰水利工程的三大核心工程之一。宝瓶口是内江进入平原灌区的永久性进水口门，这一段是在基岩上开凿的人口渠道。唐宋元时称宝瓶口为"石门"，渠则称"石渠"。宝瓶口名称很晚见于记载，至迟在明代见于文字记载，以其断面为瓶状而得名。利用山崖形成的宝瓶口，成为都江堰永久的进水口，自李冰创建时开凿离堆即已形成，除进水断面周边有一定磨损外，古今演变较小。李冰当年率百姓凿离堆，开宝瓶口，形成一条宽20米、高40米、长80米的峡口，形如瓶，故称"宝瓶口"。宝瓶口为内江灌溉川西平原的引水口，离堆扼其咽喉，控制进入川西平原的水量，夏秋季水流量大时，宝瓶口高水位，多余的水由飞沙堰溢洪至外江；冬春季水流量少时，江水尽入内江，保证了川西平原的安全和工农业及生活用水[89]。

古代宝瓶口前的离堆迎水侧，原有一与山岩相连的石柱，俗称"象鼻子"，故离堆迎水面又有"象腹"之称。这一石柱在1939年洪水中被折断，1947年洪水中则冲失无存，今已无此故迹。

现代宝瓶口位于鱼嘴分水头部以下1 070米处，是不规则的梯形断面。1970年以前宝瓶口平均宽22米，顶部宽31米，底部宽19米；其左为灌口山岩壁，右为离堆；其上游偏右侧有深潭，史称"伏龙潭"，低于宝瓶口前河床8~11米。1970年用混凝土加固离堆迎水面及宝瓶口过水断面，加固后平均口宽20.4米，高18.8米，顶部宽28.9米，底部宽14.3米，纵深长度36米。宝瓶口以上内江河宽约70米，以下内江河宽40~50米，故这一口门恰如瓶颈，成为控制引水的咽喉，起到类似节制闸的作用，工程非常重要。由于宝瓶口自然景观瑰丽，有"离堆锁峡"之称，属历史上著名的"灌县十景"之一。

总之，都江堰是由渠首枢纽、灌区各级引水渠道、各类工程建筑物和大中小型水库和塘堰等所构成的一个庞大的工程系统，担负着四川盆地中西部地区 7 市（地）36 县（市、区）1 003 万余亩农田的灌溉、成都市 50 多家重点企业和城市生活供水，以及防洪、发电、漂水、水产、养殖、林果、旅游、环保等多项目标综合使命，是四川省国民经济发展不可替代的水利基础设施，其灌区规模居全国之冠。

三、旅游商品类文化旅游资源概述

（一）地方旅游商品（GA）

1. 菜品饮食（GAA）：具有跨地区声望的地方菜系、饮食

（1）洞天乳酒

"青城八洞天"乳酒乃青城四绝之一，具有 1 200 多年的历史。洞天乳酒俗名茅梨酒，主要原料为猕猴桃，按道家传统工艺榨果汁，密封缸中，高糖保鲜，低酒发酵存放，与醇糟汁、冰糖和少许曲酒等辅料混合，酿制成乳酒。其色如碧玉，浓似乳汁，醇香爽口，回味悠长。唐杜甫曾有诗赞云："山瓶乳酒下青城，气味浓香幸见分"[91]。

洞天乳酒为道家养生饮料，用道家传统工艺酿成。其所含维生素 C 达 13%~15%，富含 13 种氨基酸及各种微量元素，延年益寿，对高血压、失眠、尿路结石、癌症有效[92]。

中国古代养生学和医学的经典巨著《黄帝内经》，将饮食养身置于一个极为重要的地位。它总结并提出饮食养生首先要"谨和五味"，五味调和，则五脏得养。青城洞天乳酒正好是五味（果味、香味、酒味、甜味、酸味）相互调和，彼此互补，恰到好处。乳酒色如碧玉，浓似乳汁，喝起来醇香爽口，回味悠长。装在葫芦状的曲颈瓶中，活像天上八仙装长生丹药的宝葫芦。洞天乳酒因此被认为是仙家酒，受人青睐。

长期以来，洞天乳酒仅供道士养生自饮和待客之用，并一直作为朝廷贡品。其根据道家养生方略，以道家传统生产工艺为本，结合现代科技，精心酿造。洞天乳酒属于纯天然酒酿，不加任何添加剂，内含道家文化和中国传统文化。现如今，洞天乳酒作为"青城四绝"之首，也成为了用来开拓财源的商品，成为道观经济之一环。

（2）青城茶

青城茶为"青城四绝"之一。陆羽《茶经》中记载："茶生蜀山青城丈人峰，为茶中上品。"都江堰茶叶历史可追溯到汉晋时代，之后因茶马古道、茶马互市兴盛。唐宋时期灌县的专业茶园因为其生产的道茶被钦定为皇家贡品而

被载入史册。据考证，西汉时司马相如称赞青城山茶为上品。唐时蜀州味江（今青城后山一带）是全国七大产茶区之一，五代毛文锡《茶谱》记载："青城茶其横芽，雀舌、鸟嘴、麦颗。盖取其嫩芽所造，以其芽似之也。"宋时青城"紫背龙芽""白背龙芽"被列为贡品。靖康年间（1126—1127年）又将"青城茶"列为贡品。当代佛学大师赵朴初品饮青城茶而赞道"青城好，一绝洞天茶。别后余香留舌本，携归清味发心花，仙茗自仙家！"[93]

青城茶的特点是：茶叶小而嫩，其芽犹如"元出花"，品质极佳，被列为封建王朝举行大典及统治者享用的"贡品"，故而又被称为"青城贡茶"。青城茶久以"清而不淡，浓而不涩，香而不艳，精而不俗"闻名于世。清康熙间（1662—1722年）每年采办青城茶800斤，送解京[91]。彭洵在《灌记初稿》中对"青城贡茶"作了详细的叙述："自（清）康熙十三年布政司檄饬县属青城山三十五庵僧道，餐采芽茶八百斤，内栋极美贡茶六十斤，陪茶六十斤，官茶六百八十斤。"

（3）白果炖鸡

青城道家的白果炖鸡被誉为"青城四绝"之一。青城山白果炖鸡采用农家土母鸡、优质白果，用砂锅炖制。白果软糯，鸡肉鲜嫩，汤汁醇美。青城山白果炖鸡既美味又滋补，传说是道家创制的养生秘籍，具有很强的滋补效果。白果炖鸡是一道特色传统名菜，具有健胃补脾、清热解暑、降脂降压、防癌抗癌之作用。因白果有微毒，所以不宜大量食用，也不宜长期食用。

白果即银杏果实。李时珍《本草纲目》说："熟食温肺益气，定喘嗽，缩小便，止白浊；生食降痰，消毒杀虫。"青城山盛产白果，人们采用传统技法以白果炖仔鸡，再以炖猪肘相合，加少量食盐、冰糖即成。汁鲜味美，清香不腻，具有食疗价值[91]。

相传二三百年以前，青城山一位年高的道长久病不愈，日益消瘦。青城山上有一棵银杏树已有500多年的历史，所结白果大而结实。天师洞的一位道士便多次取用该树所结的白果，同嫩母鸡烧汤，文火炖浓后，给道长食用，道长病情好转，不久便恢复了健康，精神焕发。从此，白果炖鸡便闻名整个四川地区，成为一款特色名菜。后来，三国蜀汉范长生在青城山建范氏庄园，修炼长生久视之术，采山之精、水之灵、珍林香草之花宝，巧妙烹饪，食之本色、本味，得享天年，寿齐彭祖。之后，药王孙思邈居青城，又将川芎、山药等做成药膳以滋补元气。唐安史之乱，明皇避乱蜀中，驻辇长生宫，使道家饮食得以进一步发展和丰富，白果炖鸡也成了川菜里极具特色的一道川菜。

（4）青城山泡菜

青城老泡菜又称青城道家老泡菜，其以青城山生长的鲜黄瓜、豇豆、红辣椒、萝卜、良姜、大蒜等为原料，经严格挑选、清洗、晾晒后，放入用泉水、精盐、花椒等配制而成的特殊汁液中泡制而成。泡菜采用专室、专具存放，专人管理，保存十数年仍色鲜质坚，脆嫩酸甜，是一种解腻开胃、增进食欲的佐餐佳品。赵朴初《调寄忆江南》以"青城好，泡菜冠全川，清脆姜芥夸一绝"赞美青城老泡菜[91]。

青城山的泡菜老坛子最老的有1 000多年的历史，青城山的泡菜与其他地方的不同在于青城山独特的地理和气候条件，这里的山中生长出来的蔬菜特别适合做泡菜，能够保证泡菜的清脆爽口，同时，山泉水的浸润也使得青城山的泡菜有了别处所没有的味道。

洞天乳酒、青城茶、白果炖鸡和青城老泡菜一起被称之为"青城四绝"。

（5）青城山老腊肉

青城山老腊肉是四川成都都江堰市青城山名菜，以肉源绿色、制作工艺传承历史悠久、肉味鲜美、可长时间存放等特点深受中外游客青睐。青城山老腊肉外观呈黑黄色，层次分明、肉皮金黄，具有光泽，瘦肉外观呈黑红色，切开呈玫瑰色。香味浓郁，入口清香，回味悠长。食用方法多样且方便，可蒸、可炒、可炖汤。

青城山老腊肉的生产与制作过程非常地道。首先，主人们给猪喂的是豆浆稀饭、鲜猪草煮熟加米糠。猪稍大点就在山坡上野放几个月，吃的是没有农药残留的野生植物，喝的是没有污染的山涧泉水。其他地方一头猪养两三个月，而青城山的猪至少喂一年才屠宰。屠宰后，用泉水洗净，精盐花椒陶缸腌透滴干，放在柴灶上烧青冈柴、杉木柴、香椿柴、柏枝、花生壳、核桃壳慢慢熏，熏黄、熏黑，短则半月，长则要一两个月，成为名副其实的"老"腊肉。

（6）熊家婆冰粉

"熊家婆冰粉"是在都江堰市影响力较大、口碑较高的一个冰粉小吃品牌，创立至今一直秉持"生产纯手工冰粉，传承儿时熊家婆般童年记忆"的经营理念。"熊家婆冰粉"的传承人肖咏涛，一个普普通通的退伍军人，在20世纪90年代的创业大潮中投身餐饮业，一年多过后，住在隔壁的"熊家婆冰粉"创始人熊老夫妇因年龄过大无力继续经营，肖咏涛一直记着"熊家婆冰粉"熟悉的味道，再加上当时的"熊家婆"在都江堰已经有了一定的口碑和知名度，肖咏涛不忍"熊家婆冰粉"就此没落，所以找到熊老夫妇决定全身心投入"熊家婆"的品牌经营中，并潜心学习传统手工冰粉制作技术，从而将"熊家婆"这一品牌传承下来。

（7）青城苦丁茶

苦丁茶产于风景优美的青城山，已有2 000余年的历史。苦丁茶是一种亚乔本野生茶树，在《本经逢原》《本草再新》《灌县县志》等书志上均有关于苦丁茶的记载。很久以前，苦丁茶一直被当作药材，后来才作茶饮，作为商品则是近年的事。1980年，灌县才正式建场生产苦丁茶，年产茶10万包以上，产品远销各地。其工艺也不断改进，使苦丁茶的质量不断提高[94]。

苦丁茶是都江堰市特产之一，采用青城山区生长的冬青树的鲜叶，经蒸、烘、晒、压后切成小方块即成。苦丁茶光滑油润，冲泡后，色碧，清香扑鼻，味微回甜，风味一格。该茶药用价值极高，内含丰富的蛋白质、氨基酸、维生素B、苦丁茶素、黄铜苷、葡萄糖醛酸、植物固醇和多种无机盐。经常饮用苦茶，能清热解暑、除烦消渴，具有很好的预防和治疗头昏、目眩、高血压、急慢性肝炎、胆囊炎等疾病的作用[91]。

（8）都江堰猕猴桃

都江堰猕猴桃是四川省都江堰市特产，中国国家地理标志产品，都江堰市是国际猕猴桃专家公认的猕猴桃生产最适宜地区之一。一般猕猴桃因为浑身带毛、长相不好，曾被人们说成是长了毛的土豆。相比之下，都江堰产的猕猴桃表皮光洁，个头匀溜，特别是红心猕猴桃，果肉部分偏黄，中心红色，呈放射状散开，犹如太阳的光芒，不但美观，且营养丰富，口感也很得亚洲人青睐。

猕猴桃在都江堰市俗称茅梨，在都江堰市海拔1 500~2 000米的中低山常绿与落叶林混交地带分布较多。都江堰市对猕猴桃的利用与发展可分为两个时期，即以酒类饮品为主要形态的早期加工时期和以果鲜食为主的生鲜产业化时期。

1 200多年前，青城道家以猕猴桃为主要原料，配以青城山特有矿泉水，采用道家传统方略精制酿造出"洞天乳酒"，集独特的风味和道家养生文化于一身，成为"青城四绝"之首。

1980年，都江堰市在中国率先引种海沃特猕猴桃，成为中国最早人工栽培猕猴桃的地区。1982年，都江堰市被确定为全国发展猕猴桃基地。此后，经过近40年的积淀与发展，都江堰市已建设猕猴桃种植基地7 000多公顷，年产优质商品果4.5万~5万吨。都江堰市先后被评为中国猕猴桃无公害科技创新示范市、中国绿色生态猕猴桃之乡。2005年，胥家镇采取"大园区、小业主"模式，建成标准化园区 400 公顷，成为亚洲最大红心猕猴桃成片种植基地，被原国家旅游局确定为"全国农业旅游示范基地"。2007 年，都江堰猕猴桃获得国家地理标志产品称号，先后荣获"北京奥运推荐果品一等奖""上海世博会推荐果品""北京国际林业博览会金奖""全国互联网地标产品（果品）50 强""第十四届中国国际农产品交易会参展农产品金奖""成都市最受消费者欢迎十大优质农产品品牌""天府农业品牌嘉年华十大最具人气奖""全国果菜产业百强地标品牌""全国果菜产业十佳质量信誉地标品牌"等殊荣[95]。

2007 年牵头举办首届成都国际猕猴桃节，截至 2020 年已举办十二届。

（9）都江堰方竹笋

都江堰方竹笋为都江堰市优良乡土竹种，因发笋早、笋期长、笋肉细腻、质地脆嫩、口感好、营养丰富，广受当地群众和消费者喜爱。都江堰方竹是都江堰市农产业重点发展品种，现有种植面积 1 487 公顷。都江堰方竹笋已被列入国家农产品地理标志登记产品目录，这将进一步提升都江堰方竹笋知名度，有利于促进方竹笋的规模化、标准化发展，也有利于带动竹农增收和培育地方经济新的增长点。

（10）青城雪芽

青城雪芽产于四川省都江堰市的青城山。青城山早在宋朝就已形成了一套制茶工艺。青城雪芽是 20 世纪 50 年代在发掘古代名茶生产技艺的基础上，按照青城茶的特点，吸取传统制茶技术的优点，提高、发展、创制而成的[96]。

青城雪芽采摘于生长在青城山海拔 1 000~1 200 米高处的茶树，采茶往往于每年清明前后数日进行，采摘时以一芽一叶为标准，要求芽叶全长 3.5 厘米、鲜嫩匀整。青城雪芽外形秀丽微曲，白毫显露，香浓味爽，汤色清澈明亮，耐冲泡。

青城雪芽是近几年发掘的古代名茶生产技艺，脱胎于青城茶的烘干工艺：杀青、揉捻、二炒（搓条与搓紧条索）、三炒（揉团提毫）、烘干。四炒四揉就是多一道搓团提毫过程。杀青锅温 85℃~90℃，投叶量 1 000~1 250 克，历时 10 分钟左右；揉捻时间 5 分钟左右，达到初步起条的目的；二炒锅温 70℃左右，散发部分水分后，抓紧时机热锅搓条，起锅搓揉，紧细条索；三炒和四炒的锅温 50℃左右，边抖边揉边搓团、解团，反复多次，手势由重到轻，搓至形如鱼钩，茸毫显露即起锅摊凉。最后在锅内低温烘至足干。全程历时约 2 小时[97]。

鲜叶以一芽一叶为标准。加工工艺分为杀青、摊凉、揉捻、二炒、摊凉、复揉、三炒、摊凉、烘焙、鉴评、拣选、复火等工序。杀青在平锅中进行，杀青叶质经摊凉后进行揉捻。二炒、复揉、三炒主要是使茶叶柔软和初具条形，给整形创造条件。整形在锅中进行，其方法是将茶叶入锅搓条，锅温先高后低，炒至茶叶含水量在16%左右时，进行提毫，待白毫显露，即出锅摊凉。然后进行烘焙，至含水量6%~7%时出烘。再将烘焙后的茶，逐包进行审评拣选，最后再经复火提香，烘至含水量4%~5%出烘贮存[98]。

青城雪芽具有帮助人们提振精神、增进思维、消除疲劳、提高工作率的功效，同时青城雪芽的咖啡因和茶碱具有利尿的功效；咖啡因具有强心、解痉、松弛平滑肌的功效，能解除气管挛，促进血液循环，是治疗支气管哮喘、止咳化痰、心肌梗死的良好辅助药物。青城雪芽中的茶多酚和维生素都有活血化瘀防止动脉硬化的作用[96]。

2. 中草药材及制品（GAD）：具有跨地区声望的当地生产的中草药材

（1）都江堰厚朴

都江堰厚朴是四川省都江堰市特产，中国国家地理标志产品。四川自古是厚朴的主要产区之一，其出产的厚朴品质优良、疗效佳。2008年，都江堰市被评为"中国厚朴之乡"，2008年成功申报都江堰厚朴地理标志产地保护[99]。

都江堰厚朴外表面灰棕色或灰褐色，粗糙，栓皮呈鳞片状，质坚硬，断面颗粒性，外层灰棕色，内层紫褐色或棕色，有油性，有的可见多数小亮星。气香，味辛辣，微苦。内表面黄棕色。质脆，易折断，断面具有纤维性。

厚朴是中国特有的珍贵药材，被国家列为二级保护珍贵树木，是国家重点发展、保护的中药材。据《灌县志》记载，都江堰市是厚朴的原产地，也是全国厚朴主要产区之一，且为"中国优势产区"，20世纪中期开始大规模人工栽培。厚朴的开发利用可达到全树利用，几百种中西药物制剂都需要这种药材的成分加入。目前，全国制药工业中，将厚朴添加入配方的中成药达200多种，将其应用于抗肿瘤药物的研究也有了新进展。都江堰厚朴在纯天然条件下，具有生长快、产量高、皮质厚、药效含量高的特点。据《中药大词典》记载，都江堰厚朴是全国质量最优的。都江堰厚朴生长时间越长，皮质越厚，质量也越好。

随着厚朴的药用价值增加，都江堰厚朴栽种数量和面积也逐年增加。至2007年，全市厚朴种植面积扩大到13万余亩，主要分布于山区虹口乡、紫坪铺镇、龙池镇、玉堂镇、中兴镇、大观镇、青城山镇、向峨乡、蒲阳镇等。

（2）都江堰川芎

都江堰川芎是四川都江堰市特产，中国国家地理标志产品。都江堰是川芎的原产地，有上千年的种植历史。川芎是都江堰市的传统地道药材，栽培历史悠久，宋仁宗年间（1023—1063 年）即有栽培，至今已有 1 000 多年，在我国最早的一部中药学著作《神农本草经》中就有记载，而后许多医药书籍中均有论著。《中药材》2001 年第 5 期《川芎的品质、产地的历史考证》一文，进一步考证了川芎的历史产地位于金马河上游右岸一带，即都江堰市河西区的徐渡、石羊、柳街、安龙一带。

都江堰特具的土壤、气候生态条件和药农丰富的精良栽培技术，使生产出的川芎色、香、味独具一格，以个大、质优、香气浓郁、切面呈菊花状、油浸色，称"菊花心"川芎，疗效独特而久负盛名。早在 1980 年，中国药材公司在广州进行全国川芎质量评比，都江堰市的川芎以个大肥满、质坚实、油性足（挥发油）、心似菊花（断面纹斑）、香气浓郁，获得全国川芎质量品比第一名。据《医学通讯》（1986 年第 15 卷第 7 期）报道，都江堰市所产川芎其药用有效成分居全国之冠，并是全国川芎生产的最佳种植地区。在以后的川芎历次评比中，都江堰市的川芎质量均居全国之冠。

3. 传统手工产品与工艺品（GAE）：具有跨地区声望的当地生产的传统手工艺品与工艺品

（1）聚源竹雕

聚源竹雕为四川省非物质文化遗产。聚源镇在古代被称为"导江县"，来源于4500 年前大禹治水的历史典故，《禹贡》记载："岷山导江，东别为沱。"都江堰水利工程大量使用竹子编结的竹芭、竹席、竹绳等，证明都江堰市竹文化的历史十分悠久。作为兼有实用和观赏作用的竹雕工艺，聚源竹雕早在商周时期就已形成，现存最早的竹雕艺术品为汉代作品，现存最早记载竹雕工艺的文献为六朝时文献。川西平原在唐宋时期竹雕艺术水平已经很高，到明清时已形成具有四川特色的川派竹雕工艺，而都江堰市正是川派竹雕的主要产区。

聚源竹雕承自川西竹雕流派，清晚期和民国初年是巅峰时期，现存世的大部分竹雕精品都完成于这一时期。川派竹雕构图讲究，刀法细腻，以浅浮雕、深浮雕、透雕和鎏青雕为主，并有朱三松、吴之璠刀法等独特的工艺技术传承。作品主要以摆件、挂件、炉瓶、笔筒、鸟笼等为主。但在 20 世纪 50 年代后，竹雕工艺品市场萎缩，竹雕艺人或病故，或改行，竹雕工艺濒临失传。20世纪 80 年代以后，以高尚远先生为代表的竹雕艺术传人，出于振兴竹雕艺术的目的，拜师访友，发掘传统工艺技术，近 30 年来，不但全面继承和恢复了川派竹雕的传统工艺，而且有所发挥和创新，既保持了川派竹雕独特的工艺技术，又在绘画构图，雕刻刀法上融汇新的内容，而且把牙雕、玉雕、木雕艺术巧妙与竹雕艺术相结合，推出许多享誉海内外鉴赏家和收藏家的艺术精品。

聚源竹雕艺术是中国传统民间竹雕艺术和工艺制作的历史见证，记录着都江堰市及川西平原种竹、用竹，以及把竹制品提升到具有较高艺术水平的过程。聚源竹雕运用明、清时期的川派浮雕手法和绘画技巧，结合现代工艺和材料特点，吸收国画、书法等艺术的长处，融汇浅浮雕、深浮雕、圆雕、留青雕等雕刻手法，形成独特的工艺效果；竹雕工艺品继承了传统竹雕工艺并有创新，集观赏、实用为一体，发挥了竹制品工艺的新艺术价值[100]。

（2）安龙川派盆景制作技艺

川派盆景又称为剑南盆景，兴起于唐代，是中国盆景四大流派之一，以古朴严谨、虬曲多姿著称。都江堰市安龙镇在明清时候园林鼎盛，盆景制作技艺传承至今，在当下盆景界盛行用园艺丝进行蟠扎的时候，安龙镇的盆景人有很多还在使用传统的棕丝蟠扎。安龙人龚吉如和杨才炳还分别传承创造了川派盆景十大身法中"大弯垂枝法"和"三弯九倒拐法"。安龙川派盆景至今仍采用古法。

常见的传统盆景往往"大、精、贵"，它的受众面小，销售面窄，为了让盆景"放下身段、接地气"，安龙镇不断地借鉴经验，探索走"专业化、精品化+大众化、多元化"的盆景产业可持续发展道路，在继续做好传统高精艺术盆景的同时，尝试开展"安龙造"小微盆景的研发和种植。

（3）青城马椅子

青城马椅子出产自都江堰市青城山脚下，马氏家族百年来一直在传承传统竹椅的制作工艺。因制作的竹椅扎实耐用、美观而被世人推崇，有了"马椅子"的美誉，后来也将这门手艺的传承人称为"马椅子"。2016年，青城马椅子列入都江堰市级非物质文化遗产目录。

作为都江堰青城山镇的民间竹艺品牌，马椅子创立于清光绪年间（1875—1908年），迄今已有一百多年历史，历经4代传承。如今，马椅子的手艺已经到了第三代传人——马泽洪的手上。跟竹椅打了几十年交道的马泽洪说，一把"马椅子"的诞生，从选材到最后完工需要经过100道工序，是真正的纯手工选材和制作。

"马椅子"以拙朴、淳厚、经久耐用的特点，广为流传。100道工序，纯手工打造，这在现代社会尤为难得。从青城山道家寺院到平常百姓家，几乎都能见到它的身影。

青城山以"青"命名源于它的植被丰富、林木青翠，翠竹成陇，因为林盘多，竹子多，人们一直有编制竹制生活品的历史，在这些各种各样的竹制品中竹椅子最具有代表性，但是说到这青城山竹椅子，最出名的莫过于青城山上的滑竿了,这滑竿也是由四川常见的斑竹制作而成,两条结实的竹竿中间绑上了由竹条连接而成的座椅便成为舒适的上山轿椅。在青城山滑竿需求量最大的时候,青城山的竹制品手编艺人们都会编滑竿,他们编的滑竿又结实又美观,而其中一户姓马的人家做的椅子最结实,他的名气也逐渐传开,被称为"马椅子"。在青城山生产一把竹椅子必须经过选竹、烤竹、晒竹、晾竹这几个复杂的环节,而这些工序不仅费时费力,还特别地考手艺。马椅子的传人不仅传承了最古老的制作方式,同时也在不断地创新。比如,他们把以前传统的穿科框架式改成了包圈包角式的框架,将直线形椅背改成圆润柔和的圆光线条。除此之外,马椅子还在固定方式上进行创新,中国的木制方式中有一个国粹式的榫卯结构,马椅子也创造出了竹制品的榫卯结构。

四、人文活动类文化旅游资源概述

(一)人事记录(HA)

事件(HAB):发生过的历史和现代事件

(1)青城山中国IC生态高峰论坛

青城山中国IC生态高峰论坛在都江堰举办,从2017年至2019年,已经举办了三届。首届论坛围绕四川省全面创新改革发展战略,结合四川产业发展实际,以"打造人工智能产业链"为主题,聚焦行业前沿话题展开讨论,探索产业的未来发展趋势,着力打造具有国际影响力的全产业链高端交流平台。第二届会议是以"打造智慧汽车电子产业链"为主题。会议共邀请了260余位来自政府、高校、企业和机构的决策人员出席,共同探讨智慧汽车电子产业的未来发展。第三届论坛以"打造智慧医疗电子产业链"为议题,探讨如何打造智慧医疗电子产业的生态,论坛汇聚了从芯片公司到方案公司再到系统公司甚至医学院的专家,力求全方位解读智慧医疗电子产业的未来。

(2)世界文化遗产都江堰与李冰研究国际论坛

2018年,"首届世界文化遗产都江堰与李冰研究国际论坛"在都江堰市开幕,该次国际论坛是2018年中国·都江堰李冰文化国际旅游节系列活动之一,来自日本、韩国等国家和中国台湾地区的专家,以及联合国教科文组织、中国教科文全委会、日本国土防灾技术株式会社、日中防灾环保研究会等相关组织,省委宣传部、省社科联、省文化厅、省水利厅、省文史馆和全国各相关高校、文博系统、四川十大历史名人研究中心等单位的百余位专家学者齐聚发表主旨演讲。与会代表还以"世界文化遗产都江堰的保护与传承""李冰与都江堰学"等主题进行开放式讨论,并围绕李冰创建的独有历史贡献与当代价值、李冰生平仕履、李冰与古蜀文化、李冰文献资料整理、李冰治水综合、都江堰与农田水利建设和管理、灌溉供水研究、生态环境治理等进行更为广泛的探讨和交流。通过海内外专家学者的思想碰撞，为都江堰市传承历史文脉，推动天府文化创造性转化、创新性发展，传承发展中华优秀传统文化提供强大动能。

（二）民间习俗（HC）

1. 地方风俗与民间礼仪（HCA）：地方性的习俗和风气，如待人接物礼节、仪式等

（1）华财道民俗文化节暨都江堰水果侠国际灯会活动

2018年，都江堰水果侠国际灯会第一次在都江堰市举办。首届都江堰国际灯会，上千盏明星灯组，组组皆是亮点，每一件都可称为艺术品。这次国际灯会以"卖萌熊猫花灯"所代表的中华特色灯组、"魔兽时空"所代表的虚拟世界灯组、"贝壳彩灯"所代表的国际灯组，以及"蓝光女神"所代表的时尚创意灯组为特色的四大主题灯组进行打造。"蓝光女神"是国际灯会中最具观赏力的灯组，该灯组足有8米高，将与音乐、灯光一起演艺长达10分钟的灯光秀，该灯组还向国家专利部门申请了创意专利。都江堰国际灯会在传统规模、制作工艺上也是极富创意，不仅以原创手法改进传统工艺，将LED、体感互动、灯光音乐秀等时尚科技元素融入灯组，还原装进口引入极具特色的外国贝壳彩灯、木艺彩灯等国际灯组。无论是视觉、感官都是空前震撼。

除了国际灯会带给大家的视觉冲击。以中华财道为主题的民俗文化展演也在乐园内热闹上演。川剧变脸、俏花旦等富有特色的民俗演艺，让场下观众直呼过瘾。来自赵公山玄坛功夫总会都江堰总站的师傅们所带来的道家功夫主要流派——玄坛功夫龙形太极的现场表演更是让观众与中华财道文化来了个近距离接触。让人们感受财道文化，赏灯会，品美食，接财神回家，体验不一样的年味儿。

（2）城乡大拜年民俗闹春系列活动

玉犬争春耀神州，古堰倾城颂天府。大年初一，在古城区、南桥广场、水文化广场等地，民俗闹春城乡大拜年活动热闹上演。不管是开城门、舞龙舞狮、幺妹灯，还是猜灯谜、送春联，透出的都是热闹喜庆的年味儿。古城城门徐徐打开，只见身着汉服和藏羌服装的演员们，手捧美酒、鲜花、蜀锦，自左右两扇城门鱼贯而出，在礼仪官身后两侧横向列队恭迎来宾。此时的宣化门前鼓乐声、掌声、欢快的舞蹈、精彩的舞龙表演好不热闹。紧随着仿古巡游队后的是来自各乡镇、街道的演出队伍，整个城乡大拜年活动热闹启幕。舞龙、舞狮、幺妹灯、唢呐表演等，各式民俗文化巡演在人群中缤纷呈现。民俗巡游队

伍热闹喜庆的沿都江堰大道行进着,而一侧的水文化广场上,一条条彩纸制成的谜语悬挂着引人注目,谜题涵盖了党风廉政文化、法律知识等各个方面,形式上除了字谜,还有词语谜、地名谜、专业名词谜等,内容既贴近生活,又充满文化色彩。此外,书法家们也在现场书写春联赠送市民、游客,这样的文化惠民活动让市民游客在感受中华传统文化魅力的同时,也体验了过节的热闹与欢乐氛围。接下来,在初二、初三和正月十五,玉垒山广场、南桥广场、杨柳河路口等地点将持续举行民俗文化文艺汇演,向全市老百姓和游客朋友传递新春祝福。

2. 民间演艺(HCC):民间各种表演方式

(1)青城洞经音乐

青城洞经古乐是流传在四川省成都市都江堰市以青城山为中心的民间音乐,流传范围遍及都江堰市城镇和农村,其中尤以岷江以西乡镇较为普遍,如玉堂镇、中兴镇、石羊镇、青城山镇、翠月湖镇、安隆乡等。青城洞经古乐起源于青城山古代的巫觋音乐,唐代和宋代随着青城山道教音乐的兴盛,特别是唐代青城山著名道士杜光庭整理和完善天师道正一派科仪音乐,即俗称"南韵"或"广成韵"以后,促进了青城洞经音乐的发展。青城洞经古乐主要以音乐伴奏唱诵《大洞仙经》内容和乐曲演奏的形态,以集体演奏形式正式演出,或为道观及农村住户作祈愿类演奏。前者不具有任何宗教性质,后者则需穿戴特别服饰,作古老的传统礼仪演奏。青城山洞经古乐庞杂的内容已远远超过一般文化尊神的信仰,深刻而曲折地反映了以青城山为中心的民间宗教信仰和丰富的民俗文化内容[101]。

青城洞经古乐的曲调具有细腻、优美的特点,因此在民间也广为流行。

唐宋以后,随着南方星象信仰和崇拜习俗的兴起,青城洞经古乐开始衍变为以诵唱《文昌大洞仙经》为主的古代音乐。在传统的28宿星座图中,人们认为文昌星是主管人间福禄和科举的神,因此唐、宋、元三朝皇帝都对文昌星推崇备至,还封文昌星为"文昌帝君"。在四川民间,人们还把文昌星信仰和梓潼神信仰相结合,从而成为读书人科举入仕的保护神。民间有谚:"北有孔子,南有文昌。"也是这种习俗信仰的直接反映[102]。

脱胎于远古巫觋音乐的青城洞经古乐,是一支深藏在青城山的民间音乐艺术奇葩。它的历史与古蜀文明发展有十分密切的关系。道教在青城山发祥以前,民间就有十分庞杂的神仙信仰、方士信仰、星相信仰。而其中尤以文昌星座信仰流行最广。在唐、宋、元三朝皇帝的推崇下,"文昌大帝"应运而生,成为参加科举考试士子们心中最崇拜的执掌功名的神灵,早期青城洞经古乐的功能之一，是读书人求取功名富贵和祈求平安幸福的音乐。青城洞经古乐在发展过程中，广采博收，无论民间音乐、道教音乐，还是佛教音乐、宫廷音乐的元素都纳入洞经古乐之中，形成旋律优美、曲调祥和、抒情细腻的艺术奇葩。以吟唱《文昌大洞仙经》为主而构成的经腔、曲牌和乐曲，流行在都江堰市城镇和农村，是一种民间（祭祀）音乐，它的表现形态为外道内儒，一般使用场合既可为道观举办的正规宗教法会，又可为民间举办的各种祭祀、庆典等法事活动。在洞经活动中根据不同的法事和内容，道长们会选择大量的青城洞经古乐曲牌来作为科仪活动的伴奏音乐并贯穿始终，以其美妙的音乐来表现坛场庄严肃穆的氛围，衬托坛场祭祀和庆典的内容。

　　青城洞经古乐在青城山周围的城镇和农村已经传承了 1 300 多年。从坛场到堂会，有系统的民间演唱组织，可以清晰地追寻传承谱系，其中一支可以追溯到清道光年间（1821—1850 年），距今已近 200 年，其传人已历 13 代。乐曲曲谱都是用传统的工尺谱代代相传。青城洞经古乐保留着许多古蜀音乐的原生形态，同时也保存下了早期道教音乐"广成韵"及其他古乐的曲牌和乐曲。具有重要的历史价值。无论诵唱的唱腔，演奏的曲牌、乐曲、唱腔的内容、法会的衣饰穿戴、供奉的牌位、供品，仪式的走步绕场都具有极大的艺术魅力。川剧的许多音乐就直接使用洞经古乐的曲牌艺术，使人能欣赏到古代的音乐及表现方式，反映出那个时代的历史文化和社会特征，以及艺术风格，具有独特的艺术价值。都江堰市能演奏洞经古乐的人，已不足 20 人，而能像老艺人那样用工尺谱诵唱的人，仅仅只有 5 人，而且都已 80 岁以上高龄。青城洞经古乐是中国古代音乐的活化石，但这些宝贵的民间艺术瑰宝却濒临消失湮灭。这些老艺人大多数都没有文化，他们的传承，基本上是师徒口耳相传，手把手传授琴艺，经常演奏的还有 80 余支乐曲，因此，抢救青城洞经古乐，已迫在眉睫。青城洞经古乐中的诵唱经腔和仪轨程式，同样重要，但民间艺人中也只有 10 余人掌握，他们最年轻的也 40 多岁了，前景照样堪忧，同样面临失传危险。为此，都江堰市成立了非物质文化遗产保护小组，对青城洞经音乐制订了详细的保护计划。除了确定文化馆专业干部对青城洞经古乐进行深入挖掘、录音、记谱、摄制资料保存外。成立了以老艺人为主要成员的青城洞经古乐团，定期进行以传习为主的排练演出。筹资 50 万元拍摄三部九集《自然·生命·和谐——中国青城洞经古乐》音乐电视片。并筹集 20 万元专款购置乐器、音响和服装。制定切实可行的保障措施，把青城洞经古乐打造成都江堰市又一张文化品牌。

青城洞经古乐现保留古乐曲80余支，风格细腻、悠美、祥和，有音乐活化石之称，是目前全国洞经音乐流派中保留最完整、丰富的民间音乐。青城洞经古乐传承不断。20世纪50年代，都江堰市尚有"宣化堂""普济慈善会"等7个乐坛组织，均有传承百年以上历史，如由罗著良先生担任掌门的"青城洞经礼乐部"。

在今天看来，青城洞经古乐保留着许多古蜀音乐的原生形态，同时也保留下了著名道士杜光庭在青城创制的道教科仪音乐"广成韵"（又称"南韵"），以及佛教的、宫廷的、儒家的、民间的许多曲牌和曲谱，具有极大的艺术魅力，使人能欣赏到古代的音乐及表现方式，反映出当时的历史文化、社会特征、艺术风格，是流传千年以上的艺术结晶。

（2）青城武术

青城武术是一个重要的中国武术流派，属于中国古代武术四大门派之一，发源于中国道教圣地、世界文化遗产四川青城山。青城武术，源远流长，属巫文化系列支系，有黄老方仙及道教文化后，又属仙道文化系列分支。上古之世，黄帝拜宁封子为五岳丈人，"统驭川岳百神"。传宁封子能作五色烟，有驭云术。他有很高的武功修为，为黄帝统一中原起到重要作用，也从另一个侧面反映了青城古代的武学渊源。

东汉张道陵在青城山创道教正一派，留下雌雄龙虎剑、降魔功，形成青城派武术雏形。如今，青城派武术尤以玄门太极和剑术见长。玄门太极拳法自成体系，而剑术直追天师张道陵之"雌雄剑"，剑式套路中啸云剑、七星剑、龙虎剑、八仙剑等扬名天下，被誉为中华四大剑派之一。

青城武术原出道家、修炼家，重体道养生，长生久视，修为武德特重内功、气功及精神修炼。道门中无论哪种功法器械，都首先为强身健体和自卫防身考虑，故凡修为青城一派道家武功者，皆重无为，重阴柔，重以柔克刚，重无为而无所不为，并非讲先发制人。青城武术，或曰道家武术，至八卦太极而炉火纯青。太极拳抱天地乾坤于一无，至柔之极，而发力至猛之极，可谓无坚不摧。故中国武术与中国之道教源流一样，其根也在青城，其衍化发展最早也在青城[69]。

青城武术因为有千年以上传承和发展历史，已成为一种区域性武术流派，尤其明清两代和民国时期，青城武术达到巅峰，川军许多武术教官为青城武术传人。民间侠客方士、道教、佛教中的习武之人，在长期的交流融合中，形成了较为统一的风格，其拳术正如青城派武术传人周烈光对青城洪拳风格的概括："拳似雷霆变多端，腿似风轮肘如鞭，身似绵条步稳固，大开大合全神注，神鬼莫测手眼随，勇疾狠准手无情。"另一位青城派武术传人也曾概括青城派武术特点："多拳少腿，拳腿结合，走定相配，柔化脆出，快打巧制，借力乘势。"青城派武术除大量以强身健体为目的的内外功法流传较广外，青城二路洪拳、绿林豹拳、太极拳等代表的拳术和龙虎剑、七星剑、阴把八方剑、无极剑等为代表的剑术亦传承久远[103]。

青城派武术的主要内容有：内外功法——健身十八法、玄门太极长生功、盘功、太子功、混元气功、铁汉碑、筋经内丹功、六合内功、七盘功、健身延寿功；练功器械——麻圈、枕头包、三角包、吊包、手包、沙桶、五轮桩、草龙桩、梅花柱、单鞭劲、天地滑子、石牛、石袋、沙筒、太极球、九宫柱；掌法——铁砂掌、朱砂掌、毒药掌、毒砂掌、劈空掌、绵掌、八卦掌；拳术——龙拳、虎拳、豹拳、蛇拳、鹤拳、火龙滚、梅花拳、七星拳、天罡拳、洪拳、二路洪拳、五虎下西川、绿林小手、绿林豹拳、太子游四门、猴拳、青龙拳、醉八仙、二十八宿、小神拳、太极拳、六通拳；器械——八母枪、梅花点石枪、紫虹剑、龙虎剑、鸾凤剑、七星剑、八仙剑、飞剑、十三剑、二十四剑、一百零八串剑、阴把八方剑、无极剑、雌雄剑、白虎鞭、黑虎鞭、追风匕首、双卡、凤凰轮、背箭、足箭、伞、筷子、铁针、拂尘；技击——太极散手、缠手、太极翻花拳、十二时辰点穴术、十二残手、十二死手、串子十八手、三十六路大擒拿、三十六绝手、六十点穴术、空手入白刃。其主要特征是：①以民间习武方式在民间广泛传播。②以师徒或家族传承方式代代相传。③广采薄收，善于接纳和学习其他门派内容，并将其改为适合青城武术特色的套路。④将道、佛及民间武术融为一体，内部门派众多[103]。

青城派武术与道家修炼的"外活四体，内活经络，修命强身"的"动功"有关，且吸收了佛门及各派武术的精华，形成海内外公认的门派，与少林、武当、峨眉诸派相互促进，并驾齐驱。

（3）柳街薅秧歌①

"柳街镇薅秧歌"民俗文化节是四川省省级非物质文化遗产，是培育传统文化的重要项目。"柳街镇薅秧歌"发源于柳街七里坝、邹家坝，是劳动人民创造的原生态的农耕诗歌、音乐文化，具有很强的地域性、大众性、时代性特征。农夫在水稻薅秧劳动中现编现唱，见啥唱啥，天上飞的、地上跑的，水中游的都是素材[104]。

---

① 薅秧歌，一人领唱众人和末尾三字的歌谣。每到薅秧时节，劳动人群遥相呼应，遍坝盈耳，越唱越远，此起彼伏。薅秧歌风行于川西坝子，盛传于岷江流域。

柳街镇地处都江堰市的平原地区,农作物以水稻为主,历来是都江堰市的稻米主产区,而且历史十分悠久,特别是清代中期,随着清政府"湖广填四川"移民政策的实行,柳街迅速成为主要的水稻耕作区,并由此在传统薅秧季节演唱薅秧歌的基础上,进一步形成当地农民创作与唱和民歌的习惯。每到薅秧时,稻田的业主都要请人帮忙薅秧,为了缓解劳动疲乏和提高劳动效率,往往要请当地唱民歌的民歌手到田间组织唱歌谣,久而久之,这种唱民歌的习惯就形成了当地独特的文化现象。

薅秧歌表达的情感内容很宽泛,出口为诗,吟唱为歌。催收工时,你可听见:"太阳落山又落坡,薅秧站在烂泥中。肚子饿来巴骨头,主人还不喊收工";伤感时,边劳作边唱道:"月儿弯弯照九州,我们薅秧在田中。日晒雨淋难消受,一年到头磨到头";雨过天晴,心情大好时年轻人调情高歌:"情妹穿双绣花鞋,轻风摇柳走过来。讨厌这条稀泥路,花鞋打脏划不来";有时调侃而唱:"你歌没有我歌多,我歌还比牛毛多,唱了三年六个月,才唱一只牛耳朵",是真正属于劳动人民创造的原生态的民间民俗文化。

薅秧歌有六大特征。一是具有时代性,薅秧歌在劳动中现编现唱,见啥唱啥,打上了每个时代生产、生活、情感的烙印。二是具有大众性,薅秧歌一人领唱,众人附和末尾三个字,男女老少都参与,气势大,很热闹。三是边劳动边演唱,薅秧歌不讲究地点、场景,喜怒哀乐皆为歌,提高了劳动生产效率。四是无伴奏音乐,薅秧歌随着劳动节奏任意发挥,逐步形成了三四个版本的调式。五是口口相传,代代相传,在罗廷全搜集整理汇编成集之前,歌没有专门的著述,口口相传了300多年,经久不衰。六是文学性与艺术性相通共融[104]。

如今,"柳街薅秧歌"衍生出了两支民间文化志愿者、艺术志愿者队伍,一支是以薅秧歌歌词作为农民诗歌表现形式为基础,诞生了柳风农民诗社;另一支是以薅秧歌的演唱形式及民风民俗演艺活动,促成了柳风艺术团的应运而生。他们使省级非物质文化遗产"柳街薅秧歌"的保持、传承和发展有了实实在在的载体。

近30年来,虽然水稻生产过程中,已基本上没有了薅秧这一环节,但当地农村200多年来形成的编唱歌谣的习俗却并未消失,而是演变为新民歌的创作、朗诵和吟唱的形式,并成立农民诗社,成为远近闻名的民歌之乡,不但在当地形成文化特色,而且走出柳街镇,在都江堰市区、成都市及柳街周边县、邻乡表演。由于柳街镇以薅秧歌为代表的民歌创作、演唱、吟诵活动历史悠久,独具特色,300年来传承不绝,而且能与时俱进,在不同的时代呈现不同的特色,已成为柳街最为深入和广泛的民间习俗。

(4) 天马轿房唢呐音乐

天马轿房唢呐音乐是都江堰市重要的非物质文化遗产之一。天马轿房唢呐音乐在清代中期就已形成规模，据20世纪80年代"三套集成"调查，天马镇著名的轿房班主（即掌门人）杨慎友，在民国初年就已从前辈手中接下曾在都江堰市（原灌县）城区最为有名的"轿房"门面，成为轿房行业的班主。"轿房"是中国民间一门特殊职业，是旧时"七十二行"之一。它有固定的班子，有固定的联系场所，有全套行头，包括以唢呐为主的各种乐器、轿子等服务设施。服务内容除民间红白喜事外，也为一些庆典如祝寿、开业、房屋上梁、落成等活动演奏以唢呐为主的音乐。

"轿房"有自己的行规。其一是唢呐演奏班子除几个基本的固定成员外，其他演奏人员比较自由松散，故"轿房唢呐音乐"有"天罗地"的称呼。这是民间江湖隐语，本为"天罗地网"，隐去"网"字，其意思是班主可随时网罗召集会演奏轿房音乐的人参与活动。一次活动要召集多少个人，则视雇主举办活动的规模大小和出钱多少来定，如果规模大，班主会亲自出面召集有名头和散居各处的演奏人员组成临时演奏班子，民间戏称为"网罗"人员，班主被称为"网网"。已故天马镇"轿房"班主杨慎友先生就是有名的"杨网网"，许多人不知道他的真实姓名，均以"杨网网"相称。其二是轿夫也有江湖隐语，如"二条龙"指轿杠，"满天"指轿顶，"抬财神"指抬男人，"抬观音"指抬女人等。

"轿房"业的核心就是能在有关活动中渲染气氛的唢呐吹奏音乐，被习惯称为"轿房乐"，其乐曲又被称为"泥黄调""沱打沱""牛筋调"等。以唢呐和打击乐为主，再配以二胡、板胡、管子、碰铃、二星等。民间喜事、丧事或其他活动，最注重的是大喜大悲的氛围，根据需要，低音的大唢呐和高音的小唢呐（俗称鸡呐子）配合而成。演奏也有"大吹""小吹"之分。"大吹"的伴奏乐器主要是打击乐，有小鼓、堂鼓、包锣、土饺子、板等；"小吹"的伴奏乐器主要是二胡、板胡、碰铃、二星等。"大吹"和"小吹"在演奏效果上差异很大，班主要随时应变掌握。

天马轿房唢呐音乐已至少有200多年传承历史。传至民国初年杨慎友先生时，已历至少4代人，现已传承至少6代人。天马轿房唢呐乐在旧时传承范围较小，主要在天马镇碧鸡村，以家族传承为主。20世纪50年代至70年代一度停止活动。20世纪80年代由杨慎友及其子杨德发重拾旧业，成为当地及周边乡镇红白喜事的主要操办者。天马镇政府也比较重视，在20世纪90年代对天马轿房唢呐音乐进行深入挖掘和保护，举办多期唢呐演奏培训班，曾于1991

年组织百人唢呐演奏，到成都参加成都艺术节开幕式演出。场面十分壮观。1994年、1995年连续两年天马镇组织由50名唢呐演奏员组成的表演队参加清明放水节表演活动。

天马轿房唢呐音乐在传承过程中，不断完善、吸收和发展，形成了川西古蜀文化具有的丰富、细腻的特点。虽然一些曲牌与道教音乐、佛教音乐及川剧音乐相同，但天马轿房唢呐音乐乐曲曲调内容和演奏技巧已自成一格，其充分发挥唢呐器乐的特色，具有短小精干、热烈奔放、苍凉悲壮等艺术特点。由于天马轿房音乐传承方法主要是父子传承或师徒相授，无文字也无乐谱，传授时使用传统的"郎当谱"，以唢呐音孔开眼确定调高和音域孔位，这使其传播较有难度。近年来经专业音乐工作者帮助，整理出部份曲牌和曲谱，如丧事类曲牌和乐曲《孟姜女哭长城》《哭皇天》《千花》《大合对》《纱窗（一）》《纱窗（二）》《普安咒》《双叹梅》《双奠酒》等；喜事类曲牌和乐曲《迎亲曲》《泥黄调》《跑马调》《迎送》《将军令》《串枝莲》《黄桶圈（一）》《割朒朒》《狗春碓》《新繁根》《莲花调》《喜相逢》《黄桶圈（二）》《喜相逢（二）》《牛筋调》《虞美人》《双叹梅》（悲喜两用）、《懒娃娃》等；娱乐性曲牌和乐曲《黄大娘补缸》《胖大娘》《瘦大娘》《浪子叫妈》等。娱乐性乐曲是以幽默演唱为主的表演形式，唱词诙谐幽默，在活动过程中起缓和气氛、活跃场面的作用[105]。

（三）现代节庆（HD）

1. 旅游节（HDA）：定期和不定期的旅游活动的节日

（1）青城三月三采茶节

自2006年起，都江堰开始举办"青城三月三采茶节"的茶界盛会，首届以"品道茶文化·游生态青城"为主题，通过活动的开展，深挖道与茶的文化内涵，充分利用大青城的生态和文化资源优势，进一步突显青城道文化精髓[93]。

活动期间主要开展踏青采茶、体验观光、休闲健身的"青城山斗茶大赛，茶园绿道单车竞技，青城杯书画雅集评选，中国梦·新气象茶乡摄影自驾游，茶园采风创作、茶山露营和青城茶艺、茶技、太极和茶歌擂台赛"等系列茶文化旅游活动，让大家现场感受和体验"运动中、文字间、镜头里、歌声中、舌尖和宣纸上"的青城道茶的不同韵味[93]。

采茶节活动以茶为媒，不仅搭建起了茶文化和旅游交流与合作的平台，还有效助推了都江堰市茶叶的提档升级和茶农的持续增收，促进了农商文旅一体融合发展，为都江堰市乡村振兴发展增添了一抹绿色。一年一度的"采茶节"

在传承弘扬茶文化的同时，正成为都江堰市推进乡村振兴、发展文化旅游的品牌活动。"青城道茶"也成为都江堰市一张响亮的名片。

青城道茶在泡制手法上也有一套自己的标准。一般泡茶的茶叶只是选用茶叶部分，而青城道茶要连梗带叶一起泡制。在道家的茶道里，茶被称为"稠梗"，稠为叶，梗为茎。稠和梗，一阴一阳，阴阳调和。老子在《道德经》里讲的"上善若水，水利万物而不争"，茶里面最基本的元素就是水了，道家人一边喝茶，一边在茶水的世界里修行。

（2）中国·都江堰国际帐篷露营节

都江堰国际帐篷露营节共举行了两届，第一届是2015年举办，以虹口景区作为主场地，以"虹口七彩梦"为主题。通过帐篷露营这种户外体验的方式，让更多的人参与户外活动，融入美丽的自然中。后续还在青城后山的碧水青山间为国内外游客搭设上百顶帐篷，带领游客亲近自然，将户外休闲进行到底。第二届依旧是在虹口景区举办，帐篷露营、真人CS、音乐狂欢、千人祈福、篝火晚会……在虹口这个空气质量极佳的"天然氧吧"，当一盘帐篷客，享受露营大自然的乐趣，同时登山运动、徒步穿越、漂流戏水，也能纳凉消暑、休闲娱乐、享受原生态美味。帐篷露营节结束后，还能到青城山—都江堰景区寻访意境悠远的道教文化，参观造福天府2 000年的水利工程，到熊猫谷寻访国宝大熊猫的足迹，在浓荫蔽日的秀山丽水中，沿途感受夏季的凉爽、历史的厚重和文化的源远流长。

2. 文化节（HDB）：定期和不定期的展览、会议、文艺表演活动的节日

（1）都江堰放水节

都江堰往昔岁修，先用杩槎截拦断外江，修淘外江，外江修好后，拆除杩槎过水，内江截流，维修内江。内江维修要求在清明节前春灌需水时期完成，内江修好后，拆除杩槎，放水分流至内江各灌渠，这是每年灌区最为隆重的大事。清代即有"祀水"习俗，将清明节定为开水节，举行拆杩放水典礼。现代则称为放水节[106]。

清代的开水节，按例由省级官员主持大典，祭祀李冰和江神。开水的前一天，总督或巡抚任主祭官，由成都启程，途经郫县先到望丛祠祭拜，以缅怀古蜀治水有功的先王。晚上到灌县水利衙门住宿。次日清晨，大型仪仗和鼓乐队在前引路，主祭官坐轿，随从们抬着丰盛的祭品，先到伏龙观参拜，再沿松茂古道出玉垒关，到二王庙祭祀李冰。祭礼完毕，众官员齐集堰功祠，瞻仰历代治水先贤，最后到岷江边杨泗庙前的彩棚落座。主祭官一声号令，三声礼炮

后，顿时锣鼓喧天，爆竹齐鸣。由几位强壮的河工，挥斧砍断内江杩槎结点处的竹索，而岸上十多个壮汉，则拉扯系在杩顶上的大绳，使之倾倒。这时截流的工程就解体了，江水迅速涌入内江。堰工们喊着开水号子，手持竹竿向水流的头部打去，谓之"打水头"，此时观看典礼的人群，发出阵阵欢呼，年轻人沿岸随着水流向前奔跑，一边拣起卵石向水流前端打去，俗称"打水脑壳"。老人们则在河边争舀"头水"，回家祭神，图个吉利。此时主祭官则必须立即坐轿奔回成都，轿夫选择长跑健将，换班抬轿，要求跑在流水的前面，到达成都。若有迟延，则将是当年水不够用的预兆，故坐轿与抬轿的人都很着急。后来有马车代步，则省下了长跑的劳累[106]。

民国时期，开水节的习俗仍相沿袭，多由省政府主要官员主祭。1940 年，由原国民政府主席林森主祭，祭典上改古代的二跪六叩为三鞠躬礼，参祭人员齐诵《迎神辞》并唱《纪念歌》，然后献花、献帛、献爵，奏乐鸣炮，接着就放水[106]。

新中国成立后首次开水典礼为 1950 年 4 月 2 日清明节前，川西军区和川西行署主持庆典，奏乐鸣炮，剪彩放水。当时英国《泰晤士报》还做了报道。1957 年以后，岁修措施改变，内江先修，清明时内江未曾断流，开水仪式也就不再举行。1990 年决定恢复传统的开水节。次年，还采取仿古仪式由演员扮演李冰祭神，并专设杩槎，砍断放水，同时举行清明艺术节等活动。此后各年皆成为定例，开水节遂成为新的都江堰民俗[106]。

（2）中国（成都）—印度国际瑜伽节

中国（成都）—印度国际瑜伽节从 2015 年开始举办，此后每年都有举行。首届在成都都江堰开幕，期间，20 位顶级瑜伽大师为来自中国各地的瑜伽爱好者进行密集授课。活动包括千人瑜伽练习、国际瑜伽日庆祝活动、国际瑜伽日狂欢夜等系列活动。在瑜伽大师们引导下，练习者跟随着节拍，缓缓地拉伸经脉，慢慢地扭转身体，展现出各种唯美的瑜伽姿态。瑜伽节的举办，使印度瑜伽展现的"梵我合一"与青城太极追求的"天人合一"相映生辉，也让公众在青城山下共享瑜伽与太极的独特魅力以及自然健康的养生之道。

（3）成都国际友城青年音乐周都江堰分会场

"2019 成都国际友城青年音乐周"都江堰分会场活动以"让世界了解都江堰"为主题举办。不同的外国艺术团队在南桥广场进行演出，同时搭配国内民族节目和本地特色文艺表演，为观众呈现两场充满"国际范儿"的视听盛宴。除了成都国际友城青年乐队来到都江堰市为大家献上精彩绝伦的演出外，还邀请了都江堰市的国际友城澳大利亚凯西市、芬兰艾赫泰里市的青年乐队加入"2019成都国际友城青年音乐周"这个大家庭。活动期间还有"让世界了解都江堰"图片展、青城太极及茶艺体验、中国传统民乐体验、非遗糖画表演等配套活动。青年音乐爱好者们届时还会走进"一带一路"上的都江堰企业，走进川西音乐林盘、天府绿道等，让友城青年们来一场不虚此行的都江堰之旅。

（4）中国·都江堰李冰文化旅游节

中国都江堰李冰文化旅游节是由四川省都江堰市人民政府和都江堰景区管理局共同主办，集旅游文化推介风情展示于一体的旅游节庆活动，始于2005年，每年农历六月二十四日举办，为期一周。李冰在公元前256年率众修建了举世无双的水利工程都江堰，从此使得成都平原成为"沃野千里，水旱从人，不知饥馑，时无荒年"的"天府之国"。相传农历六月二十四日是李冰的生日，灌区各地群众都要在这天前来都江堰，载歌载舞，祭祀李冰。旅游节期间，都江堰市还将举办都江堰老照片展、《李冰颂》文艺表演、二王庙庙会以及中国书画艺术作品特邀展等活动，让游客感受和体验都江堰神秘而古老的历史、厚重的文化和独特的民风、民俗、民情[107]。

李冰文化旅游节在都江堰景区开幕，李冰治理岷江是世界水利史上的传奇，也是都江堰市特有的历史文化传承。举办李冰文化国际旅游节是为了纪念李冰治理岷江水患、造福成都平原、成就天府四川的丰功伟绩，更是为了弘扬"尊重自然、保护环境"的生态理念和"泽被万众、天人合一"的自然法则。

（5）中国（成都）道教文化节

中国（成都）道教文化节是经国家宗教事务局批准，由中国道教协会、四川省道教协会、成都市道教协会联合主办的节日。道教文化节的主要活动包括：太极神韵——开幕式暨《道韵青城》大型文艺晚会、祈福众生——老君阁灾后重建落成典礼暨感恩祈福大法会、论道青城——"中华之道"中国传统文化巅峰论坛、天籁之音——蜀派古琴表演、仙山新姿——名人书画暨摄影作品展、知恩感恩——上海及澳门系列感恩活动、道在养生——道家养生体验与展示活动、仙山对弈——围棋邀请赛、道解都江堰——闭幕式暨《道解都江堰》实景演出九大系列专题活动。

成都是道教文化的重要发源地，历史悠久，宫观众多，高道辈出。道教祖天师张道陵开宗圣地鹤鸣山、青城山及二王庙、青羊宫、老君山等道观在海内外都有着深远的影响。杜光庭、孙思邈、陈清觉、张三丰以及近现代的彭椿仙、易心莹、傅圆天等高道都曾在这里主持修行。成都作为文化古都,道教文化资源已成为其重要的人文资源之一。青城山是中国道教发祥地,中华仙道思想策源地,天师道的祖山祖庭,世界文化遗产地,其悠久的历史与深厚的文化底蕴,丰盈的自然与人文景观,在中国乃至世界的名山文化中都具有独树一帜,唯一、不可再造的文化特征。

道教文化节以生命内涵为主线,感怀生命,感恩世界,将全面检阅成都、都江堰灾后重建及统筹城乡发展成果,集中展示具有地域特色的道教文化资源和建设世界现代田园城市的美丽蓝图。

(6) 中国西部音乐节

"2018 都江堰·西部音乐节"于 2018 年 10 月 1 日至 3 日在都江堰市举办。活动以"HappyZoo"为主题,结合运动、音乐、艺术、社交等元素为主题,通过声光影变换的方式,用一种全新的呈现方式给与最真实的多感官体验。现场设有五大"音乐+动物"主题板块,重新定义生活的个性形态,观众可以匹配属于自己的"动物图腾",唤醒自己的动物天性,并从另外一个角度认知生活,感受生活,最终爱上生活。同时,音乐节现场设置了都江堰市特色旅游产品展示区,借助音乐节平台展示都江堰优质的旅游资源和丰富的旅游产品,让游客深切感受到都江堰独特的地域风情和文化底蕴。

3. 商贸农事节(HDC):定期和不定期的商业贸易和农事活动的节日

(1) 都江堰田园诗歌节

中国都江堰田园诗歌节于 2019 年在都江堰市柳街镇七里诗乡青城湾的田间举办,将柳街镇七里诗乡夜幕之下的炊烟寥寥、茂林修竹、小桥流水、蛙鸣狗叫融入其中,再通过情景诗歌诵读、柳街薅秧歌实景演出,在游客面前徐徐展开一幅唯美的川西林盘生活画卷。为期 2 天(6 月 22—23 日)的诗歌节活动内容丰富,将呈现出多重亮点。诗歌节期间将先后举行田园诗歌资料及手稿展、中国名家诗集签名展、乡村美学—诗歌论坛、现场命题现场作诗比赛、与会嘉宾现场签名售书、省级非遗"柳街薅秧歌"实景展演、2019 年中国·都江堰田园诗歌节开幕式暨吟诵晚会、诗人采风、田园诗歌大讲堂讲座等活动。

举办 2019 年中国(都江堰)田园诗歌节,是都江堰市传承巴蜀文明,发展天府文化,生动宣传与推广都江堰市文化旅游品牌,提升城市形象,丰富天府旅游名县文化内涵,奋力建设国际化生态旅游城市,献礼新中国成立七十周年的生动实践。

（2）都江堰国际猕猴桃节

都江堰国际猕猴桃节从 2013 年起到 2019 年已经连续举办了七届。都江堰是国际猕猴桃专家公认的猕猴桃最佳生态区之一，猕猴桃种植和利用已经有上千年的历史，都江堰优越的地理环境、环境气候、土壤条件造就了口感独特的猕猴桃。从 1200 年前的青城道家以猕猴桃为原料酿制出的洞天乳酒，到 1980 年在全国率先引进海沃特猕猴桃，成为全国最早人工栽培猕猴桃的地区，再到现在全市 10.3 万亩的种植面积，形成红心、绿心、黄心等"三色猕猴桃"系列品种，都江堰猕猴桃已经成为当地农业主导产业，是果农们增收致富的重要渠道。都江堰国际猕猴桃节的开展，将有力地宣传都江堰猕猴桃特色农产品，让"都江堰猕猴桃"品牌形象更加深入人心；通过猕猴桃产业健康发展，助推都江堰市天府源国家级田园综合体试点建设和乡村振兴发展。

（3）中国·都江堰啤酒节

中国·都江堰啤酒节在都江堰市南桥广场举行，如今已经举办过了 17 届，标志着都江堰全域欢动、全民狂欢的啤酒节模式。在全域景区化的背景下，都江堰啤酒节走起了全域啤酒节路线。在都江堰全市范围内营造节庆氛围，在各街道办、部分乡镇设置分会场，重点推荐地方特色美食。夏季，都江堰市是成都人纳凉的后花园，到都江堰市去吹吹风喝喝酒已经成为一种时尚生活方式。都江堰市一直坚持举办夜啤酒节，吸引了省内、成都及周边县市和本市的市民前来消费。每年的消夏夜啤酒节游客均达数百万人次，品饮啤酒数万吨，在川西形成了一道独特的风景线。

4. 体育节（HDD）：定期和不定期的体育比赛活动的节日

（1）成都双遗马拉松赛

成都双遗马拉松拥有首个连接世界文化遗产和世界自然遗产的马拉松赛道，包括都江堰和青城山的世界文化遗产和包含都江堰赵公山在内的四川大熊猫栖息地的世界自然遗产。首届成都双遗马拉松于 2015 年 4 月 18 日举行，这是继 1986 年后，时隔 30 年马拉松赛事又重现成都。成都双遗马拉松想打造马拉松运动与都江堰千年文化传承及青城山休闲养生旅游完美结合的精品赛事。它是首个连接世界文化遗产和世界自然遗产的马拉松赛事，赛道设置既有现代建筑又有历史遗迹，为跑者打造"跑步回到公元前"的马拉松之旅。赛事主打体育与文化、旅游相结合的理念，突出赛事旅游原则[108]。

（2）中国都江堰虹口国际漂流节

虹口漂流位于都江堰市西北边陲的虹口—龙溪自然保护区。保护区与龙池国家森林公园接壤，自然环境优越，气候凉爽宜人，植被茂密，原始生态保护完整，空气中负离子含量丰富，有"天然氧吧"的美称。

虹口旅游景区是中国西部唯一紧靠特大城市的国家级自然保护区。景区中有虹口漂流、三文鱼养殖观光基地、高原村猕猴桃观光种植基地、瓦子坪风情小镇等景点。其中虹口漂流位于都江堰市西北虹口景区白沙河上，素有"西部第一漂"的美誉[109]。景区海拔1 000米，距成都70余千米，约1小时30分钟车程，距都江堰市18千米，距青城山35千米，其天然漂流河道具有险、奇、幽、俊的独特魅力。虹口漂流全长10千米，漂流段缓急相间，落差明显。漂流水源由来自海拔4 000米的雪山之水和白沙河地下溪水组合而成。"虹口漂流"已在国内外享有一定的知名度和美誉。

（3）世界体育舞蹈节

至2019年，世界体育舞蹈节已举办了10个年头，2019年世界体育舞蹈节在都江堰市飞龙体育馆开幕，来自34个国家和地区的4 000余名选手欢聚都江堰。开幕式上，世界体育舞蹈联合会赛事总监赫尔伯特·沃勒尔代表世界体育舞蹈联合会（WDSF）向成都授予"世界体育舞蹈卓越贡献奖"。世界体育舞蹈节自2010年正式创办，作为成都市一项重要的自主IP赛事，世界体育舞蹈节已发展成为具有重要影响力的国际品牌赛事，对成都乃至全国体育舞蹈运动普及推广做出了积极贡献，对加快成都世界赛事名城建设起到了有力的推动作用。

（4）摇滚马拉松

1998年，首届Rock N Roll摇滚马拉松在加利福尼亚举办，吸引超过20 000名来自美国50个州和全世界30个国家的选手参与，现场乐队表演和拉拉队为马拉松参赛者和观赏者共同营造一场街头大派对。2018年摇滚马拉松开始在都江堰举办，上万名跑步爱好者齐聚。都江堰摇滚马拉松亚洲首站赛道起点选择在灌县古城，赛道途经鱼嘴、青城山等著名景点，带选手领略金秋十月天府之国魅力的同时，加入摇滚和成都本土音乐元素，让中国跑友们率先感受到每一千米都有音乐、起终点盛大主题音乐会的疯狂和摇滚热情。选手们在比赛过程中，会饱览都江堰各色秋景，比如金黄的银杏长廊、碧绿的雪山流水等。

第四节　全域视角下的都江堰文化旅游资源分布特点

根据前文所搜集的关于都江堰市的文化旅游资源资料，笔者对都江堰市的各类文化旅游资源进行绘图，形成都江堰文化旅游资源图谱，发现都江堰市的文化旅游资源分布呈现出以下特点：

一、文化旅游资源丰富，类型多样

按照都江堰文化旅游资源按照旅游资源分类国家标准，244个文化旅游资源分为了4个主类、13个亚类、39个基本类型（见表3-3），它们分别占国家标准人文类旅游资源的100%、93%、46%。按照尹泽生等学者的研究调查结果，一个区域旅游资源的丰富程度，主要是看基本类型的数量[44]，县级行政区域占全国旅游资源基本类型比例大于40%者，表明该区域旅游资源丰度等级为丰富[110]。考虑到都江堰市作为成都的一个县级市，按照标准，都江堰市的每项旅游资源的类型都超过了40%，所以可以说都江堰市的文化旅游资源丰富多样。

表3-3　都江堰文化旅游资源各层次类型数量统计

系列	标准数量	都江堰市	
		数量/个	占全国比例/%
主类	4	4	100
亚类	14	13	93
基本类型	84	39	46

二、文化旅游资源类型以建筑与设施为主

如表3-4，都江堰的文化旅游资源在类型上表现为以建筑与设施为主，拥有131个旅游单体，占比54%；遗址遗迹为辅，拥有50个旅游单体，占比20%；旅游商品最少，数量为11个，占比15%。其中亚类的旅游单体里，综合人文旅游地数量最多，拥有66个旅游单体；社会文化活动遗址遗迹其次，拥有42个。之所以是这样的文化旅游资源结构，是由于都江堰—青城山作为世界文化遗产地、道家发源地，使得都江堰市拥有众多的庙宇宫观、祭祀场

馆、山水园林等文化旅游资源，还包括都江堰千年水利工程留下的遗址遗迹等。而旅游商品数量少，是由于都江堰市主打青城山道家产品，商品种类少且相似性高。

表3-4 都江堰文化旅游资源类型情况

属性	主类			亚类		基本类型
	类型	数量/个	占比/%	类型	数量/个	
人文旅游资源	遗址遗迹	50	20	EB 社会经济文化活动遗址遗迹	42	EAA 人类活动遗址 EAC 文物散落地 EBA 历史事件发生地 EBB 军事遗址与古战场 EBC 废弃寺庙 EBE 交通遗迹 EBF 废城与聚落遗迹
				EA 史前人类活动场所	8	
	建筑与设施	131	54	FA 综合人文旅游地	66	FAB 康体游乐休闲度假地 FAC 宗教与祭祀活动场所 FAD 园林游憩区域 FAG 社会与商贸活动场所 FAK 景物观赏点 FBB 祭拜场馆 FCA 佛塔 FCB 塔形建筑物 FCC 楼阁 FCF 城堡 FCG 摩崖字画 FDA 传统与乡土建筑 FDB 特色街巷 FFA 桥 FGE 灌渠 FDD 名人故居与历史纪念建筑 FDG 特色店铺 FEB 墓（群）FFE 栈道 FGA 水库观光游憩区段 FGB 水井 FGC 运河与渠道段落
				FB 单体活动场馆	2	
				FC 景观建筑与附属型建筑	30	
				FD 居住地与社区	19	
				FE 归葬地	2	
				FF 交通建筑	7	
				FG 水工建筑	5	
	旅游商品	26	11	GA 地方旅游商品	19	GAA 菜品饮食 GAD 中草药材及制品 GAE 传统手工产品与工艺品
	人文活动	37	15	HA 人事记录	5	HAB 事件 HCA 地方风俗与民间礼仪 HCC 民间演艺 HDA 旅游节 HDB 文化节 HDC 商贸农事节 HDD 体育节
				HC 民间习俗	10	
				HD 现代节庆	22	

三、文化旅游资源高度集中于都江堰—青城山景区

从都江堰文化旅游资源分布图表（图3-1、图3-2、表3-5）可以看出，都江堰市的文化旅游资源数量最多的区域就是都江堰景区所在的灌口街道以及青城山所在的青城山镇，分别拥有51个（占比20%）和84个（占比34%）旅游资源单体。其次，向峨乡和玉堂镇的旅游资源相对丰富，而其他地区则表

现出文化旅游资源稀少甚至匮乏的状态。青城山—都江堰景区作为世界文化遗产地，拥有的文化旅游资源丰富多样，不论从开发利用还是从文化内涵的角度来讲都是都江堰市最有价值的区域，所以文化旅游资源高度集中于这两个地方。

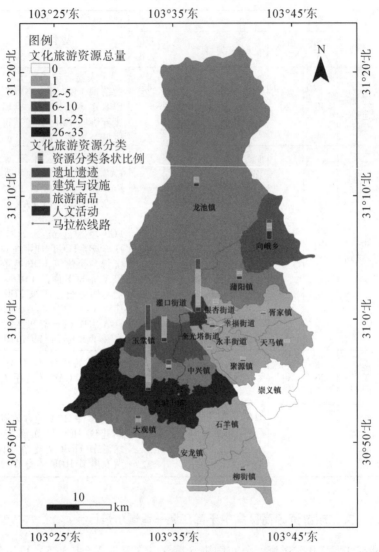

图3-1　都江堰文化旅游资源分布图

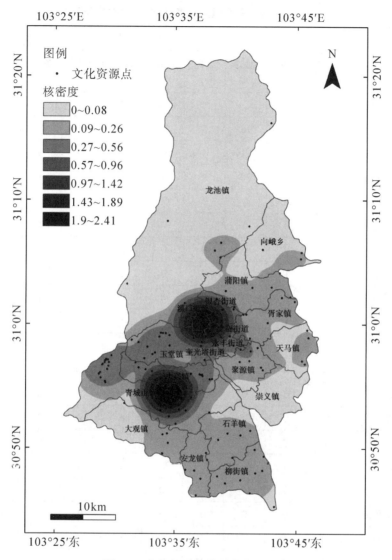

图3-2 都江堰文化旅游资源核密度

表 3-5　都江堰市各乡镇人文旅游资源单体分类统计表

地区	单体总数	遗址遗迹		建筑与设施		旅游商品		人文活动	
		数量/个	比例/%	数量/个	比例/%	数量/个	比例/%	数量/个	比例/%
龙池镇	9	0	0	4	44	2	22	3	33
向峨乡	19	3	16	5	26	3	16	8	42
蒲阳镇	9	1	11	3	33	2	22	3	33
灌口街道	51	10	20	35	69	2	4	4	8
银杏街道	5	0	0	3	60	2	40	0	0
胥家镇	2	0	0	0	0	1	50	1	50
幸福街道	5	0	0	0	0	3	60	2	40
奎光塔街道	2	1	50	0	0	1	50	0	0
永丰街道	1	0	0	0	0	0	0	1	100
玉堂镇	26	1	4	20	77	1	4	4	15
中兴镇	10	5	50	3	30	0	0	2	20
聚源镇	4	0	0	2	50	1	25	1	25
天马镇	3	0	0	2	67	1	33	0	0
青城山	84	25	30	50	60	6	7	3	4
崇义镇	0	0	—	0	—	0	—	0	—
大观镇	8	3	38	4	50	0	0	1	13
石羊镇	1	0	0	0	0	0	0	1	100
安龙镇	1	0	0	0	0	0	0	1	100
柳街镇	4	1	25	0	0	1	25	2	50
合计	244	50	20	131	54	26	11	37	15

四、各区域文化旅游资源分布不均匀

从表 3-5 可看出，在都江堰市的 19 个乡镇中，都江堰—青城山景区所拥有的文化旅游资源占都江堰市所有文化旅游资源的 54%，除去这两个区域，仅有向峨乡、玉堂镇、中兴镇这三个区域的文化旅游资源数量超过 10 个且总体占比 23%，剩下 14 个乡镇总体资源数量仅占 23%，表现出明显的区域分布差异。而在文化旅游资源结构方面，各区域也根据当地的历史文化背景以及传统民俗，呈现出各自的风格，从而表现出旅游资源的结构不均匀的特点（见图3-3）。例如玉堂镇的文化旅游资源主要集中在赵公山旅游景区，更多的是庙宇宫观，所以它所表现出的旅游资源类型主要为建筑与设施；都江堰景区所在的灌口街道，则是以灌县古城所带来的建筑与设施类的旅游资源和都江堰水利工程所带来的遗址遗迹类的文化旅游资源为主。

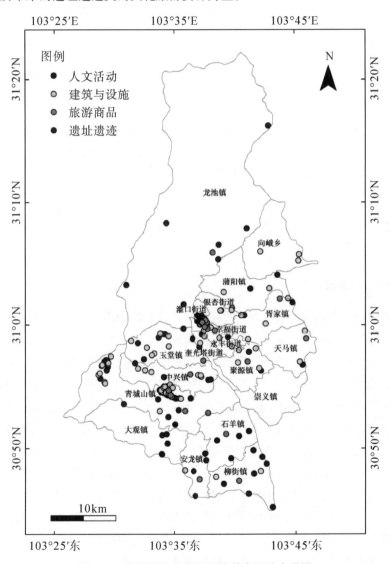

图3-3 都江堰市各类文化旅游资源分布详图

第四章　都江堰文化旅游资源
市场调查分析

　　为了进一步了解都江堰文化旅游资源情况，在2020年"十一"长假期间，针对来都江堰市的旅游人群进行了一次调研。本次调研共发放问卷300份，回收270份，有效问卷253份，有效率为93.7%。

第一节　调研问卷设计及相关内容分析

一、问卷设计

　　本次问卷全部采用线下方式发放，发放对象为2020年10月1日—10日来都江堰市旅游的人群。本次问卷的第二部分都江堰文化旅游资源感知情况表的设计是在前期大量搜集资料和实地考察的基础上，以都江堰市区为中心进行相关文化旅游资源的分类调研，它们主要包括以古城区为中心的文化旅游资源（包括古城区和古城区周边的文化旅游资源），以青城山为中心的文化旅游资源及其他新兴的文化旅游资源。为了弥补问卷中可能出现的不足，还补充了两道开放题目，一题为"您认为都江堰哪些景区对您更有吸引力？"一题为"您认为都江堰还有哪些您感兴趣但开发不够充分的地方或资源？"

　　本次问卷共计分为三个部分，第一部分为来都江堰旅游的人口状况分析。第二部分为来都江堰旅游的游客感知情况调研，主要从都江堰本地的资源、餐饮、服务、交通等情况进行。第三部分为来都江堰的游客对都江堰文化旅游资源的感知度和兴趣度的评估。第二和第三部分采用 Likert 5级量表，指标采用5分制的升序方式。

二、问卷调查结果统计与分析

1. 人口特征学分析

根据调研问卷，得到 253 位游客的人口统计情况（见表 4-1）。

表 4-1 游客人口特征统计

项目	类别	人数/人	比例/%
性别	男	117	46.25
	女	136	53.75
年龄	18 岁及以下	27	10.67
	19~29 岁	119	47.04
	30~40 岁	40	15.81
	41~55 岁	55	21.74
	56 岁及以上	12	4.74
学历	初中及以下	62	24.51
	高中及大专	59	23.32
	本科	124	49.01
	硕士及以上	8	3.16
年收入	5 万元以下	151	59.68
	5 万~10 万元	57	22.53
	11 万~20 万元	28	11.07
	20 万~50 万元	15	5.93
	51 万元以上	2	0.79
来自区域	境外	1	0.4
	四川省外	61	24.11
	四川省（非成都）	91	35.97
	成都市（非都江堰）	82	32.41
	都江堰本地	18	7.11

根据样本的人口统计我们可以看出，样本的性别比例大体呈 1：1，年龄主要集中在 21~29 岁之间，学历以本科为主，年收入在 5 万元以下的人群为

主要调研人群，样本调研的旅游人群主要以四川省本省人群为主。

2. 游客行为特征分析

调研得到游客的行为特征，如来源与旅游动机、旅游时间与出游方式、了解信息的渠道（见表4-2）。

表4-2 游客行为特征统计

项目	类别	人数/人	比例/%
旅游次数	1次	82	32.41
	2~3次	105	41.5
	3次以上	66	26.09
出游方式	单独旅游	54	21.34
	跟团旅游	16	6.32
	家庭旅游	139	54.94
	其他	44	17.39
滞留时间	1天及以内	69	27.27
	2~3天	115	45.45
	4~5天	24	9.49
	6天及以上	45	17.19

根据调查结果，来都江堰旅游的游客每年大概旅游在2~3次的人较多，以家庭旅游为主，115人滞留的时间在2~3天，为主要旅游人群。将滞留2~3天的人群与其来自区域进行联合对比，发现他们主要来自四川省内，占总人数的79.13%，其中成都地区和非成都地区比例大概为1∶1。值得注意的是，在调研样本中，表示滞留4天及以上的人群与滞留1天以内的人群人数大致相当，均为69人，进一步分析发现，滞留4天以上的人群主要来自省外及四川省内的非成都地区，而滞留1天以内的人群主要为成都市及都江堰本地人群。

3. 游客对都江堰旅游的满意度与推荐意愿分析

在对253位来都江堰旅游的人群进行满意度分析后发现，76人表示非常满意，占总人数的30.04%；满意的人数为119人，占总人数的47.04%；认为一般的人数为53人，占总数的20.95%；不满意的为2人；非常不满意的为3人。

在对253位来都江堰旅游的人群进行推荐意愿分析后发现，78人表示非常愿意将都江堰作为旅游地推荐给其他人，占总人数的30.83%；愿意推荐的人数为 156 人，占总人数的 61.66%；不愿意的有 17 人，占总人数的 6.72%；非常不满意的有 2 人，占比为 0.79%。

在对满意度和推荐度进行相关分析后发现，两者在 0.01 水平上呈现显著正相关，进一步进行回归分析发现，两者之间呈 0.897 的回归系数。回归方程为：$Y=0.475+0.897x$。

4. 都江堰市景点旅游频次分析

2020 年"十一"期间对随机选取的 253 位前来都江堰市旅游的游客展开调研，根据所列都江堰文化旅游资源中的 23 处景点，笔者对他们曾经到过的地方进行频次分析，除去 9 人为刚到还没旅游的游客外，去过都江堰景区的频率最高，253 人中仅有 34 人不曾去过；其次是灌县古城，59 人表示他们未曾去过（见表 4-3）。

表 4-3　游客到访都江堰市景点频次表

到访地点	到访人数/人	到访比率/%
都江堰景区	219	86.6
灌县古城	194	76.7
灌县古城墙	129	51
杨柳河街	159	62.8
水街	91	36
水利府	44	17.4
宣化门	158	62.5
西街	103	40.7
灌县文庙	68	26.9
奎光塔	42	16.6
紫坪铺水库	47	18.6
虹口	78	30.8
灵岩山	80	31.6
侏罗纪温泉公园	25	9.88
普照寺	27	10.67
三佛洞	22	8.7
青城山前山景区	127	50.2

表4-3（续）

到访地点	到访人数/人	到访比率/%
青城山后山景区	115	45.45
赵公山	46	18.18
玫瑰花溪谷	30	11.86
花溪农场	34	13.44
融创文旅城	50	19.76
水果侠	33	13.04
以上均无	9	3.56

再对游客到访都江堰景点的频次情况进行进一步的分析，得到游客到访景点的排序为：都江堰景区，灌县古城，灌县古城墙，杨柳河街，宣化门，青城山前山景区，青城山后山景区，西街，水街，灵岩山，虹口，灌县文庙，融创文旅城，紫坪铺水库，赵公山，水利府，奎光塔，花溪农场，水果侠，玫瑰花溪谷，普照寺，侏罗纪温泉公园，三佛洞。

5. 游客对都江堰市景点情况了解度分析

根据量表，调研得到游客对都江堰市景点情况的了解感知表（表4-4）。

表4-4　游客对都江堰景点了解情况感知表

到访地点	总人数/人	均值	标准差
都江堰景区	253	3.87	0.964
灌县古城	253	3.62	1.087
灌县古城墙	253	3.21	1.193
杨柳河街	253	3.35	1.281
水街	253	2.71	1.257
水利府	253	2.57	1.231
宣化门	253	3.38	1.265
西街	253	3.02	1.351
灌县文庙	253	2.67	1.300
奎光塔	253	2.60	1.313
紫坪铺水库	253	2.72	1.296

表4-4(续)

到访地点	总人数/人	均值	标准差
虹口	253	2.98	1.272
灵岩山	253	2.91	1.226
侏罗纪温泉公园	253	2.38	1.192
普照寺	253	2.41	1.249
三佛洞	253	2.33	1.208
青城山前山景区	253	3.42	1.147
青城山后山景区	253	3.36	1.206
赵公山	253	2.64	1.250
玫瑰花溪谷	253	2.46	1.258
花溪农场	253	2.45	1.242
融创文旅城	253	2.78	1.234
水果侠	253	2.42	1.237

笔者在游客对都江堰景点情况的了解感知调研中，发现游客对都江堰景点的了解程度普遍偏低，总体均值为2.88，没有超过3，分别进行分析发现，在上面量表所设的23处景点中，仅有8处的均值在3以上，其余均在3以下，这说明游客都江堰的文化旅游资源整体了解程度偏低。仅有的8处均值超过3的为都江堰景区、灌县古城、灌县古城墙、杨柳河街、宣化门、西街、青城前山景区和青城后山景区。值得注意的是，在这8处均值超过3的景点中，无一处均值是超过4的。且除了都江堰景区，其他景点的游客了解感知方差均大于1，说明在这些景点的了解程度上，游客间存在着较大的差异。

6. 游客对都江堰市景点的兴趣度分析

基于游客对都江堰市景点的兴趣度调研，得到游客对都江堰景点的兴趣度情况表（表4-5）。

表4-5　游客对都江堰市景点兴趣度情况表

到访地点	总人数/人	均值	标准差
都江堰景区	253	3.87	0.920
灌县古城	253	3.66	0.994

表4-5(续)

到访地点	总人数/人	均值	标准差
灌县古城墙	253	3.42	1.130
杨柳河街	253	3.49	1.002
水街	253	3.15	1.134
水利府	253	3.08	1.184
宣化门	253	3.45	1.055
西街	253	3.26	1.097
灌县文庙	253	3.19	1.154
奎光塔	253	3.17	1.171
紫坪铺水库	253	3.22	1.129
虹口	253	3.54	1.111
灵岩山	253	3.28	1.154
侏罗纪温泉公园	253	3.17	1.141
普照寺	253	3.08	1.143
三佛洞	253	3.06	1.223
青城山前山景区	253	3.71	1.005
青城山后山景区	253	3.69	1.055
赵公山	253	3.28	1.111
玫瑰花溪谷	253	3.21	1.148
花溪农场	253	3.09	1.185
融创文旅城	253	3.48	1.100
水果侠	253	3.06	1.170

在游客对都江堰市景点情况的兴趣度感知调研中，发现游客对都江堰市景点的兴趣度普遍较高，总体均值为3.33，所有景点均值均超过3。分别进行分析发现，景点兴趣度排名顺序为：都江堰景区，青城山前山景区，青城山后山景区，灌县古城，虹口，杨柳河街，融创文旅城，宣化门，灌县古城墙，灵岩山，赵公山，西街，紫坪铺水库，玫瑰花溪谷，灌县文庙，奎光塔，侏罗纪温泉公园，水街，花溪农场，水利府，普照寺，三佛洞。

7. 对到访频次、了解程度与感兴趣度的交叉分析

在对游客在都江堰市景点的到访频次、了解程度与感兴趣度做了交叉对比分析后发现，都江堰景区在各类排名中均居于首位，可以看出都江堰水利工程在整个都江堰市的文化旅游中所占据绝对优势地位。位于游客兴趣度均值排名第二、第三的分别是青城山前山景区和后山景区（见表4-6）。

表4-6　游客对都江堰市景点到访情况、了解情况与兴趣度交叉分析量表

景点名称	到访频次排名	了解程度排名及均值	感兴趣度排名及均值	差异值
都江堰景区	1	1/3.87	1/3.87	0/0
灌县古城	2	2/3.62	4/3.66	2/0.04
灌县古城墙	3	7/3.21	9/3.42	2/0.21
杨柳河街	4	6/3.35	6/3.49	0/0.14
宣化门	5	4/3.38	8/3.45	4/0.07
青城山前山景区	6	3/3.42	2/3.71	-1/0.29
青城山后山景区	7	5/3.36	3/3.69	-2/0.33
西街	8	8/3.02	11/3.19	3/0.17
水街	9	13/2.71	16/3.15	3/0.44
灵岩山	10	10/2.91	10/3.28	0/0.27
虹口	11	9/2.98	5/3.54	-4/0.56
灌县文庙	12	14/2.67	14/3.19	0/0.52
融创文旅城	13	11/2.78	7/3.48	-4/0.70
紫坪铺水库	14	12/2.72	12/3.22	0/0.50
赵公山	15	15/2.64	10/3.28	-5/0.64
水利府	16	17/2.57	18/3.08	1/0.51
奎光塔	17	16/2.60	15/3.17	-1/0.57
花溪农场	18	19/2.45	17/3.09	-2/0.64
水果侠	19	20/2.42	19/3.06	-1/0.64
玫瑰花溪谷	20	18/2.46	13/3.21	-5/0.75
普照寺	21	21/2.41	18/3.08	-3/0.67
侏罗纪温泉公园	22	22/2.38	15/3.17	-7/0.79
三佛洞	23	23/2.33	19/3.06	-4/0.73

在对都江堰市景点的了解和感兴趣度的均值比较中，我们可以看到所有景点的感兴趣均值均大于了解度的均值，这说明上述都江堰市的文化旅游景点均具有很强的开发价值。同时，在了解度与兴趣度的排名差异比较中，我们可以看到青城山前山景区、后山景区、虹口、文旅城、赵公山、奎光塔、花溪农场、水果侠、玫瑰花溪谷、普照寺、侏罗纪温泉公园和三佛洞景点的兴趣度排名与了解度呈现出兴趣度排名高于了解度排名的情况，尤其是侏罗纪温泉公园、玫瑰花溪谷、赵公山、虹口与千佛洞景点，其排名差异在4位以上，这说明这些地方具有较强的开发前景，需要相关的宣传，以加深游客的了解，促进都江堰市旅游资源的全面开展。

第二节 都江堰文化旅游市场总体评价

一、游客对都江堰市旅游的整体感知度分析

为进一步得到游客在都江堰市旅游的整体感知情况，笔者特制定游客对都江堰旅游情况的感知量表，从都江堰市的内部资源、外部环境、服务水平三个方面进行设计，调查游客来都江堰市旅游后的整体感知情况（见表4-7）。

表4-7 游客对都江堰市旅游的整体感知情况

题项	总人数/人	均值	标准差
都江堰旅游资源丰富	253	4.14	0.841
都江堰地理位置优越	253	3.98	0.838
都江堰环境优美	253	4.22	0.753
都江堰公共设施完善	253	3.93	0.831
都江堰历史文化底蕴深厚	253	4.22	0.779
都江堰气候宜人	253	3.91	0.951
都江堰交通便利	253	3.77	0.853
都江堰经济发展水平高	253	3.39	0.868
都江堰居民热情好客	253	3.9	0.775
都江堰餐饮条件好	253	3.78	0.825
都江堰住宿条件好	253	3.72	0.810

表4-7(续)

题项	总人数/人	均值	标准差
都江堰与旅游有关的购物品有特色	253	3.63	0.856
都江堰有很多有名的当地特色小吃	253	3.66	0.865
都江堰各景区的导游服务周到	253	3.65	0.790
都江堰各景区的工作人员服务周到	253	3.69	0.777

从游客对都江堰市旅游情况的感知量表可以看到，游客对在都江堰市旅游的感知情况较好，所有感知均值均在 3 以上，在资源丰富、环境优美和历史文化底蕴深厚三个方面超过了 4，这说明都江堰市在这三个方面具有绝对的优势，应该继续保持（见表4-8）。

表4-8   游客整体感知情况分析量表

变量	均值	标准差
游客在都江堰旅游的整体感知情况	3.84	0.625
游客对都江堰各景点的了解感知情况	2.88	0.919
游客对都江堰各景点的兴趣度感知	3.33	0.850

总体而言，游客对都江堰市旅游的感知情况均值为 3.839，标准差 0.625，对都江堰各地的了解程度为 2.881，标准差为 0.919，对都江堰各地的兴趣度为 3.331，标准差为 0.850。这一整体感知情况均值说明游客对都江堰的旅游整体较为满意，对各文化旅游景点的兴趣度也较高，但了解较少，都江堰市需要进一步加强对外的宣传。

二、游客对都江堰市旅游整体感知情况因子分析

判断样本数据是否适合做因子分析，首先应当确定各变量间是否具有一定的相关性。本书通过对变量进行 KMO 和 Bartlett 球形检验来确定其相关性。KMO 值越接近 1，意味着变量间的相关性越强，原有变量越适合因子分析。KMO 度量标准为：0.9 以上表示非常适合；0.8 表示适合；0.7 表示一般；0.6 表示不太适合；0.5 一下表示极不合适。笔者对数据进行分析后得到，KMO 系数为 0.935（大于 0.9），量表具有较高的信度。Bartlett 球形检验 p（0.000）< 0.001，Cronbach's Alpha 为 0.946，具有较高的可靠性，这表明相关变量适合进行因子分析。

接下来对 15 个变量采取主成分分析法、方差最大正交旋转法进行因子分析,抽取 3 个固定的因子数,共形成 3 个公因子,3 因子结构可以解释总方差的 71.15%(见表 4-9),各题项因子载荷均大于 0.6。

表 4-9 游客对都江堰市旅游感知情况(13 个指标)的负荷值表(正交旋转)

变量	成分		
	1	2	3
1. 都江堰旅游资源丰富	0.238	0.778	0.235
2. 都江堰地理位置优越	0.284	0.683	0.410
3. 都江堰环境优美	0.232	0.799	0.286
4. 都江堰公共设施完善	0.406	0.576	0.242
5. 都江堰历史文化底蕴深厚	0.343	0.796	0.094
6. 都江堰气候宜人	0.139	0.459	0.669
7. 都江堰交通便利	0.346	0.320	0.743
8. 都江堰经济发展水平高	0.444	0.083	0.737
9. 都江堰居民热情好客	0.395	0.414	0.527
10. 都江堰餐饮条件好	0.683	0.399	0.246
11. 都江堰住宿条件好	0.709	0.439	0.190
12. 都江堰与旅游有关的购物品有特色	0.819	0.135	0.240
13. 都江堰有很多有名的当地特色小吃	0.718	0.247	0.325
14. 都江堰各景区的导游服务周到	0.773	0.314	0.257
15. 都江堰各景区的工作人员服务周到	0.727	0.334	0.281

根据因子分析的结果,公因子 1 包括 5 个关于都江堰旅游资源的指标(1—5 题),命名为旅游资源(X_1);公因子 2 包括 4 个关于都江堰外部环境的指标(6—9 题),命名为外部环境(X_2);公因子 3 包括 6 个关于旅游服务的指标(10—15 题),命名为旅游服务(X_3)。

1. 游客对都江堰旅游整体情况的感知与旅游满意度、推荐度的相关分析与回归分析

本书采用 SPSS 统计软件中的 Pearson 相关分析对自变量(游客旅游整体感知)与因变量(满意度和推荐度)之间的相关系数进行测量,进而考察其相关性。并采用回归分析法进一步研究游客旅游整体感知对满意度和推荐度的

解析程度。数据分析结果显示，在0.01的显著水平上，游客对都江堰旅游感知情况的各维度与满意度和推荐意愿呈正相关关系（见表4-10）。

表4-10 旅游整体感知与满意度、推荐度的相关分析

潜变量	内容	旅游满意度	推荐意愿
旅游资源（X_1）	Pearson 相关性	0.365**	0.360**
显著性（双侧）		0.000	0.000
N		253	253
外部环境（X_2）	Pearson 相关性	0.417**	0.349**
显著性（双侧）		0.000	0.000
N		253	253
旅游服务（X_3）	Pearson 相关性	0.393**	0.380**
显著性（双侧）		0.000	0.000
N		253	253

注：* 为 $p < 0.05$，** 为 $p < 0.01$，*** 为 $p < 0.001$。

为进一步探讨游客对都江堰旅游感知情况的各维度与 Y_1 满意度和 Y_2 推荐意愿的解析程度，笔者通过线性回归方法，检验游客对都江堰旅游感知情况的各公因子对满意度的解析力和回归方程，发现三个自变量只有外部环境在0.01水平上显著，调整后的判定系数 R^2 解释总体变异的18.2%，回归方程为 $Y_1 = 4.103 + 0.177 \times X_2$。同样方法，检验游客对都江堰旅游感知情况的各公因子对推荐度的解析力和回归方程，发现三个自变量只有旅游服务在0.01水平上显著，调整后的判定系数 R^2 解释总体变异的15.3%，回归方程为 $Y_2 = 4.241 + 0.118 \times X_3$。

这说明，要想提高游客对都江堰的文化旅游资源的满意度，需要为都江堰的旅游发展打造更加良好的外部环境，如便捷的交通、宜人的气候与热情友好的居民等。要想进一步提升游客对都江堰的推荐度，则需要在服务条件上多下功夫，如都江堰餐饮条件、住宿条件、购物特色、导游服务等方面。

2. 游客对都江堰文化旅游资源开发的建议

表4-11　游客对都江堰文化旅游资源开发的意见与建议

您认为都江堰哪些景点对您更有吸引力？	您认为都江堰还有哪些您感兴趣但开发还不够充分的地方？
离堆公园15、灌口、鱼嘴3、融创文旅城17、都江堰景区28、都江堰水利工程20、熊猫谷14、西街14、南桥13、虹口23、青城山97、青城山前山3、景区的历史人文、古镇、灵岩山3、南门、水果侠、宝瓶口2、塔3、玉垒山2、飞沙堰2、花溪农场、灌县古城2、龙池2、玉垒阁、水、柳河坊3、四川农业大学、玫瑰花溪谷3、宣化门4、赵公山2、青城后山6、文庙3、壹街区、幸福路、美食长廊、温泉园3、水街、三佛洞、泰安、古城、都江堰索桥3、堰塞湖、翠月湖、山水、	新型建设、青城山6、南桥4（旁边设施太少2）、康养、青城后山5、灵岩山11、虹口9、熊猫谷12、乐园、博物馆2、西街、古镇、灌口街道、宣化门3、龙门山、四川农业大学4、文庙2、滑雪场2、柳河坊6（街3）、花溪农场、特色民宿、古镇商业化太重2、融创文旅城2、紫坪铺水库3、娱乐设施、配套设施不完善3、都江堰景区2、聚源、灌县古城墙2、服务态度和设施2、水资源4、杨柳河的河、灌县古城5（古城气息不足）、玉堂镇、街子古镇、特色住宅、其他景点知名度低，尤其是古镇3、映秀镇、青城湾湿地庄园、普照寺、三佛洞、水利工程2、饮食、交通工具可更丰富、道观、玫瑰花溪谷、侏罗纪温泉公园、商场、水果侠、都江堰4、龙池、非城区地区、玫瑰花溪谷、资源老化、赵公山、茶溪谷、乡村旅游资源3、无特色、城楼、泰安古镇

关于都江堰哪些景点对游客更有吸引力的问题中，吸引力排名第一的是青城山，其次是都江堰景区及水利工程，超出10人次的回答还有虹口、融创文旅城、离堆公园、熊猫谷、西街。

在关于都江堰游客感兴趣但开发不够的地点中，熊猫谷、灵岩山均超出10人次，说明这两处景点还有进一步开发的潜力。此外认为虹口、灌县古城、柳河坊、青城山及青城后山开发不够的均超过5人。值得注意的是，游客指出都江堰周边地区几个乡镇的开发情况不够充分，有游客指出除都江堰景区、青城山景区，其他景点知名度较低，这和都江堰文化旅游资源分布图中资源高度集中于都江堰景区、青城山景区是相一致的。

第五章　都江堰文化旅游资源保护与开发的全域视角分析

　　根据对都江堰文化旅游资源所做的调研、分析，我们可以看出，都江堰市整体文化旅游资源丰富，全市范围内共有文化旅游资源单体244个；类型也比较多样，根据国家旅游资源分类标准，都江堰市在遗迹遗址、建筑设施、旅游商品、人文活动4个主类，社会经济文化活动遗址遗迹、史前人类活动场所、综合人文旅游地等14个亚类，人类活动遗址、宗教与祭祀活动场所、灌区等84个基本类型中，各级旅游资源类型均超过40%。都江堰文化旅游资源的丰富和多样性，使得在全域范围内对这些文化旅游资源进行有效的保护和开发成为非常重要的命题。

第一节　全域视角下都江堰文化旅游资源保护与开发情况分析

一、都江堰文化旅游资源的保护与开发情况

　　1. 核心景区文化旅游资源保护与开发整体情况较好，但对周边景点的带动作用有限

　　在对都江堰市的244个文化旅游单体进行分析后发现，它们主要高度集中在都江堰景区及所在灌口街道和青城山景区及所在青城山镇，其他地区文化旅游资源相对较少。根据实地调研，发现核心区文化旅游资源的保护与开发情况较好，如都江堰景区、青城山景区、灌县古城、宣化门、柳河坊、古城墙、西街等，均具有较高的知名度，游客到访率与了解程度的感知情况相对都较高。

　　但值得注意的是，核心景区的旅游辐射作用较小，不少紧靠景区的文化旅

游资源依然存在游客到访率低、知名度低、了解程度的感知情况均值更低的情况，开发力度明显不够，如灵岩山、融创文旅城、奎光塔、熊猫谷、虹口、赵公山、水利府等地，游客对这些地方的感兴趣程度远远高于其了解度，普遍认为很有吸引力但开发相对不够。

2. 文化旅游资源分布不均匀，非核心区文化旅游资源开发相对欠缺

都江堰水利工程和青城山作为世界文化遗产地、国家 AAAAA 级旅游景区，拥有着极其丰富的文化旅游资源，而其他区域拥有的资源数量少且名气小，使得大多数外来游客只将都江堰景区和青城山作为旅游目的地，从而使其他区域的旅游资源的开发受阻，各地域的资源分布不集中，造成游客的游览效率不高。

都江堰文化旅游资源在非核心区分布较为分散，资源的保护情况相对较好，如芒城遗址很早就得到了人们的重视，并且作为省级重点文物被保护，但开发情况相对欠缺，作为文化旅游资源进行开发的力度远远不够。另外，如赵公山、玫瑰花溪谷、花溪农场、水果侠、三佛洞、普照寺等地，因为距离核心景区相对较远，在来都江堰市游玩的游客中，整体的了解感知度非常低，在总分为 5 的感知量表中，它们的感知情况均值均在 3 以下，这说明这些地方对外没有较高的知名度。经考察发现，这些景区也没有直达的专门旅游线路，这对游客游玩景区之后继续周边旅游显然是不利的。整体而言，非核心区域的文化旅游资源还有很大的开发空间，核心区域的旅游带动作用还有待进一步加强。

3. 都江堰市无形文化旅游资源的转化情况较好

都江堰市独特的道文化与水文化特色，需要游客用心的体会。而将这些无形的文化转化为具体可视可观的具体形象无疑有助于提升游客的体验。如城市建筑小品的增加，都江堰市道路上体现了其独特水文化的杩槎造型的路灯、竹笼卵石的道路装饰以及石犀、石马、石人等雕塑或壁画、水上转筒风车等，让游客可以从最直观的形象感知到都江堰市的水文化。还有城市内部交通体系，如公交车、社区巴士、出租车等，不仅承担着帮助市民和游客代步的责任，更承载着宣传弘扬都江堰市"山、水、道、熊猫"文化的重任，每辆出租车上都有都江堰市的熊猫吉祥物，大多数公交巴士也以山、水、熊猫等元素来装饰车体，相当数量的公交车车体上印着"拜水都江堰，问道青城山"的城市宣传标语。这些有形的文化形象，加强了游客对都江堰这座城市的理解与感知，提升了他们的旅游体验。

4. 文化旅游资源开发力度不够，游客旅游观光化，缺乏体验类项目

在全域旅游新的旅游模式下，都江堰市各地域的改革发展并没有打破人们

对都江堰市的固有印象，并没有将人们从单一的"欣赏世界遗产"的旅游目的转换为以遗产旅游、休闲度假、体育健身、康体疗养等多元结合的旅游目的。都江堰拥有的文化种类多样，但文化旅游形式单一，大多为视觉感知，使得游客体验感不佳。在文化内容的输出上，主要使用文字注释和导游讲解的方法，呈现出文化对游客单向输出的现象，而缺少游客与文化之间的互动，从而使得游客对文化的理解不够深入。

在都江堰市的文化旅游资源保护与开发中，将文化旅游资源转化为具体可体验的项目相对缺乏，无论是都江堰景区、青城山景区还是灌县古城区及其他地区，文化旅游资源往往都没有因时因地地转化为可供游客体验的项目类型，以此延长游客停留时间。在与游客的访谈中，不少游客认为都江堰市的水系没有充分利用起来，缺乏相应的游玩项目。调研发现，来都江堰市的游客在都江堰市的旅游时间多为 2~3 天，这部分游客主要来自四川省内，尤其是都江堰市周边的成都人，他们一般为周末时间到都江堰旅游，游客留在都江堰市的时间超过 4 天及以上的多为省外及成都之外的省内人群，但这部分人群所占的总体比例较少。要想提升游客的停留时间，有必要开发相应的体验类项目。融创文旅城作为都江堰市新开发的旅游类体验项目，虽在一定程度上弥补了这一不足，但成都周边相似的体验类地点并不少，所以在周边地区游客人群中，并不具有绝对优势。

5. 旅游公共服务水平差异大、旅游服务质量有待提升

都江堰市整体的旅游公共服务水平存在着两极分化。都江堰—青城山景区的公共服务体系十分完善，而除此之外的其他旅游景点都存在着线上线下的信息服务不到位的情况，导致游客能够获知的信息量少。此外，公共交通体系不健全，全域旅游建设下都江堰市大力发展乡村旅游，但多数景区偏离市中心且并无直达公交，很难满足游客对交通工具的需求。除青城山景区和都江堰景区开发较为成熟以外，其他的景区不论是服务质量还是景区建设质量都较低。例如茶溪谷和玫瑰花溪谷等以休闲观光旅游为主的景区，都存在景区内部基础设施建设不完善、旅游项目少等问题，从而产生游客回头率不高、景区口碑不好等表征问题。

在对都江堰市文化旅游市场的整体感知度调研中，笔者发现游客对都江堰市旅游服务的整体感知均值最低，且具体到每个测量题项中，各项感知度均值也都低于其他指标。在具体的访谈中，也有游客提出都江堰古城区个别景点周边的娱乐设施、配套设施不完善、服务态度有待进一步提高等意见。这说明都江堰的旅游服务体系与服务质量还有进一步提升的空间。

二、都江堰市政府对都江堰文化旅游资源的保护与开发规划

1. 将文化旅游资源与自然旅游资源结合，共同推动全域旅游发展

除了良好的文化旅游资源，都江堰市还具有良好的自然旅游资源，在政府的扶持与指导下，两者的结合共同推动了都江堰全域旅游的发展。

2019年，都江堰市提出要以率先建成美丽宜居的公园城市和国际化的生态旅游城市为路径支撑，贯彻落实四川省"一干多支"的发展战略，进一步挖掘"三遗"世界级旅游品牌和"山、水、道、熊猫"的旅游价值，实现"绿水青山"科学地，保护性地向"金山银山"转变。都江堰市在四川省建设万亿级旅游产业、打响"川字号"旅游招牌中起到了"打头阵，当先锋，立足标杆，引领思维"的作用。

做大做强不同功能的旅游休闲项目。包括以融创文旅城、水果侠主题公园、熊猫主题公园为代表的娱乐休闲项目；以安缇缦莲花湖国际旅游度假区、中国西部高山河谷国家级旅游度假区、泰合青城山国际旅游度假区为代表的旅游休闲项目；以中国·青城山世界康体养生旅游目的地项目为代表的康体养生项目；以虹口漂流、青城外山高尔夫、翠月湖户外运动为代表的运动健身项目等。

做精做实相关配套项目。都江堰市按照"专业市场、特色街区、旅游景点三位一体"的原则，大力推进如"壹街区""西街""杨柳河街""水街""夜啤酒长廊"的改革和建设，引进及运营休闲娱乐、特色餐饮、文化创意、康体养生等休闲业态门店千余家；招引投运大量国际知名酒店，对标国际酒店行业标准，深入实施品质酒店培育行动，出台酒店业扶持奖励办法，创新制定品质酒店评定标准、民宿管理办法，引领多元化住宿服务体系建设。豪生、六善等高端酒店投入运营，洲际、希尔顿等高端酒店开工建设，阿里拉等国际著名酒店管理品牌正式入驻，以高品质酒店为核心的酒店集群初具规模；加强与知名民宿平台的合作，培育发展了碧屋、坐望、上山上等30余家精品民宿，做强精品民宿联盟，结合农家乐"四改一提升"，推进传统农家乐向精品民宿转变，形成高中端民宿产业集群。加强同台湾、莫干山等民宿先进地区合作等[111]。

做特做优旅游产业园区。深化产业功能区的一体化格局，做特做优四川青城山旅游装备产业功能区、都江堰精华灌区康养产业功能区、李冰文化创意旅游产业功能区。以高端品质、集群发展为指导，深化旅游供给侧结构性改革，打造"旅游、文化、体育、农业、商业、医疗、养生"的大融合产业生态圈。

2. 政府大力扶持文化旅游产业发展

为了更好地实现旅游产业转型升级，吸引高端项目、高级人才，提供创新服务，2017年，都江堰市人民政府出台了《都江堰市人民政府关于加快促进旅游主导产业转型发展的政策措施》，其中，包括鼓励投资建设文化主题酒店，鼓励投资建设博物馆、展览馆、剧场等与文化资源保护和开发相关的活动。如《都江堰市全域旅游发展规划》所指，一是鼓励支持举办会展活动，提出"由国内外知名会展机构、国际性组织、国家级行业协会（学会）在集聚区内举办国际级的文化旅游类重点会议、论坛、峰会等，对主办或承办方投入的宣传营销、运营管理、设施搭建费用，按比例不超过20%、总额不超过50万元给予企业一次性奖励；对举办的旅游商品、文化创意、工艺美术、绿色科技等有利于促进我市适旅服务业提升的高端专业类、精品类项目展览，对主、承办方投入的宣传营销、运营管理、设施搭建费用，按比例不超过30%、总额不超过100万元给予企业一次性奖励。"二是鼓励支持研发特色旅游商品，对开发生产以道教文化、熊猫文化、水利文化等为主的特色旅游商品以及动漫、影视、网游、手游等文创产品和衍生品的企业，按照当年地方财政贡献额连续三年给予95%、90%、80%奖励。对产品获得行政主管部门主办的国家级大赛一、二、三等奖的生产企业或个人，分别给予50万元、30万元、15万元奖励；获得省级大赛一、二、三等奖的，分别给予20万元、10万元、5万元奖励。三鼓励支持打造文旅专业商圈（街区），鼓励企业在集聚区内打造文旅专业商圈（街区），对招引文旅业态商家在100家以上或经营面积达到2万平方米以上、主营业态在60%以上的主力运营企业，给予主力运营企业最高200万元的一次性奖励。对专业商圈内知名品牌商家占比达到20%以上的，一次性奖励可上浮30%。这些政策的出台对都江堰市当地文化旅游资源的保护和开发起到了重要的政策支持作用。

3. 鼓励支持旅游基础设施、公共服务设施项目建设

全域治理，营造舒适整洁的城乡环境。都江堰市以城市环境治理为切入点，多管齐下，大力实施从城市到农村、从院落到家庭的全域环境综合治理。一方面，都江堰市以城市为重点，围绕治理"污、脏、乱"，针对城市环境、城市空间、城市秩序等展开了专项整治工作，对污水乱排、工地乱象、临建乱搭、乱扔垃圾、随口吐痰等现象实施高压管理，共拆除违章建筑20多万平方米，治理脏河、黑河、臭河十余条；另一方面，都江堰市以院落为治理单位，完成了200多个老旧院的改造，健全院落物业管理体系，开展"美好家园·美丽我院"的全域院落环境提升工程，实现院落卫生从无人管向集体管、常态

管转型。

加强基础设施建设，提升公共服务品质。提起公厕，人们不免将之与
"脏、乱、差、臭"四个字联系在一起，但在都江堰市却大有不同。近年来，
都江堰市紧紧围绕建设国际生态旅游名城的目标，不断对公厕进行投建改造，
使公厕在总体数量、分布和品质上与城市发展保持了同步，硬件设施和服务质
量等方面都有了质的提升。在厕所建设中，都江堰市坚持对标国际一流，邀请
国内知名规划机构，对全域的公厕进行规划设计，充分考虑了都江堰市作为老
牌旅游城市游客多、外向性强、影响面广等实际情况，对全市公厕进行分类分
阶段的改造，切实解决了公厕数量少、品质差、结构性失衡的问题。如今，在
都江堰景区，基本上每隔几分钟就能看见厕所标识并且大部分厕所都不存在女
厕排长队的情况。此外，每个公厕都有自己独特的装修风格，又和城市总体建
筑风格相得益彰。厕所内还配置了婴儿换洗台、残障人士专用间等特殊设施，
免费提供卫生纸、洗手液、烘手器充电器、移动 WiFi 等。都江堰市充分利用
了现代化的设计建设、智能化的技术水平、人性化的管理服务，使得当地百姓
和游客的"方便之处"摇身一变成为了这座城市的"文明之窗"。

4. 大力兴办节会活动，加强宣传推广

在"月月有活动，周周有看点"的发展理念指导下，2017 年都江堰市推
出了 30 余项涵盖文化、体育、音乐、乡村、养生等元素的主题活动，让游客
深切感受到"多彩都江堰，快乐四季游"的独特魅力（见表 5-1）。

表 5-1　主题活动及举办时间

主题活动名称	举办时间
城乡大拜年闹春系列活动	大年初一到初三以及正月十五
四川花卉（果类）生态旅游节主会场开幕式暨都江堰市海棠花生态旅游节	3 月 1 日
成都双遗马拉松	3 月 19 日
青城三月三采茶节	3 月 30 日
中国都江堰放水节	4 月 2 日—4 月 4 日
成都善行者公益徒步活动	4 月 22 日
都江堰文化创意嘉年华	5 月 29 日—5 月 1 日
"感恩 5 月，相约都江堰"系列活动	4 月下旬—5 月
"千年太平瑞圣花，盛世迎归都江堰"系列活动	5 月中旬

表5-1（续）

主题活动名称	举办时间
第二届太极舞冠军赛暨太极拳锦标赛	5月下旬
都江堰首届端午采药节	5月28日—5月30日
中国都江堰第三届田园诗歌节	6月10日—6月11日
中国（成都）—印度国际瑜伽节	6月17日—6月21日
中国都江堰虹口国际漂流节	6月24日—8月
"都来SHOW"—都江堰第三届熊猫创意大巡游	7月8日
中国·都江堰李冰文化旅游节	7月17日
中国·都江堰第三届国际帐篷露营节	7月—8月
成都国际友城青年音乐周都江堰分会	7月29日—7月30日
都江堰慕尼黑啤酒节	8月
都江堰七夕爱情节	8月25日—8月29日
"都江堰新发现"城市定向赛	9月
2017世界体育舞蹈大赛	
首届中国西部旅游商品博览会暨旅游商品设计大赛	
首届中华道教养生节	
第二届西部音乐节	10月1日—10月5日
世界嘉年华—英国文化周	10月
摇滚马拉松	10月下旬到11月
全国汽车拉力赛	
成都·都江堰第四届双遗马拉松蜀道驿传接力赛	
首届中国体育休闲旅游节	
都江堰首届国际康体养生旅游节	12月—次年2月

　　这些丰富多彩的节会活动，可以帮助游客更好地了解都江堰市，在这些节事活动中，对外影响力较大的是都江堰放水节、慕尼黑啤酒节和成都双遗马拉松，都江堰市可以以此为契机，多多对外进行宣传，将都江堰市的影响力不断向外扩散，从而吸引更多游客的到来，参与到当地的节庆之中，感受当地的文化氛围，让都江堰市的文化旅游资源在开发中得到传承与保护。

5. 促进都江堰乡村旅游资源的利用与开发

都江堰市除了自然旅游资源与文化旅游资源外，还有一类比较特殊的旅游资源，即乡村旅游资源。都江堰市的乡村旅游资源主要分布在两个区域，即都江堰大青城旅游区和都市现代农业区。

都江堰市的大青城旅游区的旅游资源以山水旅游和养生休闲度假发展区为主。北部地区是以"运动休闲旅游"为主，开发高山河谷旅游度假区；南部地区则是以"康养度假旅游"和"熊猫旅游"为主题进行旅游资源开发。大青城旅游功能区又分为四个不同的功能区。北部的两个功能区包含：以原紫坪铺镇和都江堰、灵岩山风景区为主体的互动体验功能区和以龙池镇为主体的运动休闲功能区。南部的两个区域主要是：以青城山镇和大观镇为主体的康体养生功能区、以玉堂镇和中兴镇为主体的娱乐度假功能区。

都市现代农业功能区的旅游资源以农业创意为发展特点，主要分为山地庄园度假功能区和文化创意旅游功能区。

山地庄园度假功能区，以大地景观、猕猴桃、茶田等为核心资源，打造集大型现代农庄、田园生活体验、观光、采摘、休闲、度假、养生、会议等于一体，形成具有鲜明田园风情的度假功能区。

文化创意旅游功能区，该区域主要以武术、太极、竹雕、盆景、乌木、绘画、诗歌、花卉、蔬果、川芎等文化类、艺术类产品、农业创意产品和乡村创客活动为核心，打造文化创意旅游产业园，将各类资源充分整合、利用与开发，集聚产业要素，为都江堰市旅游产业发展提供创新动力。

2016年，都江堰市以"1号文件"的形式印发了《都江堰市休闲农业与乡村旅游发展三年行动计划（2016—2018）》，计划通过发展乡村旅游引领农村经济发展，促进农民增收，实现全面高标准小康目标。此后，各村镇、社区积极响应，团结一心，向着《行动》目标大步迈进。如《都江堰全域旅游发展规划（2017—2035）》所指出，都江堰市以乡村振兴战略为契机，对全域的乡村实施整体的改造提升，建立起一套标准的、规范化的乡村旅游标准体系；编制并落实乡村旅游管理与服务培训课程；完善乡村旅游交通道路、标识标牌和视觉引导；加强公共基础设施建设，推进乡村旅游智慧工程建设；推动资源昆虫工作站、院士农庄、北稻南移西南基地等生态循环农业项目建设；充分挖掘都江堰精华灌区、川西林盘乡村田园底蕴，打造以天马、崇义、胥家、聚源为核心的灌区旅游集群，推动乡村旅游高端化、多样化、连片化发展；邀请专家团队对灌区和川西林盘进行重点规划，提档升级拾光山丘、玫瑰花溪谷、海棠小镇品质，建成天府原乡等精华灌区、灌区映像等先行启动区，将

"文、体、农、旅、商、医、养"分门别类地植入不同功能区；加快推进柳街七里诗乡国际音乐公社、问花村农业观光园、川芎康养小镇建设，形成柳街、安龙、石羊、大观乡村旅游精品示范带。

2020年，都江堰市已完成朱家湾大院等10个成都市示范林盘的修复，成功创建市级A级林盘景区4个。天府源田园综合体入选成都市乡村振兴十大优秀案例，猪圈咖啡、茶溪谷获评成都十大优秀农创项目，柳街七里诗乡承办了全国首届农民丰收节分会。在政府领导和各个支部的积极配合下，都江堰市最终形成了形成"月月有活动，镇镇有特色"的节庆活动格局，倾力打造"多彩都江堰，快乐四季游"乡村旅游主题活动，并推出36条精品旅游线路（见表5-2）。

表5-2　都江堰36条精品旅游线路

序号	线路名称	线路特色	线路规划	周边美食
线路1	安龙·海棠公园景区一日游	位于安龙镇泊江村，是"川派盆景第一村"，海棠公园占地面积约1 000亩，核心区内有上百年的川派传统古桩、古弯，用海棠、紫薇造型各异的鸟兽、亭塔和汉字，同典型的川西散居院落相映成趣，徜徉其间，火红的海棠、鹅黄的菜花、绿油油的麦苗、古藤老树、茂林修竹、白云蓝天，让人沉醉其中，流连忘返。园区内游客可参与体验的项目有：真人CS、露天烧烤、电影、情侣帐篷等	自驾路线：成灌线—彭青线—青城山镇—安龙镇；快铁路线：快铁线—青城山站—安龙镇	土桥梁鸡肉、河西人家、冷锅鱼、清香苑、青城山罗鸡肉等
线路2	中兴·梨花沟一日游	位于中兴镇上元村，葱绿的麦苗、橙黄的油菜花点缀成片雪白的梨花，游客进入园中，可与梨花亲密接触、拍照、赏花，别有一番乐趣，还可以摘草莓，到青城道茶生态观光园感受茶文化	自驾路线：成灌线—中兴镇；快铁路线：快铁线—都江堰站（青城山站）—中兴镇	王肥肠、李煮血、天香牛肉面、李豆花、金三角渔村等
线路3	蒲阳·"竹海洞天"一日游	位于蒲阳镇铜马沟，在这里可以参观集品竹、赏竹、用竹、植竹为一体的"蜀西竹海"。这里有川西风格的农家乐和别墅，是小型会议、休闲度假、品尝野菜野味、避暑疗养、登山游步的圣地	自驾路线：成灌线—蒲阳镇—蒲阳"竹海洞天"；快铁路线：快铁线—都江堰站—蒲阳镇	竹海洞天全竹宴等

表5-2(续)

序号	线路名称	线路特色	线路规划	周边美食
线路4	青城山·问道两日游	徒步于青城山镇国家首批命名的"禅修之路",感受都江堰"天然氧吧"。感受青城山道法自然,幽游青城山与掌门面对面谈养生;入住青城山,习太极、用养生宴、修身养性	自驾路线:成灌线—青城山镇;快铁路线:快铁线—青城山站	张鸭子、梁鸡肉、青城四绝等
线路5	普照寺·祈福两日游	在都江堰大观镇境内的青城外山重峦之中,葱郁苍翠欲滴的青峰山主峰顶,伫立着一座著名的佛教寺院——川西四大名寺之一的普照寺。普照寺也是一座明星寺,自2000年开始,有不少的明星到这里来许愿还愿,杨受成、谢贤谢霆锋父子、王菲、吕良伟、黎姿、容祖儿、刘嘉玲、曹颖、孙悦等前往普照寺求拜还愿。可烧香拜佛,与果正大师面对面谈修身,吃素餐;夜宿普照寺,静心养生	自驾路线:成青快速通道—柳街镇—安龙镇—大观镇;快铁路线:快铁线—青城山站—大观镇	普照寺特色斋饭
线路6	灵岩寺·静心两日游	位于灵岩山景区,感受佛法精深,行善积德,静心洗肺,登高望远。在灵岩山顶上可以俯瞰都江堰全景。夜宿都江堰,晚上西街品茗,南桥看水,古城区身临其境地感受历史的源远流长	自驾路线:成灌线—都江堰城区—灵岩山景区—古城区;快铁路线:快铁线—离队公园站—灵岩山景区—古城区	钟鸭子、熊家婆冰粉、赵麦面、尤兔头、夜啤酒河鲜长廊等
线路7	向峨·观景平台一日游	位于向峨乡石花社区,放眼望去一路金黄、一路风景。可采摘草莓;穿过胥家猕猴桃园区,经蒲张路到达观景平台,在观景平台上,可俯瞰一望无际地猕猴桃标准化种植园、竹海和"看得见山、望得见水"的美丽新农村示范点	自驾路线:成灌线—彭青线—天马镇—胥家镇—向峨乡;快铁路线:快铁线—都江堰站—蒲阳镇—向峨乡	邹家大院、茶溪谷全茶宴等

表5-2(续)

序号	线路名称	线路特色	线路规划	周边美食
线路8	玉堂·赵公山一日游	位于玉堂镇,穿越赵公山,徒步登顶可观云海,是领略财神文化的不二选择。山顶有赵公庙、三霄坟、赵公柴,可容纳上百人食宿。可俯瞰川西平原、紫坪铺水库、都江堰城区、青城山、灵岩山等	自驾路线:成灌线—玉堂镇—赵公山;快铁路线:快铁线—都江堰站—玉堂镇—赵公山	田园牧歌农庄、赵公老腊肉、财神酒等
线路9	蒲虹路·观景平台两日游	位于龙池镇,该条线路是骑行者的天堂,可以赏蜀西竹海,观沿途风光;站在高处看山清水秀,赏鸟语花香;夜宿虹口特色客栈,次日游高原村,观猕猴桃基地、参加农事体验活动	自驾路线:成灌线—蒲阳大道—蒲阳镇—蒲虹公路—蒲虹路观景平台—虹口;快铁路线:快铁线—离队公园站—蒲阳镇—蒲虹公路—蒲虹路观景平台—虹口	棕华饭店河鲜、蟠桃园烤鱼等
路线10	石羊·绿道一日游	位于石羊镇,可漫步生态绿道,走乡间小路、田埂散步,闻野花清香,看夕阳西下,吃川芎肘子;享受天然河边的清凉、戏水、玩耍,还可以野外露营、自行车骑游	自驾路线:成灌线—彭青线—石羊镇;快铁路线:快铁线—都江堰站—石羊镇	拜子鸡肉、老地方麻辣兔头等
线路11	龙池·高原河谷两日游	位于龙池镇高原社区,在高原河谷国际山地户外体验露营、高空攀岩、野外生存;次日参观高原新区,摘野菜,体验沿线农家风味	自驾路线:成灌线—蒲阳大道—蒲虹路—龙池镇高原社区;快铁路线:快铁线—离堆公园站—虹口场镇—龙池镇高原社区	茶马驿栈自助烧烤、农家小炒等
线路12	探访"爸爸去哪儿"营地一日游	位于龙池镇,穿越原始森林,户外探险,茂密的丛林需要你勇往直前,用你的双手开辟自己的道路	自驾路线:成灌线—蒲阳大道—蒲虹路—虹口场镇;快铁路线:快铁线—都江堰站—虹口场镇	茶马驿栈自助烧烤、农家小炒等

表5-2(续)

序号	线路名称	线路特色	线路规划	周边美食
线路13	向峨·猕猴桃风情小镇一日游	位于向峨乡,是全球独一无二的猕猴桃主题小镇,有1.8万亩猕猴桃种植基地,可观集猕猴桃种植历史、猕猴桃文化展示于一体的猕猴桃博览馆和国际山地猕猴桃标准化种植示范区,感受新农村建设的最新成果	自驾路线:成灌路—彭青线—向峨乡; 快铁线路:快铁线—都江堰站—蒲阳镇—向峨乡	邹家大院、茶溪谷全茶宴等
线路14	崇义·农业高科技旅游园一日游	位于崇义镇,到农业旅游园参与农事体验、乡村烧烤、草莓采摘、品购有机蔬菜、赏花购花等	自驾路线:成灌线—都江堰市崇义高科技农业旅游园	牛当家、巴士烤鱼、姐妹蹄花、渣渣面等
线路15	银杏社区·壹街区休闲体验一日游	位于都江堰城区银杏社区,可以赏花看柳、放风筝、沿湖边漫步;还可以体验室内攀岩以及颐湖皮划艇水上运动等户外体验项目	自驾路线:成灌线—都江堰市区—壹街区; 快铁路线:快铁线—离堆公园站(迎宾路站)—壹街区	笑尔玛甜品、桂妈上上签、法国冰力酒吧、UZ酒吧、高煮血、夜市小吃街等
线路16	玉堂·熊猫谷一日游	位于玉堂镇白马村,走进熊猫谷,亲近大熊猫,破解大熊猫与都江堰的不解之缘;呼吸大自然新鲜空气,游环山公路,观沿途美景	自驾路线:成灌线—玉堂镇—熊猫谷—环山旅游公路	土灶人家柴火鸡、麻烦鸡、张家湾蹄花、玉堂砂锅麻辣烫等
线路17	石羊·娃娃鱼观赏体验一日游	与娃娃鱼亲密接触;游花蕊故里	自驾路线:成灌线—彭青线—石羊镇	拜子鸡、老地方麻辣兔头、卤蹄花
线路18	胥家·三文鱼品赏体验一日游	位于胥家镇柏河社区的胥家三文鱼基地是全国休闲渔业示范基地,在这里可以观光、休闲、品茗,了解三文鱼科普知识,参与农事体验,品尝各种三文鱼美食	自驾路线:成灌线—彭青线—沙西线—胥家三文鱼基地	各类三文鱼美食和农家小炒
线路19	天马·永兴草莓园采摘一日游	位于天马镇建华社区,游客可以亲自感受采摘的乐趣,还能品尝到纯天然无污染的巧克力味、奶油味草莓;参观周边德宏现代农业园区,漫步生态绿道,品农家美食,享惬意风光	自驾路线:成灌线—彭青线—天马镇	农家美食

表5-2(续)

序号	线路名称	线路特色	线路规划	周边美食
线路20	向峨·茶溪谷户外体验一日游	位于向峨乡石碑社区,走进茶溪谷,可以采茶、品茶、感受茶文化,小朋友们还能参与真人CS、丛林穿越、自助烧烤等趣味活动。在每年3、4月份,还将举办高山茶开采节相关活动	自驾路线:成灌线—彭青线—天马镇—胥家镇—向峨乡	茶溪谷全茶宴
线路21	崇义·尚作有机农场体验一日游	位于都江堰崇义现代农业园区,自然环境优美,配以另类的后现代艺术建筑装修风格,俨然一座天然氧吧。在这里可以品尝有机蔬菜宴,参与农事体验,认种私家菜园,体验当地主、做农夫的快乐	自驾路线:成灌线—崇义镇—都江堰崇义现代农业园区	有机蔬菜宴、牛当家、巴士烤鱼、姐妹蹄花、渣渣面等
线路22	昆虫博物馆科普体验一日游	位于青城山镇,参观各类蝴蝶和观赏世界各地其他昆虫,了解昆虫科普知识。同时体验周边特色农家乐,品茗休闲,与大自然亲密接触	自驾路线:成灌线—彭青线—青城山镇;快铁路线:快铁线—青城山站	梁鸡肉、罗鸡肉
线路23	柳街·湿地公园景区一日游	位于柳街镇金龙村,公园内花树繁茂,清气袭人,春来樱花映日。园内有渔乐园、采芹园、林栖园、情侣木屋,似一幅田园牧歌般的立体画卷	自驾路线:成灌线—彭青线—成青快速通道—柳街镇	柳凤板鸭—堰香阁土鸡汤
线路24	安龙·相思河畔一日游	位于安龙镇卉景社区,可在人造沙滩、盆景间的小道中漫步、小憩,在川派盆景公园区域内干净精致的农家小墅,感受清新脱俗的农家文化;墙外可见各家造型迥异的小盆景、桩头,同时有专门的星级农家乐,独具特色的树上小木屋供你选择	自驾路线:成灌线—彭青线—成青快速通道—安龙镇—卉景社区	土桥梁鸡肉、河西人家、冷锅鱼、清香苑、青城山罗鸡肉等
线路25	天马·民俗风情一日游	到天马镇感受民俗风情,了解非物质文化遗产——唢呐,游客在这里可以体验吹唢呐、坐花轿、迎新娘等传统民俗;同时,可置身于田园风光,赏油菜花、采鲜草莓,体验特色农家乐等	自驾路线:成灌线—彭青线—天马镇	全味面、曾肥肠、彭哥牛头、肖蹄花、雷记锅盔、建友苑

表5-2（续）

序号	线路名称	线路特色	线路规划	周边美食
线路26	中兴·青城道茶观光体验一日游	位于中兴镇上元社区。八百里青城茶梯翠浪，两千年古堰茶韵悠扬，幽甲天下的道教圣地孕育独绝天下的青城道茶。在这里可参与三月三采茶节，亲身体验采茶、制茶，环游茶山步道，共品道茶韵味，体验特色茶餐，感受茶文化	自驾路线：成灌线—106线—中兴镇—青城道茶生态观光园	盛肥肠—李豆花—李煮血
线路27	柳街·特色乡村一日游	柳街镇是中国农村产权制度改革第一村，在这里可享受体验川西林盘院落整治成果，参与农民诗歌大赛，参观鹤鸣现代生态农业观光示范园，可到柳风休闲岛品茗休闲、泡温泉、尝美食	自驾路线：成灌线—彭青线—成青快速通道—柳街镇	农家豆花、河西豆腐干
线路28	石羊·川西民俗文化特色乡村一日游	在这里可参与体验石羊镇特色川西民俗文化节，参观特色春苔会，游览西部银杏第一村（金羊村），观田园风光，享农家风味	成灌线—彭青线—石羊镇—金羊社区	拜子鸡、老地方麻辣兔头、卤蹄花
线路29	西部文化艺术广场一日游	位于聚源镇，在这里可参观游览集文化艺术工艺品展销中心、创意创作（产品）设计中心、文化活动广场、文化艺术品交易平台等多功能为一体的中国西部文化艺术工艺品商贸交易平台和旅游商品集散地，同时可到周边观赏田园风光、游览格林世界、摘新鲜草莓	自驾路线：成灌线—聚源镇	甲鱼庄、矛亭鸡肉、来凤鱼、郭鸡肉、向光牛肉面等
线路30	向峨·莲花湖一日游	莲花湖位于向峨乡，景区气候宜人，沿途可欣赏都江堰猕猴桃标准化种植园，游览响水洞、仙女湖、隋唐时期的"金城窑"和高龙门遗址等景点，还可参与泛舟游湖、野餐露营、农家休闲、篝火晚会等游乐活动	自驾路线：成灌线—彭青线—S106线—莲花湖旅游公路—莲花湖	邹家大院、茶溪谷全茶宴等

表5-2(续)

序号	线路名称	线路特色	线路规划	周边美食
线路31	药王庙长寿文化一日游	药王庙位于青城山麓之药王山，山上环境优美，气候宜人，中草药漫山遍野，花木四季葱郁，在这里可感受体验药王长寿文化，同时可参观周边田园风光，到特色农家乐品茗休闲	自驾路线：成灌线—彭青线—青城山镇—药王庙；快铁路线：快铁线—青城山站	四号院休闲院、岳记啃骨头等
线路32	祈福求财两日游	首日到大观镇普照寺景区，可烧香拜佛，吃素斋，修身宜性；夜宿都江堰，晚上西街品茗，南桥看水，古城区感受历史的博大精深；次日到赵公山徒步登顶，拜赵公求财，登高望远，观云海日出	自驾路线：成灌线（成青快速通道、IT大道、沙西线）—大观镇—普照寺—都江堰城区—玉堂镇—赵公山	张醪糟、张鸭子、钟鸭子、梁鸡肉、罗鸡肉、郡守府河鲜等
线路33	科普之旅两日游	首日到青城山昆虫博物馆，参观各类蝴蝶和观赏世界各地其他昆虫，了解昆虫科普知识，可品沿线农家菜；再到熊猫谷，亲近大熊猫，破解大熊猫与都江堰的不解之缘；夜宿都江堰，次日到胥家三文鱼基地观光、休闲、品茗，了解三文鱼科普知识，参与农事体验、品尝各类三文鱼美食	自驾路线：成灌线（成青快速通道、IT大道、沙西线）—青城山镇—昆虫博物馆—玉堂镇—熊猫谷—都江堰城区—胥家镇—三文鱼基地	张鸭子、梁鸡肉、罗鸡肉、三文鱼、尤兔头、钟鸭子等
线路34	户外体验两日游	首日到向峨乡茶溪谷，采茶品茶感受茶文化，品特色茶餐，玩真人CS、丛林穿越；夜宿都江堰，次日到壹街区赏花看柳、放风筝，沿湖边漫步、体验室内攀岩、颐湖皮划艇水上运动等户外休闲项目	成灌线—蒲阳镇—向峨乡—都江堰城区—壹街区	水利府、绿源休闲庄、蓉城名片火锅、茶溪谷茶餐等
线路35	养身休闲两日游	首日徒步于国家首批命名的"禅修之路"，感受都江堰"天然氧吧"，感悟青城山道法自然，幽游青城山用养生宴、沐养生浴，修养身心，夜宿青城山；次日，到崇义尚作有机农庄品尝有机蔬菜宴，参与农事体验，认种私家菜园，体验当地主、做农夫的乐趣	自驾路线：成灌线—青城山镇—彭青线—崇义镇—都江堰崇义现代农业园区	张鸭子、梁鸡肉、吕肥肠、李煮血等

表5-2（续）

序号	线路名称	线路特色	线路规划	周边美食
线路36	乡村骑行两日游	首日沿蒲虹路骑游观光，赏蜀西竹海，站在高处看点缀山间、平原的油菜花，环游高原新村，品山村美食，观猕猴桃基地，夜宿虹口特色客栈；次日，沿虹口至玉堂，骑游环山旅游公路，观沿线青山绿水，品农家美食	自驾路线：蒲虹公路—虹口—高原新村—玉堂镇—青城山镇—大观镇	蟠龙园—棕花饭店河鲜、李二姐卤菜、梁鸡肉等

第二节 全域视角下都江堰旅文化游资源保护与开发的不足和威胁

一、全域视角下都江堰文化旅游资源保护与开发的不足之处

1. 都江堰、青城山两大核心的辐射带动作用还任重道远

我们对全域范围内景点，选取了具有代表性的23个景点，随机选取了253位前来都江堰市旅游的游客展开了调研。统计显示，旅游核心区依然集中在青城山、都江堰景区一带，其余周边景区知名度较小，游客对都江堰市核心景点之外的景点的到访率普遍偏低。值得注意的是，在都江堰景区的周边近圈，一些景点因为其知名度较低的原因，导致其到访率非常低，尤其是水利府、奎光塔、灌县文庙、灵岩山、水街这些距离核心景区离得很近，与都江堰市的水文化、文脉传承又有着密切的关联的地方，水利府到访率仅为17.4%，奎光塔仅为16.6%，文庙仅为26.9%，灵岩山为31.62%，水街为36%，这些都是都江堰城区内的重要的文化旅游资源，但其开发效果显然不是很好，即便是在核心景区周边也没有得到有效的利用。

在都江堰市所举办的30余项节事活动和36项乡村旅游线路则更多地被都江堰"一小时经济圈"范围内的游客所提及和了解，其主要客源市场仅仅集中在成都及其周边地区，尚未形成全国性的影响力，更不用提国际知名度。在很多政府及相关部门的政策、规划文件中，我们都能看见要充分发挥都江堰、青城山两大核心的辐射带动作用，但就目前的状况来看，以两大核心助推都江堰全域旅游发展还是任重而道远。

2. 城市功能和旅游相关配置基础尚且薄弱，不能对旅游经济提供强有力的支撑

交通方面，在成都市委、市政府的大力支持下，城际快铁、成灌线、成灌高速、沙西线、彭青线、IT大道、S106等交通轨道或道路的改造或修建使得都江堰市的对外交通更加便捷，但都江堰市内交通体系发展明显不足。尽管都江堰市相关旅游部门也意识到了这个问题，在车站、快铁站和主要景区设置了景区直通车，这种方式对于游客，尤其是初次到都江堰市来游玩的游客来说会很方便，对于景区而言，也能实现快速导流。但这种方式也有它不可避免的弊端，因为景区直通车片面地突出都江堰、青城山、虹口等少数几个本来就具有较高知名度的景区景点，而弱化其他景区景点，这会加剧区域景区景点发展不协调问题，而市内交通体系又不能很好地照顾到一些新兴旅游景点和36条乡村旅游线路。

缺乏国际化产业要素。除了一些国际联名联号的酒店集团能够比较好地应付入境游客外，都江堰市的其他产业，如：餐饮、购物街、金融网点、便利店和出租车等都缺乏良好的国际化基础，这十分不利于都江堰向国际化旅游城市转型升级。

3. 旅游宣传不到位，身怀异宝却无法大放异彩

在对都江堰市的23处景点所做的调研问卷中，游客对都江堰市的了解感知度、兴趣度均值比较中，无论是作为整体感知的了解情况，还是各具体测量题项中的均值，游客对都江堰市各景点的感知度均低于兴趣度，且感知度无一处超过4，即便是对都江堰—青城山两大核心区的了解，游客了解度也只是相对较高，但其均值也在4之下。但从游客对都江堰市的文化旅游市场的总体评价中，资源丰富和历史文化底蕴深厚两个方面的感知却均超过了4，这说明游客能感知到都江堰市的文化旅游资源的丰富，但对具体的景点、景区的了解程度却远远不够。这说明都江堰市的旅游宣传是不到位的。需要进一步加强相关方面的宣传，尤其是没有相应的都江堰市整体宣传图册供游客了解，这是目前极其需要补做的一点。现在宣化门入口处增加了都江堰全域旅游的导览图及相关的微信二维码，可帮助游客较好的了解都江堰市的全域旅游资源，但微信扫码后里面的信息相对匮乏，还需要进一步的完善。

2020年5月，贵州"天空之城"的词条刷爆朋友圈，并成为微博实时热搜第一名，千万网友在好奇心的驱使下点进去一探究竟。群山之中，一峰独高，烟雾缭绕，山巅之上屹立着古香古色的中式建筑，山巅之间架起了一座古朴的中式拱桥，宛若人间仙境，吸引了上亿的眼球，也使得一大批本来不了解

贵州的外地网友开始拜读旅游攻略，制定旅游计划，收拾背包开始了一场说走就走的贵州之行。但这场宣传的威力远远不仅于此，在自媒体高速发展的今天，那些"说走就走"的网友也是来自五湖四海的行走的广告牌，形成了一系列的链式反应。反观都江堰，我们必须承认都江堰市也一直在发力做宣传，但是一直没有找到非常恰当的契机和非常合适的切入点。其宣传大多局限在大成都范围内的一定人群中，且方式都比较传统，没有一种让人耳目一新、说走就走的感觉。

二、全域视角下都江堰文化旅游资源保护与开发面临的威胁

1. 都江堰旅游经济发展面临较多的不确定性

2020年，新型冠状病毒疫情席卷全球，中国作为首个大面积爆发、但以最快的时间将疫情控制住的国家，虽然已经将其对经济的影响降到了最低，但包括都江堰在内的全国绝大多数旅游城市依旧受到了重创，并且这种重创是深远持久的。理由如下：其一，截至2020年6月中旬，自新冠疫情爆发已经过去了半年，国内与疫情的斗争已经取得了胜利，但是口罩依旧是人们出行必备之物，大规模的人流聚集依然令人惶恐，跨区域流动依然有较多的限制，种种因素综合影响下，人们外出旅游尤其是远距离旅游的意愿也就不强烈了，而大多数都江堰周边的游客又因为来过太多次都江堰而缺乏强烈的旅游兴趣；其二，中国之所以能够如此迅速地控制住疫情，得益于党中央领导下的全民参与的封锁性防控政策，这场疫情彷佛给中国飞速发展的经济和每个忙碌的城市按下了暂停键，疫情过后，全民都积极投身于复工复学，为恢复国家经济夯实基础、做贡献，所以旅游的想法暂时被大家抑制在了心底；其三，中国疫情虽然控制住了，但国外的疫情还在高度紧张状态且可能还要进行长期抗争，出入境受到严格限制，入境游客骤减；其四，受到新冠疫情的影响，许多旅行社、饭店、酒店由于租金和运营成本压力难以继续维持经营而倒闭了，这也对地方旅游业产生了不小的冲击。

宏观上看，近年来，全球经济下行趋势明显，新冠疫情更是对经济雪上加霜。美国股市一月之内触发四次熔断机制，中国A股也一路从3 000多点一路下跌到2 700多点，造成了经济的极大动荡。很多中小微企业申请破产重组或清算，这也造成了大量人口失业，大量毕业生找不到工作。2020年5月1日，本来应该是最受全国人民青睐的"五一"旅游黄金周，多省市派发了大量消费券，希望能够吸引消费者们进行所谓的"报复性消费"，但结果却出乎意料，虽然消费券发挥了一定的效果，但是效果却并不如政府所预期的那样，经

过调查发现，人们竟然开始了"报复性存钱"。根据央行 2020 年 4 月 28 日发布的《2020 年第一季度城镇储户问卷调查报告》，倾向于"更多消费"的居民占 22.0%，比上季度下降 6.0 个百分点；倾向于"更多储蓄"的居民占 53.0%，比上季度上升 7.3 个百分点，倾向于"更多投资"的居民占 25.0%，比上季度下降 1.3 个百分点。另外，根据央行 4 月 10 日发布的 2020 年第一季度金融统计数据报告显示，一季度住户存款增加 6.47 万亿元，同比增加 4.12 亿元。相比投资和消费，2020 年以来，人们更愿意存钱，原因是什么呢？首先，这场疫情，很多人其实都过着"吃老本"的生活，一是没有条件出去消费，二是对未知还充满着强烈的恐惧，所以大家都不愿消费也不敢消费。其次，中国有句古话"晴带雨伞，饱带干粮"，这次疫情让大家更加明白持有存款的重要性。最后，在经历股市震荡和一系列经济风险后，人们避险情绪高涨，都希望资金回流存入银行获取稳健收益等。

此外，作为 2008 年汶川大地震的重灾区之一，都江堰市自生的地质结构非常不稳定，并且还有爆发山洪、泥石流的危险，夏季虽然是都江堰市的旅游旺季，但是对于水流地和山区地的旅游，不少人心中还是会有所顾忌。

2. 区域竞争压力大，"僧多粥少"已成常态

如果要问中国旅游资源最丰富的省份是哪个省，那么四川省必须榜上有名。四川省的旅游资源具有数量众多、类型齐全、分布范围广、品位高的特点，有四姑娘山、西岭雪山、贡嘎山、雪宝顶等巍峨雄壮的高山；有阿坝、红原等广袤无垠的草原；有佛教名山峨眉山、乐山；有佛教圣地稻城亚丁和色达；还有大熊猫自然保护区卧龙以及拥有童话般美景的九寨沟……当然还有拥有特色"三遗"的都江堰。如上所列，都江堰在众多形形色色、多彩奇特的景区景点中，并不具有绝对的领先优势，相反，其知名度和经济效益反而还不如峨眉山、九寨沟等，其旅游宣传和管理工作也相对没那么突出。

如果要问中国旅游资源最丰富的地区是哪里，那么西南地区可谓当仁不让的第一名。中国西南地区包括四川省、云南省、贵州省、西藏自治区和重庆市五个省（区、市）。在很多旅游研究报告和网友投票中，四川、云南、西藏、贵州始终名列前茅，而重庆也因其独特的地形结构和红色文化饱受游客的青睐。近年来，云南省和贵州省高度重视旅游业的发展，云南省的香格里拉、丽江古城、苍山洱海、西双版纳、玉龙雪山等，贵州省的黄果树、小七孔、千户苗寨、镇远古镇、梵净山等都对四川旅游业形成了一股强大的冲击，也造成了严重的游客分流。游客旅游的目的是多种多样的，如何在细分市场做大做强这一点可以向西藏看齐。当代年轻人的世界有太多压力，也太过浮躁，越来越多

的年轻人收拾行李踏上那令人向往的 317、318 国道，开始一场释放压力、净化灵魂的旅行，当然也不乏有一些极限、运动爱好者前去挑战和猎奇。发展旅游的目的也有多种多样，在西南地区，重庆市就是目的最特别的一个。不同于川、藏、滇、黔地区通过发展旅游来直接实现创收，支撑地方 GDP。重庆绝大多数景点都是免费的，其旅游直接经济收益并比不上其他四个地方，但它却是西南地区经济最发达的城市。这并不是说重庆不注重旅游业的发展，而是重庆的目光相对更加长远，它以牺牲较少的直接收益换得了庞大的人流带来了巨大的间接收益，又以其独特的城市文化和城市魅力赢得了游客无价的口碑。

综上所述，整个西南地区的旅游资源相当丰富，旅游业都发展得非常好，但毕竟在一定时间段，愿意前来西南地区旅游的游客数量是有限的，游客可以用来旅游的时间是有限的，游客可以用来旅游的资金是有限的。如何在省内省外形成自己的独特竞争优势是都江堰市需要慎重考虑的一个问题。

3. 旅游结构性矛盾突出，不能适应时代发展需求

都江堰市旅游业的结构性矛盾，如"十年规划"所述。一是旅游产品供给结构单一。都江堰市旅游业虽然近几年快速发展，但旅游产品发展现状是：结构性的旅游产品供给过剩与结构性的旅游产品供给不足并存，即单一性、基础性的观光游览旅游产品相对过剩，但受市场欢迎的休闲旅游、文化体验、沉浸式旅游产品供给不足，影响到旅游产品的供求平衡。二是旅游收入不合理。长期以来，都江堰市旅游存在着"以景区门票、交通费用"等为代表的基础性消费占比过高，而以旅游商品、娱乐消费为代表的非基本消费占比很低的现象，但居民出境旅游的购物消费占比却居高不下。这种状况对于许多老牌旅游名城而言都是一种桎梏，这种不太正常的旅游消费结构会严重影响到旅游的整体效益和旅游城市的形象，都江堰市要建设"国际生态旅游名城"就有必要加快实现供给侧结构性改革，不破不立，推陈出新。

4. "形象遮蔽"和区域竞争问题突出

虽然都江堰市的景色秀美，文化历史积淀深厚，景点众多，但都江堰市旅游业与九寨沟、黄龙、贡嘎山、四姑娘山和峨眉山等著名旅游景区相比较，知名度不高，经济效益不显著，旅游宣传推介与管理还存在很大的差距。受九寨沟——黄龙的"形象遮蔽"，团队游客在都江堰景区和青城山待得时间总共不超过 4 小时，都江堰—青城山一日游成为常态，属于典型的走马观花旅游。首先，作为成都重要卫星城市，都江堰与成渝地区其他城市集体面临来自长三角、珠三角、环渤海三大经济圈城市群的竞争压力。其次，贵州、云南等地区对旅游业的高度重视和大力发展，将加深西部旅游竞争，分流游客，增加旅游发展的难度。

第三节　全域旅游视角下都江堰文化旅游资源开发策略建议

一、以"都江堰—青城山"景区为核心，构建全域多元统筹发展新格局

发挥"双遗"品牌效应，打造城市整体品牌形象。全域旅游将一定区域作为完整旅游目的，但并不意味要将这一区域内全部都要建成旅游景点，而是要在重点打造优质景点，实施品牌战略。着力塑造特色鲜明的旅游目的地形象，打造主题突出、传播广泛、社会认可度高的旅游目的地品牌，建立多层次、全产业链的品牌体系，提升区域内各类旅游品牌影响力。

对都江堰市而言，青城山与都江堰水利工程是都江堰市最有核心竞争力和鲜明特色的旅游资源。要想对外打造都江堰市整体的旅游目的地的品牌形象，必须以此为依托，才能具有较高的影响力，形成自己的品牌效应，实现区域内整体旅游形象的树立。

"全域旅游的核心在于全行业中全要素的整合，全过程、全时空的旅游产品的供给，以及全方位的游客体验"[112]，即全域旅游的核心在于对当地资源要素最大限度地整合、优化和运用[113]。从目前都江堰整体发展格局来看，全域旅游已经初具规模，各乡镇的文化旅游项目众多且各具特色，包括现在正在规划的"万达文旅"项目等。这些乡镇文旅项目是当地民族文化、特色产业、人民生活的集聚，是都江堰全域旅游多元发展的基础。因此，通过构建以"都江堰—青城山"景区为核心，周边乡镇整合本区域的所有文化旅游资源，形成特色鲜明的旅游地，向"核心"及周边景区（点）吸收游客的多元统筹发展格局成为都江堰文化旅游综合发展的关键。首先，"都江堰—青城山"作为世界遗产地，对游客长期以来都保持着较高的吸引力。其次，周边各乡镇通过对本区域的文化旅游资源进行整合，完善旅游产业体系，形成独具特色的旅游区域。最后，在全域旅游理念的指引下，周边乡镇对"中心旅游地"以及临近旅游地的游客进行吸收，发挥中心地对周边区域旅游的带动作用。在这个过程中，需要政府的引导以及当地居民的参与，通过实施一系列的措施将"中心旅游地"的能量向外扩散，最后形成全域旅游的发展态势（见图5-1）。

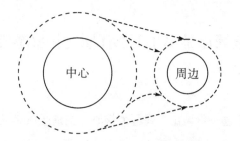

图 5-1　都江堰全域旅游中心地与周边旅游地的游客走势图

二、整合灌县古城文化旅游资源，打造全域旅游示范区

全域旅游虽然是开放式的旅游，但依然需要各个空间之间的联系与不同定位，深入挖掘都江堰城区文化资源，形成各具魅力的不同街区，以灌县古城为核心，增强城市的旅游吸引力，实现城市即景区的旅游目的地发展。

围绕都江堰景区，灌县古城内也集中着大量的文化旅游资源。这些文化旅游资源在目前的开发中还没有形成与核心景区的联动作用，景点间的联系需要进一步加强，设计游客方便的路线，扩大影响力和知名度，让游客在参观完核心景区之后有留下来继续了解都江堰市的意愿。以全域旅游理念为指导，整合区域旅游资源，依据各区域资源特点和区位优势，实施分片、划区、特色、集聚发展，形成不同特色的旅游发展区域。充分发挥旅游产业的关联作用和带动功能，通过发展城市旅游、乡村旅游带动百姓致富，促进区域城乡协调发展。

三、完善公共服务体系，提升旅游服务质量

公共服务体系由信息咨询系统、接待服务系统、公共基础设施系统、电子平台系统和安全救助系统五部分构成[114]，除了"都江堰—青城山"景区之外的大多数景区（点）公共服务体系均未健全。在信息咨询、电子平台、接待服务方面，皆可借助"智慧旅游"技术。通过新媒体以及智能科技技术，使景区信息形象化，宣传范围更广，还能提供更身临其境的体验以及实时的旅游解说，游客在消费决策时会更容易决策。同时，在交通方面应该增加旅游目的地的直通车，为更多游客的出行提供便利。完善景区景点的建设，增加文化旅游体验项目，提升景区工作人员的整体素质，为游客带来更满意的旅游体验。抓住都江堰市作为国家首批全域旅游示范区创建的机会，对标全域旅游示范区创建验收标准，完善旅游基础设施和公共服务体系，加快旅游产业要素升级，推动建成都江堰全域旅游示范区。

四、以"道教文化""水文化"为主线，深入挖掘文化内涵，提升文化旅游吸引力

文化旅游资源的核心在于文化，很大程度上文化影响力的大小决定了该资源的吸引力[115]，所以发展文化旅游需要依赖更大影响力的文化。通过对千年的"道教文化""水文化"进行深度挖掘，规划建设一批围绕这两种文化为主的特色文化旅游项目，促使游客从多方位理解文化，感受文化。其他拥有文化旅游资源的区域，应该抓住当地的文化基因进行合理的开发，引入创意元素，在突出文化的同时形成自己的特色。在开发建设时，需要注重社会文化环境与当地的自然生态环境的融合，给予适合当地的文化旅游定位。

余秋雨的"拜水都江堰，问道青城山"广为流传，这其实也指出了都江堰市最大的旅游资源就是"水文化"，以"水文化"为核心，打造都江堰市的旅游体验项目，吸引更多的游客前来消费，是都江堰市在旅游体验项目上可做的重点。清明放水节、虹口漂流节是目前比较成熟的和水文化相关的项目。但前者的参与性和体验性较弱，后者的对外影响力不足，且对不喜欢漂流的游客吸引力欠缺。紫坪铺的水电工程往往只是作为游客路上的一个景点，匆匆参观下即止，其作为旅游景点的效益并没有充分发挥出来。在都江堰古城区内，缺乏更为普遍的大众参与的与水文化相关的体验类项目。"水文化"广场建成多年，但其作用的发挥十分有限，需要进一步的调整与规划，以便更好地促进都江堰市体验项目的打造与升级。

五、加大对都江堰文化旅游资源的宣传力度，多角度多方面向游客展示都江堰市的文化魅力

都江堰市的文化旅游资源丰富，这只是一个粗略的感知，在调研中，这一感知的均值在4分以上，但要想将这种感知转化为对旅游景点的具体了解，必须进一步加强相应的宣传，因为调研对应的各具体景点感知均值无一处达到4分及以上，甚至很多景点的了解均值在3之下，这和文化旅游资源丰富的整体感知均值明显不相匹配。所以根据这一调研结果，提出需要加大都江堰文化旅游资源及相关景点的宣传力度和手段，如构建网上宣传平台，以两大核心景区为中心宣传的同时，做好周边景点的推介，让游客不能仅仅停留在核心景区游览，更应打造全域范围的旅游氛围，让游客愿意了解整座城市和其中各处所蕴含的文化魅力。同时做好线下宣传品的推出，不是仅仅提供景区游览示意图或介绍图，更应有较为全面的关于其他核心区之外的各景点的介绍，并能够提供

相应的路线图供游客选择，这样才能使游客有更多的兴趣留下来。

六、充分发挥生态旅游资源优势，打造生态旅游线路

都江堰地区整体生态环境良好，气候宜人，绿化率较高，国家一级标准的空气质量和水质量，被称之为"天然氧吧"，具备天然疗养条件。都江堰市温度适宜，尤其是夏天，温度较周边地区要低，具备避暑度假游的条件，尤其是青城山，既是道教名山，又是夏天避暑的圣地。同时，随着中国（成都）—印度国际瑜伽节的成功举办，"天人合一"的青城太极引导着人们的康体养生之路，应充分发挥资源优势，将青城山的道家养生文化与避暑游、养生游结合起来。建立宜居宜业宜游的区域文化氛围，吸引更多的人到都江堰来旅游和定居。

得天独厚的自然环境，使都江堰成为世界自然遗产四川大熊猫栖息地的重要组成部分。都江堰市域内建设有两个可供旅游观赏的大熊猫保护研究基地，即成都大熊猫繁育研究基地都江堰繁育野放研究中心（以下简称：熊猫谷）、中国大熊猫保护研究中心都江堰基地（以下简称：熊猫乐园），这两个大熊猫栖息地是都江堰市重要的动植物旅游资源。同时，龙溪—虹口国家级自然保护区是全国 13 个大熊猫保护区之一，其境内除了大熊猫还有金丝猴、羚牛等濒危野生动物，虽然目前保护区未对外开放，但在保护区外围的保护带和试验区部分也已经开展有生态旅游活动。都江堰境内的龙池国家森林公园，是中国 20 个重点国家级森林公园之一，拥有丰富的动植物种类，被中外专家誉为是"野生植物基因库""动物天然乐园"。

以青城山、熊猫谷和熊猫乐园为基地，充分利用都江堰优越的自然生态条件及动植物资源，将都江堰境内的生态旅游资源进行整合发展出一条生态旅游线路，实现都江堰整体区域范围内的生态旅游发展。

总之，全域旅游作为新的旅游发展战略，都江堰市又作为全国首批国家全域旅游示范区，因此秉承全域旅游的发展理念，从多方位分析都江堰文化旅游产业发展模式的改进是文化旅游资源进行保护和开发的趋势。由于都江堰长期以来的文化旅游资源以及游客分布的集聚性太强，所以文化旅游要在全域旅游的理念下发展，还需要各区域较长时间的文化旅游品牌和质量建设，以及和中心旅游区的互动。

参考文献

[1] 都江堰市地方志办公室. 都江堰市志（1986—2005）[M]. 北京：方志出版社，2013.

[2] 都江堰市旅游局，中国旅游研究院. 都江堰市旅游业发展十年规划（2016—2025）[Z]. 都江堰市旅游局，2018.

[3] 翟孝娜. 全域旅游背景下开封尉氏县人文旅游资源开发研究[J]. 市场周刊（理论研究），2018（2）：49-52.

[4] 焦彦，徐虹. 全域旅游：旅游行业创新的基准思维[J]. 旅游学刊，2016，31（12）：11-13.

[5] 厉新建，马蕾，陈丽嘉. 全域旅游发展：逻辑与重点[J]. 旅游学刊，2016，31（9）：22-24.

[6] 刘家明. 创建全域旅游的背景、误区与抓手[J]. 旅游学刊，2016，31（12）：7-9.

[7] 印亮. 发展全域旅游的实践与思考：以江苏省扬州市为例[J]. 旅游纵览（下半月），2016（9）：114-116.

[8] 国办发〔2018〕15号. 国务院办公厅关于促进全域旅游发展的指导意见[EB/OL].（2018-03-22）. http://www.gov.cn/zhengce/content/2018-03/22/content_5276447.htm.

[9] 吴迪，王丽萍. 全域旅游视角下的生态旅游开发模式研究[J]. 大庆社会科学，2018（2）：58-61.

[10] 张武康，杨舒然. 国内全域旅游研究知识图谱分析：以 CNKI 数据为样本[J]. 西安财经学院学报，2020，33（2）：84-91.

[11] 林泓，林岚，朱志强，等. 国内全域旅游研究述评[J]. 旅游研究，2018，10（2）：62-74.

[12] 胡建华，胡亚光. 国内全域旅游热点研究综述：基于 CNKI 的文献

计量分析 [J]. 江西广播电视大学学报, 2019, 21 (1): 53-57.

[13] 胡晓苒. 城市旅游: 全域城市化背景下的大连全域旅游 [N]. 中国旅游报, 2010-12-08 (11).

[14] 徐宏, 徐荣民. 国内全域旅游研究进展及其理论创新 [J]. 安顺学院学报, 2017, 19 (3): 97-101.

[15] 厉新建, 张凌云, 崔莉. 全域旅游: 建设世界一流旅游目的地的理念创新: 以北京为例 [J]. 人文地理, 2013, 28 (3): 130-134.

[16] 李永文, 许鸿. 全域旅游思想的社会价值及其理论基础 [J]. 南都学坛, 2017, 37 (6): 106-111.

[17] 王万山. 基于全域旅游视角下的上海市旅游发展探讨 [J]. 决策咨询, 2017 (6): 54-59.

[18] 符昌昭. 全域旅游视角下海南省海岛休闲旅游资源开发措施研究 [J]. 旅游纵览 (下半月), 2018 (1): 120-121.

[19] 魏晓宇, 陈雪琼, 刘丽梅. 全域旅游视角下亳州市谯城区旅游资源整合路径研究 [J]. 安徽农业大学学报 (社会科学版), 201827 (1): 73-76

[20] 王杏丹, 刘俊雅. "全域旅游" 对民族地区的文化涵化影响与涵化路径引导 [J]. 中华文化论坛, 2016 (9): 142-147.

[21] 徐珍珍, 余意峰. 国家全域旅游示范区空间分布及其影响因素 [J]. 世界地理研究, 2019, 28 (2): 201-208.

[22] 赵慧莎, 王金莲. 国家全域旅游示范区空间分布特征及影响因素 [J]. 干旱区资源与环境, 2017, 31 (7): 177-182.

[23] 吕俊芳. 辽宁沿海经济带 "全域旅游" 发展研究 [J]. 经济研究参考, 2013 (29): 52-56, 64.

[24] 石培华. 如何认识与理解 "全域旅游" [J]. 西部大开发, 2016 (11): 102-104.

[25] 张辉, 岳燕祥. 全域旅游的理性思考 [J]. 旅游学刊, 2016, 31 (9): 15-17.

[26] 马波. 旅游场域的扩张: 边界与政策含义 [J]. 旅游学刊, 2016, 31 (9): 17-20.

[27] 旅发 〔2015〕 182 号. 国家旅游局关于开展 "国家全域旅游示范区" 创建工作的通知 [EB/OL]. (2015-08-24) [2020-12-20]. http://wlt.gansu.gov.cn/tzgg/14620.jhtml.

[28] 冯婷婷. 全域旅游背景下陇川县的资源整合 [J]. 农村经济与科技,

2018, 29 (5)：122-123.

［29］于洁，胡静，朱磊，等. 国内全域旅游研究进展与展望［J］. 旅游研究，2016, 8 (6)：86-91.

［30］何建民. 旅游发展的理念与模式研究：兼论全域旅游发展的理念与模式［J］. 旅游学刊，2016, 31 (12)：3-5.

［31］黄华芝，吴信值. 基于全域旅游视角的兴义市乡村旅游发展探讨［J］. 兴义民族师范学院学报，2015 (3)：27-30.

［32］黄平利，樊文斌. 大连全域旅游规划探讨［J］. 山西建筑，2011, 37 (35)：28-29.

［33］曾祥辉，郑耀星. 全域旅游视角下永定县旅游发展探讨［J］. 福建农林大学学报（哲学社会科学版），2015, 18 (1)：86-91.

［34］李晓南. 全域旅游视域下的辽宁工业遗产保护与工业旅游开发［J］. 中国商论，2016 (2)：130-132.

［35］吕俊芳. 城乡统筹视阈下中国全域旅游发展范式研究［J］. 河南科学，2014, 32 (1)：139-142.

［36］戴伟明. 全域旅游视角的大都市近郊文化休闲旅游目的地开发模式研究：以长辛店镇为例［D］. 桂林：广西师范大学，2016.

［37］蒙欣欣. 解析全域旅游发展模式［J］. 旅游纵览（下半月），2016 (4)：12-13.

［38］曹晗. 全域旅游背景下的目的地O2O营销模式探析［D］. 北京：北京林业大学，2016.

［39］尹立军，亚吉. 全域旅游背景下呼伦贝尔旅游公共服务体系建设初探［J］. 呼伦贝尔学院学报，2016, 24 (6)：9-17.

［40］何方永. 全域旅游视角下十大藏族自治州旅游效率研究［J］. 重庆交通大学学报（社会科学版），2016, 16 (1)；49-53.

［41］刘世定，邱泽奇. "内卷化"概念辨析［J］. 社会学研究，2004 (5)：96-110.

［42］赵传松，任建兰. 全域旅游视角下中国旅游业与区域发展耦合协调及预测研究［J］. 经济问题探索，2018 (3)：66-74.

［43］许春晓，胡婷. 文化旅游资源分类赋权价值评估模型与实测［J］. 旅游科学，2017, 31 (1)：44-56, 95.

［44］尹泽生，陈田，牛亚菲，等. 旅游资源调查需要注意的若干问题［J］. 旅游学刊，2006 (1)：14-18.

［45］孙青，张捷，史春云. 文化旅游资源市场潜力评价模型研究［J］..
特区经济，2007（2）：191-192.

［46］田敏，崔榕. 湘西民族文化旅游资源开发的理论思考［J］. 中南民
族大学学报（人文社会科学版），2006（2）：31-34.

［47］梅芳. 文化旅游资源深度开发研究：以新疆奇台县为例［D］. 乌鲁
木齐：新疆财经大学，2015.

［48］麦金托什·罗伯特. 旅游学：要素·实践·基本原理［M］. 薄红，
译. 上海：上海文化出版社，1985.

［49］REISINGER. Tourist-host contact as a part of cultural tourism［J］.
World Leisure and Recreation，2011，36（2）：24-28.

［50］GRABURN N H H. Tourism：The sacred journey［C］// SMITH. Hosts
and guest：The anthropology of tourism. Philadelphia：University of Pennsylvania
Press，2012.

［51］马波. 我国旅游文化研究的回顾与前瞻［J］. 桂林旅游高等专科学
校学报，1999（2）：8-10.

［52］郭丽华. 略论"文化旅游"［J］. 北京第二外国语学院学报，1999（4）：
42-45.

［53］张文喜. 中国和欧洲文化旅游比较研究［J］. 边疆经济与文化，
2006（9）：9-11.

［54］THORBURN A. Marketing cultural heritage［J］. Travel and Tourism An-
alyst，1996（6）：39-48.

［55］张凤玲，岑磊，王铁. 文化旅游资源价值评价体系研究：以齐齐哈
尔市为例［J］. 企业经济，2014，33（11）：106-109.

［56］张晓萍. 文化旅游资源开发的人类学透视［J］. 思想战线，2002（1）：
31-34.

［57］董金菊. 我国旅游文化资源研究综述［J］. 皖西学院学报，2008（6）：
52-54.

［58］何涛. 分析畲族文化旅游资源开发保护：以黄龙岩畲族风情旅游区
为例［J］. 旅游纵览（下半月），2018（4）：170.

［59］程尧凡. 全域旅游视角下屏南县文化旅游开发研究［D］. 福州：福
建师范大学，2017.

［60］张春香. 河南文化旅游资源分类及其优势分析［J］. 中州学刊，
2018（6）：80-83.

［61］胡冬香，颜博特. 都江堰水街建筑外部空间特色研究［J］. 工程建设，2019，51（8）：15-19.

［62］张树梅. 特色文化对旅游的影响［J］. 现代企业文化，2011（21）：113.

［63］卞建宁. 河南省遗存道教景观的地域特征及其文化内涵研究［J］. 三门峡职业技术学院学报，2014，13（1）：71-74.

［64］李悦铮，余金国，付鸿志. 我国区域宗教文化景观及其旅游开发［J］. 人文地理，2003（3）：60-63.

［65］袁银枝. 巍宝山道教文化旅游资源与开发略论［J］. 宗教学研究，2004（4）：140-143.

［66］谢春山. 试论中国旅游景观成名的文化因素［J］. 大连理工大学学报（社会科学版），2000（4）：65-68.

［67］辞源修订组. 辞源［M］. 北京：商务印书馆，1984.

［68］王文才. 青城山志［M］. 成都：四川人民出版社，1982.

［69］王纯五. 青城山志［M］. 成都：巴蜀书社，2004.

［70］周乐天，陈裴昌. 青城山与都江堰［M］. 广州：广东旅游出版社，2003.

［71］冯友兰. 三松堂学术文集［M］. 北京：北京大学出版社，1984.

［72］何鸣. 遁世与逍遥：中国隐逸简史［M］. 酒泉：敦煌文艺出版社，2006.

［73］司马迁. 史记［M］. 上海：中华书局，1982.

［74］谢贵安，谢盛. 中国旅游史［M］. 武汉：武汉大学出版社，2012.

［75］郑晓霞，胡黎君. 道教仙境游［M］. 上海：学林出版社，2003.

［76］都江堰市政协文史文化委员会，青城山道教协会. 都江堰市文史资料第 13 辑：青城山道教文化［M］. 都江堰市政协文史文化委员会，1997.

［77］刘俊林，刘友竹. 丹梯幽意：关于李白、苏轼与青城山研究［M］. 成都：巴蜀书社，2007.

［78］罗健勇. 都江堰档案遗珍［M］. 成都：四川美术出版社，2017.

［79］何民. 山水之间一座城［M］. 成都：成都时代出版社，2019.

［80］曹学全. 蜀中名胜记［M］重庆：重庆出版社，1984.

［81］彭洵. 青城山记［M］. 台北：广文书局，1976.

［82］都江堰市人民政府网站. 上清宫［EB/OL］.（2015-07-06）［2020-12-20］. http://www.djy.gov.cn/dyjgb_rmzfwz/c129463/2019-06/06/content_

ff980a09332043d2a6de71718357baf3.shtml.

[83] 叶茂林，樊拓宇. 四川都江堰市青城山宋代建福宫遗址试掘 [J]. 考古，1993（10）：916-968.

[84] 道教之音. 四川青城山祖师殿 [EB/OL]. （2016-03-21）[2020-12-20]. http://www.daoisms.org/article/sort022/info-22225.html.

[85] 三木环亚. 多彩都江堰精品之旅 [M]. 成都：电子科技大学出版社，2015.

[86] 周啸天. 历代名人咏四川 [M]. 成都：四川人民出版社，2019.

[87] 宋娟，刘莹，苗想想，等. 都江堰离堆公园历史文化及其园林特色分析 [J]. 北方园艺，2008（4）：158-161.

[88] 谭徐明. 都江堰史 [M]. 北京：中国水利水电出版社，2009.

[89] 朱宇华，徐溯凯. 都江堰伏龙观古建筑群灾后重建 [J]. 建筑学报，2010（9）：131-135.

[90] 徐军，刘文强，李平，等. 四川都江堰市三佛洞摩崖造像调查简报 [J]. 四川文物，2019（3）：36-40.

[91] 国家文物局. 中国历史文化名城词典三编国务院公布第三批历史文化名城 [M]. 上海：上海辞书出版社，2000.

[92] 孙溥泉. 中国历代长寿方精选 [M]. 北京：中国中医药出版社，2015.

[93] 李后强，杨家卷，苏东来. 四川茶文化史 [M]. 成都：四川人民出版社，2016.

[94] 杜福祥，谢帼明. 中国名食百科 [M]. 太原：山西人民出版社，1988.

[95] 钟彩虹，黄宏文. 中国猕猴桃科研与产业四十年 [M]. 合肥：中国科学技术大学出版社，2018.

[96] 宋全林. 图解绿茶 [M]. 北京：中医古籍出版社，2017.

[97] 《典藏精品版》编委会. 中国茶道全书（典藏精品版）[M]. 哈尔滨：黑龙江科学技术出版社，2012.

[98] 陈宗懋，杨亚军. 中国茶经 [M]. 上海：上海文化出版社，2011.

[99] 连玉明. 汶川案例：重建篇 [M]. 北京：中国时代经济出版社，2009.

[100] 魅力聚源. 非物质文化遗产：聚源竹雕 [EB/OL]. （2017-06-22）[2020-12-20]. https://www.sohu.com/a/151358034_825023.

[101] 四川省非物质文化遗产编委会. 四川省非物质文化遗产名录图典第1卷 [M]. 成都：四川民族出版社，2010.

[102] 王亦农. 原汁原味的民间音乐 [M]. 彩图版. 长春：吉林出版集团有限责任公司，2014.

[103] 四川省非物质文化遗产保护中心. 四川非物质文化遗产民间文学艺术集录：第2部 下 [M]. 成都：巴蜀书社，2011.

[104] 四川省政协文史资料和学习委员会. 成都市井闲谭：下 [M]. 成都：四川人民出版社，2016.

[105] 都江堰文明网. 非物质文化遗产：天马轿房唢呐音乐 [EB/OL]. (2018-07-12) [2020-12-20]. http://scdjy. wenming. cn/mldjy/201612/t20161229_2663315.html.

[106] 孙砚方，四川省水利厅，四川省都江堰管理局. 都江堰水利词典 [M]. 北京：科学出版社，2004.

[107] 范建华. 中华节庆辞典 [M]. 昆明：云南美术出版社，2012.

[108] 成都双遗马拉松官网. 成都双遗马拉松简介 [EB/OL]. [2020-12-20]. http://www.cd42195.com/pc/main/about? Y21wdElkPQ==? 9=9.

[109] 《亲历者》编辑部. 零元游中国 [M]. 北京：中国铁道出版社，2017.

[110] 游长江，侯佩旭，邓灿芳，等. 西沙群岛旅游资源调查与评价 [J]. 资源科学，2015，37（8）：1609-1620.

[111] 每日都江堰. 创天府旅游名县·都江堰在行动！积极参与助力创建！我们这样干…… [EB/OL]. (2019-03-18). https://www.sohu.com/a/302184971_716878.

[112] 石培华. 如何认识与理解全域旅游 [N]. 中国旅游报，2016-02-03（04）.

[113] 朱宝莉，刘晓鹰. 全域旅游视域下民族特色小镇发展策略研究 [J]. 农业经济，2019（3）：15-17.

[114] 袁玲. 全域旅游视野下桂林地区乡村旅游公共服务体系建设研究 [J]. 农业经济，2019（8）：58-60.

[115] 王赛兰. 智慧旅游背景下文化旅游资源的传播困境 [J]. 旅游学刊，2019，34（8）：5-6.

附录

附录 A　全域旅游示范区创建标准

全域旅游示范区验收标准的基本项目总分为 1 000 分，创新项目加 200 分，共计 1 200 分。通过省级文化和旅游部行政部门初审验收的最低得分为 1 000 分。全域旅游示范区创建的标准主要由九个方面构成，如下表所示。

表 A-1　全域旅游示范区创建标准

序号	评分标准	项目总分	分项计分
一	体制机制	90	
1.1	领导体制		20
1.2	协调机制		25
1.3	综合管理机制		20
1.4	统计制度		15
1.5	行业自律机制		10
二	政策保障	140	
2.1	产业定位		20
2.2	规划编制		20
2.3	多规融合		20
2.4	财政金融支持政策		30
2.5	土地保障政策		30
2.6	人才政策		20
三	公共服务	230	

序号	评分标准	项目总分	分项计分
3.1	外部交通		20
3.2	公路服务区		15
3.3	旅游集散中心		20
3.4	内部交通		30
3.5	停车场		15
3.6	旅游交通服务		20
3.7	旅游标示系统		25
3.8	游客服务中心		25
3.9	旅游厕所		30
3.10	智慧旅游		30
四	供给体系	240	
4.1	旅游吸引物		50
4.2	旅游餐饮		35
4.3	旅游住宿		35
4.4	旅游娱乐		35
4.5	旅游购物		35
4.6	融合产业		50
五	秩序与安全	140	
5.1	服务质量		20
5.2	市场管理		25
5.3	投诉处理		20
5.4	文明旅游		20
5.5	旅游志愿者服务		15
5.6	安全制度		12
5.7	风险管控		18
5.8	旅游救援		10
六	资源与环境	100	

序号	评分标准	项目总分	分项计分
6.1	资源环境质量		24
6.2	城乡建设水平		16
6.3	全域环境整治		20
6.4	社会环境优化		40
七	品牌影响	60	
7.1	营销保障		15
7.2	品牌战略		15
7.3	营销机制		10
7.4	营销方式		10
7.5	营销成效		10
八	创新示范	200	
8.1	机制体制创新		50
8.2	政策措施创新		30
8.3	业态融合创新		30
8.4	公共服务创新		40
8.5	科技与服务创新		20
8.6	环境保护创新		8
8.7	扶贫富民创新		12
8.8	营销推广创新		10
九	扣分事项		
9.1	一票否决项	重大安全事故	
		重大市场秩序问题	
		重大生态环境破坏	
		"厕所革命"不达标	
9.2	主要扣分项	安全生产事故	-35
		市场秩序问题	-30
		生态环境破坏	-35

附录 B 都江堰文化旅游资源保护与开发游客感知问卷

您好！我们是四川农业大学旅游学院的学生，为促进都江堰市丰富的旅游资源得到更好的保护与开发，正从事相关研究工作，特展开此次调研。您的建议将会是研究的重要依据，我们非常希望了解您的真实感受与想法。本次调研采用不记名形式，您所提供的一切信息都仅作为学术统计分析，并严格保密，请您放心填写。对于您的支持我们表示衷心的感谢！

基本信息调查

1. 您的年龄：

A. 18 岁及以下　　B. 19~29 岁　　C. 30~40 岁　　D. 40~55 岁　　E. 55 岁以上

2. 您的性别：

1. 男　　　B. 女

3. 您的学历：

1. 初中及以下 B. 高中及大专 C. 本科 D. 硕士及以上

4. 您的年收入

A. 5 万元以下　　B. 5 万~10 万元　　C. 10 万~20 万元　　D. 20 万~50 万元

D. 20 万~50 万元

4. 您来自

A. 境外（中国港澳台地区及其他国家）　　B. 四川省外（中国境内）

C. 四川省（非成都地区）　　D. 成都市（非都江堰地区）　　E. 都江堰本地

6. 您平均每年的旅游次数

A. 1 次　　B. 2~3 次　　C. 3 次以上

7. 您一般都采取什么样的出游方式？

A. 单独旅游　　B. 跟团旅游　　C. 家庭旅游　　D. 其他

8. 您此次打算在都江堰停留多长时间？

A. 1 天及以内　　B. 2~3 天　　C. 4~5 天　　D. 6 天及以上

9. 您对此次都江堰旅游的评价是

A. 非常满意　　B. 满意　　C. 一般　　D. 不满意　　E. 非常不满意

10. 您是否愿意将都江堰作为旅游地推荐给其他人？

A. 非常愿意　　B. 愿意　　C. 不愿意　　D. 非常不愿意

11. 您认为都江堰哪些景区对您更有吸引力？

_____

_____

12. 您认为都江堰还有哪些您感兴趣但开发不够充分的地方或资源？

_____

_____

表 B-1 都江堰旅游游源顾客感知量表

请您根据您对每一题项表述的同意程度的真实感受，在题项的评估栏中打"√"。

序号	题项	完全不同意	不同意	一般	同意	完全同意
1	都江堰旅游资源丰富	1	2	3	4	5
2	都江堰地理位置优越	1	2	3	4	5
3	都江堰气候宜人	1	2	3	4	5
4	都江堰交通便利	1	2	3	4	5
5	都江堰经济发展水平高	1	2	3	4	5
6	都江堰居民热情好客	1	2	3	4	5
7	都江堰环境优美	1	2	3	4	5
8	都江堰公共设施完善 （如：停车场、厕所、垃圾桶、路标等）	1	2	3	4	5
9	都江堰历史文化底蕴深厚	1	2	3	4	5
10	都江堰餐饮条件好	1	2	3	4	5
11	都江堰住宿条件好	1	2	3	4	5
12	都江堰与旅游有关的购物品有特色	1	2	3	4	5
13	都江堰有很多有名的当地特色小吃	1	2	3	4	5
14	都江堰各景区的导游服务周到	1	2	3	4	5
15	都江堰各景区的工作人员服务周到	1	2	3	4	5

表 B-2 都江堰文化旅游资源感知情况表

请您根据您对每一题项表述的感知度与兴趣度的真实感受，在以下去过的地方和题项的评估栏中"√"。

旅游资源		感知度					兴趣度				
		完全不了解→十分了解					完全不感兴趣→十分感兴趣				
区域一	都江堰景区	1	2	3	4	5	1	2	3	4	5
	灌县古城	1	2	3	4	5	1	2	3	4	5
	灌县古城墙	1	2	3	4	5	1	2	3	4	5
	杨柳河街	1	2	3	4	5	1	2	3	4	5
	水街	1	2	3	4	5	1	2	3	4	5
	水利府	1	2	3	4	5	1	2	3	4	5
	宣化门	1	2	3	4	5	1	2	3	4	5
	灌县文庙	1	2	3	4	5	1	2	3	4	5
区域二	奎光塔	1	2	3	4	5	1	2	3	4	5
	紫坪铺水库	1	2	3	4	5	1	2	3	4	5
	西街	1	2	3	4	5	1	2	3	4	5
	虹口	1	2	3	4	5	1	2	3	4	5
	灵岩山	1	2	3	4	5	1	2	3	4	5
	侏罗纪温泉公园	1	2	3	4	5	1	2	3	4	5
	普照寺	1	2	3	4	5	1	2	3	4	5
	三佛洞	1	2	3	4	5	1	2	3	4	5
区域三	青城前山景区	1	2	3	4	5	1	2	3	4	5
	青城后山景区	1	2	3	4	5	1	2	3	4	5
	赵公山	1	2	3	4	5	1	2	3	4	5
区域四	玫瑰花溪谷	1	2	3	4	5	1	2	3	4	5
	花溪农场	1	2	3	4	5	1	2	3	4	5
	融创文旅城	1	2	3	4	5	1	2	3	4	5
	水果侠	1	2	3	4	5	1	2	3	4	5

附录 C 都江堰文化旅游资源具体分类表

表 C-1 都江堰文化旅游资源单体分类统计表

基本大类	名称	文化旅游资源	经纬度	主类	亚类	基本类型
一、景点、景区、地点	1. 青城前山景区	上清宫	北纬 30°54′40.03″N 东经 103°33′47.66″E	E 遗址遗迹 F 建筑与设施	EB 社会经济文化活动遗址遗迹 FA 综合人文旅游地	EBC 废弃寺庙 FAC 宗教与祭祀活动场所 FAK 景物观赏点
		圆明宫	北纬 30°53′44.26″N 东经 103°35′8.56″E	E 遗址遗迹 F 建筑与设施	EB 社会经济文化活动遗址遗迹 FA 综合人文旅游地	EBC 废弃寺庙 FAB 康体游乐休闲度假地 FAC 宗教与祭祀活动场所 FAK 景物观赏点
		建福宫	北纬 30°53′52.08″N 东经 103°34′22.80″E	E 遗址遗迹 F 建筑与设施	EB 社会经济文化活动遗址遗迹 FA 综合人文旅游地	EBC 废弃寺庙 FAC 宗教与祭祀活动场所 FAK 景物观赏点
		天然图画坊	北纬 30°53′59.20″N 东经 103°34′3.29″E	E 遗址遗迹 F 建筑与设施	EB 社会经济文化活动遗址遗迹 FA 综合人文旅游地 FC 景观建筑与附属型建筑	EBC 废弃寺庙 FAK 景物观赏点 FCC 楼阁
		老君阁	北纬 30°54′32.07″N 东经 103°33′38.09″E	E 遗址遗迹 F 建筑与设施	EB 社会经济文化活动遗址遗迹 FA 综合人文旅游地 FC 景观建筑与附属型建筑	EBC 废弃寺庙 FAK 景物观赏点 FCC 楼阁
		天师洞	北纬 30°54′53.54″N 东经 103°34′5.82″E	E 遗址遗迹 F 建筑与设施	EB 社会经济文化活动遗址遗迹 FA 综合人文旅游地	EBC 废弃寺庙 FAC 宗教与祭祀活动场所
		朝阳洞	北纬 30°54′56.43″N 东经 103°33′55.47″E	E 遗址遗迹 F 建筑与设施	EB 社会经济文化活动遗址遗迹 FA 综合人文旅游地	EBC 废弃寺庙 FAC 宗教与祭祀活动场所

基本大类	名称	文化旅游资源	经纬度	主类	亚类	基本类型
一、景点、景区、地点	1. 青城前山景区	掷笔槽	北纬 30°54'54.09"N 东经 103°33'55.34"E	E 遗址遗迹 F 建筑与设施	EB 社会经济文化活动遗址遗迹 FF 交通建筑	EBE 交通遗迹 FFA 桥
		凝翠桥	北纬 30°54'4.60"N 东经 103°33'47.94"E	F 建筑与设施	FF 交通建筑	FFA 桥
		祖师殿	北纬 30°54'10.15"N 东经 103°33'24.37"E	E 遗址遗迹 F 建筑与设施	EB 社会经济文化活动遗址遗迹 FA 综合人文旅游地	EBC 废弃寺庙 FAC 宗教与祭祀活动场所 FAK 景物观赏点
		全真观	北纬 30°5∠10.83"N 东经 103°33'53.35"E	E 遗址遗迹 F 建筑与设施	EB 社会经济文化活动遗址遗迹 FA 综合人文旅游地	EBC 废弃寺庙 FAC 宗教与祭祀活动场所
		玉清宫	北纬 30°55'4.41"N 东经 103°34'50.19"E	E 遗址遗迹 F 建筑与设施	EB 社会经济文化活动遗址遗迹 FA 综合人文旅游地	EBC 废弃寺庙 FAC 宗教与祭祀活动场所
		天鹤观	北纬 30°5'18.13"N 东经 103°38'47.83"E	F 建筑与设施	FA 综合人文旅游地	FAC 宗教与祭祀活动场所
		三清殿	北纬 30°5'57.12"N 东经 103°34'4.97"E	F 建筑与设施	FA 综合人文旅游地	FAC 宗教与祭祀活动场所
		玉女洞	北纬 30°5'54.95"N 东经 103°28'55.24"E	E 遗址遗迹	EA 史前人类活动场所	EAA 人类活动遗址
		丈人观	北纬 30°5'22.46"N 东经 103°34'42.27"E	F 建筑与设施	FA 综合人文旅游地	FAC 宗教与祭祀活动场所
		山荫亭	北纬 30°5'18.13"N 东经 103°38'47.83"E	F 建筑与设施	FD 居住地与社区	FDD 名人故居与历史纪念建筑

基本大类	名称	文化旅游资源	经纬度	主类	亚类	基本类型
一、景点、景区、地点	2. 青城后山景区	龙隐峡栈道	北纬30°55'21.68"N 东经103°28'22.18"E	E 遗址遗迹 F 建筑与设施	EB 社会经济文化活动遗址遗迹 FF 交通建筑	EBE 交通遗迹 FFE 栈道
		泰安寺	北纬30°55'21.08"N 东经103°29'25.06"E	F 建筑与设施	FA 综合人文旅游地	FAC 宗教与祭祀活动场所
		白云万佛洞	北纬30°56'48.40"N 东经103°28'59.27"E	F 建筑与设施	FA 综合人文旅游地	FAC 宗教与祭祀活动场所
		百丈桥	北纬30°56'3.91"N 东经103°28'53.65"E	E 遗址遗迹 F 建筑与设施	EB 社会经济文化活动遗址遗迹 FF 交通建筑	EBE 交通遗迹 FFA 桥
		大清宫	北纬30°5'26.93"N 东经103°31'58.87"E	F 建筑与设施	FA 综合人文旅游地	FAC 宗教与祭祀活动场所
		接仙桥	北纬30°59'38.56"N 东经103°46'40.44"E	F 建筑与设施	FF 交通建筑	FFE 栈道
	3. 香积山	泰安古镇	北纬30°5'15.63"N 东经103°29'28.61"E	E 遗址遗迹	EB 社会经济文化活动遗址遗迹	EBF 废城与聚落遗迹
		香积寺	北纬30°52'39.71"N 东经103°35'42.77"E	E 遗址遗迹	EB 社会经济文化活动遗址遗迹	EBC 废弃寺庙
	4. 大观镇	大观镇	北纬30°50'57.09"N 东经103°34'51.56"E	F 建筑与设施	FD 居住地与社区	FDA 传统与乡土建筑

基本大类	名称	文化旅游资源	经纬度	主类	亚类	基本类型
一、景点、景区、地点	5. 天国山	杨探爷墓	北纬30°5′44.08″N 东经103°33′28.71″E	F 建筑与设施	FE 归葬地	FEB 墓（群）
		三佛洞	北纬30°59′49.58″N 东经103°3′10.96″E	F 建筑与设施	FC 景观建筑与附属型建筑	FCG 摩崖字画
	6. 赵公山	唐宋古窑（玉堂窑址）	北纬30°49′14.29″N 东经104°0′54.36″E	E 遗址遗迹	EA 史前人类活动场所 EB 社会经济文化活动遗址遗迹	EAC 文物散落地 EBA 历史事件发生地
		离堆公园	北纬30°59′50.64″N 东经103°35′47.84″E	F 建筑与设施	FA 综合人文旅游地	FAD 园林游憩区域
	7. 都江堰景区	都江堰水利工程（鱼嘴、飞沙堰、宝瓶口）	北纬31°0′27.20″N 东经103°36′22.59″E	F 建筑与设施	FG 水工建筑	FGE 灌区
		二王庙	北纬31°0′24.54″N 东经103°36′36.73″E	E 遗址遗迹 F 建筑与设施	EB 社会经济文化活动遗址遗迹 FA 综合人文旅游地	EBC 废弃寺庙 FAC 宗教与祭祀活动场所 FAK 景物观赏点
		伏龙观	北纬30°59′55.13″N 东经103°36′46.66″E	F 建筑与设施	FD 居住地与社区	FDD 名人故居与历史纪念建筑
		安澜桥	北纬31°0′23.68″N 东经103°36′29.34″E	E 遗址遗迹 F 建筑与设施	EB 社会经济文化活动遗址遗迹 FF 交通建筑	EBE 交通遗迹 FFA 桥
	8. 灌县古城旅游景区	灌县古城	北纬30°59′45.78″N 东经103°37′22.37″E	F 建筑与设施	FA 综合人文旅游地	FAG 社会与商贸活动场所
		南桥	北纬30°59′49.91″N 东经103°36′57.74″E	E 遗址遗迹 F 建筑与设施	EB 社会经济文化活动遗址遗迹 FF 交通建筑	EBE 交通遗迹 FFA 桥

基本大类	名称	文化旅游资源	经纬度	主类	亚类	基本类型
一、景点、景区、地点	8.灌县古城旅游景区	灌县文庙	北纬31°0′6.52″N 东经103°37′7.64″E	F 建筑与设施	FA 综合人文旅游地	FAC 宗教与祭祀活动场所
		清真寺	北纬30°59′54.53″N 东经103°36′58.57″E	E 遗址遗迹 F 建筑与设施	EB 社会经济文化活动遗址遗迹 FA 综合人文旅游地	EBC 废弃寺庙 FAC 宗教与祭祀活动场所 FAK 景物观赏点
		古城墙	北纬30°41′50.83″N 东经103°50′8.17″E	E 遗址遗迹	EB 社会经济文化活动遗址遗迹	EBB 军事遗址与古战场
		西街	北纬30°59′31.64″N 东经103°38′47.83″E	F 建筑与设施	FA 综合人文旅游地	FAC 社会与商贸活动场所
		城隍庙	北纬31°0′4.31″N 东经103°36′55.30″E	E 遗址遗迹 F 建筑与设施	EB 社会经济文化活动遗址遗迹 FA 综合人文旅游地	EBC 废弃寺庙 FAC 宗教与祭祀活动场所 FAK 景物观赏点
		玉垒阁	北纬31°0′10.04″N 东经103°36′52.42″E	F 建筑与设施	FC 景观建筑与附属型建筑	FCC 楼阁
		宣化门	北纬30°59′46.07″N 东经103°37′21.83″E	F 建筑与设施	FC 景观建筑与附属型建筑	FCF 城堡
		白果巷	北纬31°0′24.57″N 东经103°37′23.84″E	F 建筑与设施	FD 居住地与社区	FDB 特色街巷
		水利府	北纬30°59′57.19″N 东经103°37′2.03″E	E 遗址遗迹	EB 社会经济文化活动遗址遗迹	EBB 军事遗址与古战场
		夜啤酒长廊	北纬30°59′45.02″N 东经103°37′21.83″E	F 建筑与设施	FD 居住地与社区	FDB 特色街巷
		杨柳河街	北纬30°59′59.10″N 东经103°37′18.41″E	F 建筑与设施	FD 居住地与社区	FDB 特色街巷

表C-1（续）

基本大类	名称	文化旅游资源	经纬度	主类	亚类	基本类型
一、景点、景区、地点	9. 奎光塔公园	奎光塔	北纬30°58'47.18"N 东经103°37'3.55"E	F 建筑与设施	FC 景观建筑与附属型建筑	FCB 塔形建筑物
	10. 紫坪铺水库	紫坪铺水库	北纬31°03'34.58"N 东经103°3'28.42"E	F 建筑与设施	FG 水工建筑	FGA 水库观光游憩区段
	11. 般若寺	般若寺	北纬31°03'37.30"N 东经103°43'8.32"E	E 遗址遗迹 F 建筑与设施	EB 社会经济文化活动遗址遗迹 FA 综合人文旅游地	EBC 废弃寺庙 FAC 宗教与祭祀活动场所
	12. 休罗纪温泉公园	休罗纪温泉公园	北纬31°0'47.84"N 东经103°38'29.77"E	F 建筑与设施	FA 综合人文旅游地	FAB 康体游乐休闲度假地
	13. 都江堰灵岩山景区	川西老茶楼	北纬30°58'47.64"N 东经103°38'50.09"E	F 建筑与设施	FD 居住地与社区	FDG 特色店铺
		灵岩寺	北纬31°01'29.15"N 东经103°35'50.36"E	F 建筑与设施	FA 综合人文旅游地	FAC 宗教与祭祀活动场所
		千佛塔	北纬31°0'49.82"N 东经103°37'28.57"E	F 建筑与设施	FC 景观建筑与附属型建筑	FCA 佛塔
	14. 都江堰玫瑰花溪谷	世界级玫瑰主题公园	北纬30°59'6.79"N 东经103°46'14.52"E	F 建筑与设施	FA 综合人文旅游地	FAD 园林休憩区域

基本大类	名称	文化旅游资源	经纬度	主类	亚类	基本类型
二、都江堰地方美食	1. 洞天乳酒			G 旅游商品	GA 地方旅游商品	GAA 菜品饮食
	2. 熊家婆冰粉			G 旅游商品	GA 地方旅游商品	GAA 菜品饮食
	3. 白果炖鸡			G 旅游商品	GA 地方旅游商品	GAA 菜品饮食
	4. 渣渣面			G 旅游商品	GA 地方旅游商品	GAA 菜品饮食
	5. 青城茶			G 旅游商品	GA 地方旅游商品	GAA 菜品饮食
	6. 青城山老腊肉			G 旅游商品	GA 地方旅游商品	GAA 菜品饮食
	7. 青城山泡菜			G 旅游商品	GA 地方旅游商品	GAA 菜品饮食
	8. 青城苦丁茶			G 旅游商品	GA 地方旅游商品	GAA 菜品饮食
	9. 都江堰猕猴桃			G 旅游商品	GA 地方旅游商品	GAA 菜品饮食
	10. 都江堰厚朴			G 旅游商品	GA 地方旅游商品	GAD 中草药材及制品
	11. 都江堰方竹笋			G 旅游商品	GA 地方旅游商品	GAA 菜品饮食
	12. 都江堰川芎			G 旅游商品	GA 地方旅游商品	GAD 中草药材及制品
	13. 青城雪芽			G 旅游商品	GA 地方旅游商品	GAA 菜品饮食

基本大类	名称	文化旅游资源	经纬度	主类	亚类	基本类型
三、民俗节庆	1. 中华财道民俗文化节暨都江堰国际灯会活动	都江堰赵公山脚下		H 人文活动	HC 民间习俗	HCA 地方风俗与民间礼仪
	2. 城乡大拜年民俗闹春系列活动	宣化门口 王垒山广场、南桥广场		H 人文活动	HC 民间习俗	HCA 地方风俗与民间礼仪
	3. 成都双遗马拉松赛	飞龙体育馆（起点）→彩虹大道南段→都江堰大道→宣化门→飞沙堰→鱼嘴→磨儿滩→G213线应急通道→环山旅游公路（龙门山绿道示范段）→建福宫→东软大道→聚青路→青城山新山门（终点）		H 人文活动	HD 现代节庆	HDD 体育节
	4. 青城三月三采茶节	都江堰青城道茶观光园——四川省成都市都江堰市中兴镇上元村七组		H 人文活动	HD 现代节庆	HDA 旅游节
	5. 都江堰放水节	都江堰景区		H 人文活动	HD 现代节庆	HDB 文化节

基本大类	名称	文化旅游资源	经纬度	主类	亚类	基本类型
三、民俗节庆	6.都江堰田园诗歌节	都江堰市柳街镇青城湾湿地庄园—四川省成都市都江堰市柳街镇金龙村14组46号		H 人文活动	HD 现代节庆	HDC 商贸农事节
	7.中国（成都）—印度国际瑜伽节	都江堰市飞龙体育馆—都江堰市羊马街道彩虹大道南段503号		H 人文活动	HD 现代节庆	HDB 文化节
	8.中国都江堰虹口国际漂流节	都江堰市龙池虹口景区漂流中心—龙池镇光荣村9组		H 人文活动	HD 现代节庆	HDD 体育节
	9.成都国际友城青年音乐周都江堰分会场	都江堰南桥广场—公园路都江堰景区大门外侧		H 人文活动	HD 现代节庆	HDB 文化节
	10.中国·都江堰李冰文化旅游节	都江堰二王庙—都江堰西门外的玉垒山麓		H 人文活动	HD 现代节庆	HDB 文化节
	11.都江堰国际猕猴桃节	都江堰市青家镇猕猴桃产业示范区		H 人文活动	HD 现代节庆	HDC 商贸农事节
	12.中国·都江堰啤酒节	都江堰南桥广场		H 人文活动	HD 现代节庆	HDC 商贸农事节

基本大类	名称	文化旅游资源	经纬度	主类	亚类	基本类型
	13.世界体育舞蹈节	双流体育中心——成都市双流区白河路延伸段		H 人文活动	HD 现代节庆	HDD 体育节
	14.中国（成都）道教文化节	都江堰市青城山		H 人文活动	HD 现代节庆	HDB 文化节
	15.中国西部国际音乐节	成都中国西部国际博览城——四川省成都市天府新区福州路东段88号		H 人文活动	HD 现代节庆	HDB 文化节
三、民俗节庆	16.摇滚马拉松	古城（起点）——书院街——文庙街——玉垒山广场——南街——南桥——复兴街——飞沙堰——鱼嘴——磨儿滩水库——青G213应急通道——环山旅游线（熊猫谷）——青云路——青正街——青城山新山门（折返）——青城山路——建福宫——青城山新山门——青正街——青云路）——213应急通道——环山旅游线（熊猫谷）——磨儿滩水库——鱼嘴——飞沙堰——复兴街——南桥——南街——幸福路——古城（终点）		H 人文活动	HD 现代节庆	HDD 体育节

基本大类	名称	文化旅游资源	经纬度	主类	亚类	基本类型
三、民俗节庆	17.青城山中国IC生态高峰论坛	都江堰市青城豪生酒店		H 人文活动	HA 人事记录	HAB 事件
	18.世界文化遗产都江堰与李冰研究国际论坛	比邻奈儿青城锦江酒店		H 人文活动	HA 人事记录	HAB 事件
	19.中国·都江堰国际帐篷露营节	虹口高原河谷		H 人文活动	HD 现代节庆	HDA 旅游节
四、都江堰特色代表物	1.青城洞经音乐			H 人文活动	HC 民间习俗	HCC 民间演艺
	2.青城武术			H 人文活动	HC 民间习俗	HCC 民间演艺
	3.聚源竹雕			G 旅游商品	GA 地方旅游商品	GAE 传统手工产品与工艺品
	4.柳街薅秧歌			H 人文活动	HC 民间习俗	HCC 民间演艺
	5.传统金铜手工艺			G 旅游商品	GA 地方旅游商品	GAE 传统手工产品与工艺品
	6.安龙川派盆景制作技艺			G 旅游商品	GA 地方旅游商品	GAE 传统手工产品与工艺品
	7.天马轿房唢呐音乐			H 人文活动	HC 民间习俗	HCC 民间演艺
	8.青城马椅子			G 旅游商品	GA 地方旅游商品	GAE 传统手工产品与工艺品